天下黄河

张真宇　蔺生睿　著

河南文艺出版社
· 郑州 ·

图书在版编目（CIP）数据

天下黄河/张真宇,蔺生睿著. —郑州:河南文艺
出版社,2021.6
ISBN 978-7-5559-1094-7

Ⅰ.①天 … Ⅱ.①张…②蔺… Ⅲ.①黄河-文化
史 Ⅳ.①K928.42

中国版本图书馆 CIP 数据核字(2020)第 262021 号

选题策划　党　华
责任编辑　党　华
书籍设计　张　萌
责任校对　赵红宙

出版发行　河南文艺出版社
本社地址　郑州市郑东新区祥盛街 27 号 C 座 5 楼
承印单位　河南瑞之光印刷股份有限公司
经销单位　新华书店
纸张规格　700 毫米×1000 毫米　1/16
印　　张　21.5
字　　数　259 000
版　　次　2021 年 6 月第 1 版
印　　次　2021 年 6 月第 1 次印刷
定　　价　66.00 元

印厂地址　河南省武陟县产业集聚区东区(詹店镇)泰安路
邮政编码　454950　　电话　0371-63956290

目录

序

黄河国际论坛秘书长、高级工程师尚宏琦

世界上没有哪条河流能像黄河那样,历史上平均三年两决口、百年一改道,给一个民族国家带来那么多挑战与无穷无尽的严峻课题。

世界上也没有哪条河流能像黄河那样,不仅孕育了一个地球上最大的民族共同体,而且缔造了世界上唯一一个连续五千年不断代的文明体系,它就是华夏文明。

无论我们说黄河是中华民族的母亲河也好,还是说黄河灾害是中华民族的心腹之患也罢,都意味着一个二律背反的命题:正因为黄河的恩惠,我们才拥有了世世代代赖以生存的物质家园和精神家园;也正因为黄河桀骜不驯,我们的文化与文明才被赋予了更加坚韧的品质、更加超凡的智慧、更加鲜明的特色。

古往今来,有多少黄河儿女为了探索黄河精神、追求黄河真知而踏破铁鞋、挥洒青春,无怨无悔!

本书第一作者张真宇,原《黄河黄土黄种人》杂志副总编,早在1980年代就徒步考察黄河,到达黄河源头的玛曲曲果,创作了大量异彩纷呈的先锋诗歌;1990年代,作者入职黄河水利委员会,进一步加深了对于黄河的理性认识和切身体验;21世纪以来,作者一边摄制系列黄河、黑河纪录片、政论片,用影像见证黄河在新时代的沧桑与脉动,一边苦苦思索河流与人类的深层次交集,为我国河流伦理体系建设与黄河国际论坛圆满成功做出了突出贡献。记得 2005 年第二届黄河国际论坛在郑州召开,由张真宇撰写解说词、我做策划和翻译的双语电视宣传片《维持河流健康生命》在论坛开幕式上首播,顿时赢得与会 60 多个国家(地区)流域机构、水利科学家、河务官员以及各国政要的热烈反响。其中贯穿始终的河流伦理思想如霹雳闪电,在国际河流治理以及水资源管理领域产生了强烈震撼与巨大影响,在场的荷兰王储和全球水伙伴主席卡尔松夫人不约而同伸出大拇指表示由衷祝贺。在影片的结尾,张真宇满怀深情地宣告:

人类不应该成为河流的终结者。

河流既不是被人类征服的妖魔,也不仅仅是人类用来为自己谋福利的工具。

人类只是河流的儿女。河流以它所能够提供的一切来支持一代又一代族群的繁衍,以及文明的成长。

但河流并非专门为了人类而存在。作为自然本体,河流系统具有独立的终极价值和造物的权利,拥有完整性、连续性和保持基流的权利。

这是对一条河流的郑重承诺,也是以河流生命的名义,针对全社会的河流伦理宣言。

创世第六日。上帝对人类说:我要你们生养众多,管理空中的鸟,陆上的昆虫,海里的鱼,地上的一切。

21 世纪第五年。人类对上帝说:我们要把生命的权利,还给赋予了我们生命的河流和大地。

人类第一次把河流的生命权,写在了新世纪的文明宪章,以及人与河流的契约上。

　　是的,奔流不息的万里长河,维系了生生不息的伟大民族;生生不息的伟大民族,维护着母亲河奔流不息,欣欣向荣。

　　让我们重新开始!

　　人与河流,将共同迎来一个新时代!

摆在我案头的这本书,是两位作者终生浸润于黄河的结晶之作,也是体验感、代入感极强并兼知识性爆棚的跨文化力作。作为标新立异的先锋诗人和文化学者,张真宇的叙述风格更具灵性、本真性与跳跃性;而作为水文专家、作家,蔺生睿的讲述则具有通脱、精准、简约、传神的行文特色。无论如何,两位作者共同倾诉的黄河之恋深深打动了我。

相信各界读者都会从书中找到自己的所爱,也希望有更多的知识精英和广大读者踊跃参与到黄河流域生态保护与高质量发展的时代大潮之中!

三生三世走黄河(引言)

说三生三世,其实也就是生平走了三次黄河,每次都撕心裂肺,甚至有脱胎换骨之感。

1.1985 年

1985 年,我 29 岁,已经写了十几年诗,从高亢抒情的"时代传声筒",到走回内心的现代派,一路走来差不多已经是"山穷水尽疑无路"了。

这时候孔令更来了。当时他已经是著名青年诗人,也遭遇了与我同样的困窘。1981 年我在位于郑州市经七路的《奔流》杂志社见习诗歌编辑,他从河南大学来编辑部投稿,我们自此互加好友,三年后,相约徒步考察黄河,俗称"走黄河"。

走黄河行动先是预谋,接着还有两次"沙盘推演",在开封附近的仪封沙地和兰考、封丘黄河滩区先后试验性穿越,与大河亲密接触,然后宣发造势,老诗人公刘为此激情赋诗站台,一首洋洋洒洒的长诗《没有美酒的壮行歌》发表在当时很权威的《人民文学》月刊上,将预热的流量一下子推上了 10 万+。

我已迫不及待地开始写黄河的诗，并想象着未来的冒险，一些诗发表在洛阳诗友梅艺辛主编的《牡丹》"新诗潮"专号上。

我说过要迎接大雪迎接/纷纷扬扬的腊月/这大雪真的来了真的到了/腊月也挤进门缝/并端端正正/坐在我的膝上/问我行期/这时候我想起黄河夜的/那个小屋/还有少年舟划向河心/那时候我们谁也/没说什么/似乎有一种东西/同时划进心里

我们谁也没敢说什么/这就来了纷纷扬扬的大雪/把我们困在天各一方,在腊月/白天我看大雪落在地上/并没有那么多诗意/它不愿意久停转眼就是泥泞/泥泞的路布满黄河两岸/该检点一下行装了/因为没有誓言/我们会轻便许多/可是别忘了小树林里那场梦想/它使今天的大雪/飘成旗帜使我滚热(《迎接大雪——致LG》)

这时候我们该躺下了/刚刚煮过黄河/刚刚向黄河/道了晚安

你该轻轻地哼起/刚学来的船工号子/印证你流浪的儿时/接着你一个转身就回到/你起伏的履历和你向往的/那座雪峰/我却久久地不能睡着/这风正撕扯着我们的帐篷/也撕扯着黄河/裸露的胸膛/黄河的胸音还是那么浑壮啊/这世界上无与伦比的/忍耐与抗争之河/我想起家乡的土地上/默默耕作的父亲/和他们不能安分的后裔/于是,在收起帐篷的清早/你我会对视着/突然爆发角力

直到黄河也汗淋淋地/和我们一起(《风夜致LG》)

月落黄河/没有溅起一点声息/黄河太大了/不知有多少漩涡/融进多少月亮/甚至两岸的厮杀/纷纷倾圮/也不能使它动容/就这么流去/就这么融化着月亮/直到它的残骸/浮出水面/

漂成小舟/每次都是这样/浓稠的汁液/不知把多少岁月和记忆/淤在河底/并使水手愈加骁勇粗犷/让帆一片片剥落(《月落黄河》)

这是想象的黄河,没有宣誓,却有的是初心。初心不能迟疑,更不能偷懒。1985年1月1日,茫茫中原大地上铺着一层薄薄的积雪,从黄河由明清故道转向1855年河道的兰考东坝头,我与孔令更、王勇,终于踏上西去溯源黄河的漫漫征途。

这是一种身体的冒险。没有人知道我们竟会屡屡饿饭,饿到乞讨,还会被困在望不到尽头的一道又一道黄河大峡谷中。在宁夏中卫和甘肃靖远交界的黑山峡,我们被困在悬崖上,太阳将崖缝里长出的灌木烤得焦黄,汗落在石头上秒干,能看见对岸的牧羊人向我们挥手、喊叫,慌乱中傻瓜相机坠落在悬崖下面,撞出惊悚的破裂声。

结果当然是大难不死,我们发现了一条通往河谷的冲沟,顺着冲沟我们重新回到黄河的嫩滩上,并顺着一条干涸的支流找到"诺亚方舟",一个回汉两族混居的村庄聚落。

这也是一种精神的冒险。1980年代的中国思想界,一方面在寻根,另一方面也在刨根,种种落后不如意都"甩锅"给了传统文化。既然黄河是中华民族摇篮,自然要对近代以来的所有落后负责,以黄河为代表的黄色农耕文明终归要被蓝色的工业文明所取代,这是1980年代启蒙一代的话语逻辑和某种学术共识。

如果不把黄河作为一种原生性文明,如果不从整体上确认黄河文明是古代世界四大文明中唯一连续性文明体系,而只是将其视为一种过往文化或不怎么先进的文化的代名词,那么对黄河的各种误读就是必然的。体验的黄河与认知的黄河有时会掐架,呈现在"走黄河"的诗歌中,就有了暧昧以及无穷解的语义。

　　1985年7月8日,我们一行四人先后站在了阿尼玛卿山下的星宿海和玛曲曲果。黄河从这里起源,它很安静,很清澈,一眼眼甘泉从半山坡的草甸上翻涌出来,汇聚成一条条明亮的小溪,汇聚成玛曲曲果(孔雀河)。我们放弃了乘骑的牦牛,一路步行,去寻找那个终极的黄河源,这是海拔4500多米的青藏高原,太阳热烈地拥抱着高山、河川与所有微小的事物,也照耀着这个星球上最大民族共同体的"母亲河"。这时候她还很青涩,没有沧桑,也没有沉重,像是晃荡着小辫的野丫头,不谙世故,无遮无拦,又像是时间的起点,蕴含着无限的可能。我想起就在头天晚上,我们在一家牧民的帐篷里住下,我被孔令更、李金河(河南青年摄影家)、王振田(安徽阜阳文青)紧紧围在中间,我昏昏沉沉,耳边回荡着藏人低沉的诵经之声,他一面手转法轮,一面召唤厉鬼驱赶走附在我身上的另外的厉鬼。是的,我竟感冒发烧了,这是高原极限缺氧状况下最忌讳的,接下来就是肺气肿,再接下来就是厉鬼们掳掠了一个汉人的灵魂前往九极之地受苦。

　　不过事情并没有弄到最坏,最终我在喇嘛的诵经声中沉沉睡去,迎来了第二天草地上的大太阳,我竟十二万分庆幸地退烧了。

　　"好马骑上/好枪背上/走在草原上",这是黄河源果洛部落的一首藏歌,不过我们没有马骑,放弃坐骑牦牛之后,只能驱动双腿,一步步走向荒凉无人的河源和高远的"世界屋脊"。我们轮次向天空鸣枪(凭着黄委会介绍信向玛多县武警支队借用的自动步枪),以纪念一个诗意的成功和宿命的到达。这个位置是青海省玉树藏族自治州曲麻莱县,还是果洛藏族自治州玛多县? 许多许多年之后,曾任黄河上游水文水资源局副局长的水文作家"蔺姥爷"告诉我,真正初始的黄河源,不是玛多,而是曲麻莱。

　　无论怎样,在诗歌写到穷途的前夜,我与同伴们走过千万里生死之旅，经历了困顿与哭泣，饥饿与绝望，发热与萎靡……当我站在哺育了那条神秘大河的高原之上，我觉得所有的一切都在怒放出花朵，无论生态学命名的先锋植物，还是普普通通的高原草甸。在藏族黄教喇嘛的诵读声里我重生了。

这是第一世。

2.1998 年

1998 年，我在我从业的黄河水利委员会工作已经第八个年头了，我喜欢这里，甚至多少有些感恩。

13 年前走黄河，多亏了黄委会政治部邓修身先生热心接待，还开具了针对沿黄各单位的介绍信，这使我们免受多少饥寒！1990 年大学毕业，同样是在邓先生竭力举荐下，黄河再次接纳了我。

先是下放基层锻炼一年。这一年我一边在河南孟州黄河北岸大堤上割草搬石头，一边写小说，写诗歌，不过诗歌已是离我中意的存在客观主义越来越远了；在武汉大学历史系教授安长春先生的策划下，我开始准备写一本解读黄河观念形成的书《走向图腾》，并动手写出了下面的"导言"。

　　该怎样感激这一瞬间！神格和人格，母性和父性，自然和文化……都在这一瞬间融合，黄河收惊涛，敛狂澜，下中原……深沉，坦荡，成熟，丰满，这是一种大放纵以后的大平静。所有的怨嗟与敬畏、颂歌与诅咒、恶与善、美与丑、骚动与纷争、成功与失败……都被这天地间独一无二的景色抹平，辽远，蕴藉，明亮，这是混沌之中的开朗，功利之上的逍遥。

　　这是一种没法说出什么的时刻，这是一种切入骨子的震撼，我豁然开朗：莫可名状之物徐徐散出，不可传达之物深深植

入。十月的平原,莽莽苍苍的成熟的植物被黄河博大的平静所
照亮,浩然之气缓缓升腾,我几乎是难以察觉地颤动了一下,站
定在黄河边,看见野草的滩崖仍在倾斜、坍塌,不时有冷凝浊黄
的烟雾飞溅,汩汩的,那巨大的深不可测的漩涡用一种吞咽一
切、咀嚼一切、消化一切的气势汩汩响着,一切复又平坦如初,
好像那里面同时深藏着浩荡的存在和神秘的虚无。群鸟飞起
来了,扑棱棱地,从漫无边涯的滩地飞起,越过黄河,越过这片
流动的土地,飞向对岸的群山。

　　这是一个不能说出什么的时刻,这是一片流动的土地,浓
稠,厚重,闪闪发光,充满着苦难和挣扎的痕迹,曲折着,回荡
着……我蓦然发觉已被一种痛切的感受所击中:黄河是什么?
是乖戾的河?是温柔的河?是创造了伟大平原的河?是灾难
之河?是母亲之河?是摇篮?是乳汁?是根?是魂?是传统?
是淤积?是冲刷?是比喻?是象征?是压抑还是奔放?是破
坏还是建设?是结果还是原因?是名词还是代词?是能指还
是所指?是力?是美?是神话?是内容还是形式?是具体还
是抽象?是过程还是归所?是故乡还是异乡?是本质还是现
象?是此岸还是彼岸?是你永恒的不可逾越的宿命?是歌谣?
是号子?是怀乡病……或者,这一切都不是,它只是你脚下的
真实的运动的自然?

　　是的,黄河只是自然。在地理教科书和有关统计资料中,
黄河只是长度、宽度、流量、流速、汛期、汛情、含沙量、集水面
积、造陆面积、决口次数以及河道变迁等一系列数据的组合而
已。黄河流动着,不仅对一代代呼天抢地的哀号充耳不闻,而
且对所有诚惶诚恐的感戴和尊崇亦一无所知,长河浩浩东注,
不解古今情。它是自然,无论赞誉还是贬损,一概无动于衷,这

里的黄河,是没有情感色彩、没有人文色彩的——它。

黄河显然又不仅仅是自然,它是文化,是超级文化代码,是一个可以产生无数课题与命题的母题。它的慈祥、悠远,它的宽厚而辽阔的怀抱,它对民族形成的重大影响以及对民族性格、民族精神、民族面貌的塑造,他那暴君般的汪洋恣肆,他那父亲般的愤怒咆哮;黄河、黄土、黄种人的基因密码;远古的英雄,治河的智慧,伟力和挫折;大决口大逃难的景象——一串串悲惨、坚韧的故事,一代代由辉煌而倾覆的王朝;迁徙与繁衍,对抗与融合,发现与因袭,凋落与再生……这些无穷无尽、无限展开的话语方式使黄河充满了令人感动而又困惑的亲情色彩、拟人色彩。黄河不仅是"它",是"他",也约定俗成入情入理地成了——"她"。多少年来,人们一想到黄河,就有一种沉甸甸的感觉。"古老的东方有一条河",那是列祖列宗的生息之地,是中华民族的家园。黄河,在现代中国人的心理构成中,已凝成一个根深蒂固的情结,一股气,他和自然之河扭结在一起,成为现代中国社会最敏感、最热门又最棘手最持久的话题。所以当有朋友对我说凭你的功力,黄河你是解读不了的,我心里自然产生骄傲的惶恐。黄河是太大了,太远了,太无限了,可是凭谁的功力能把黄河完全解读呢? 人们理解的黄河,也许永远只是一个点,一个面,一个瞬间,一个无限中的有限。

这一瞬间太不可思议了,本来的河、终极的河同时贴近了我。夕阳在浩渺远方的河面上深陷不已,河水顷刻间燃烧起来,热烈而凝滞、火红而金黄……黄河是一个无言者,一个自在,因此它包容一切,无论人们赋予它人格还是神格,女性还是男性,它都一味缄默,恰如原野——任人类去播种,去收获,复又播种,又收获……

秋天的平原,我站在临河的边缘,望河水平流,草崖塌坍,大片大片成熟的植物把呛人的辛辣的芬芳送来。有人告知:在上帝面前是不可以说三道四的。黄河不是上帝,解黄河,造黄河者也。在黄河面前,人们已经说三道四了,关于黄河的观念就这么形成着,发展着,变化着。这一瞬间,我在痛感人的限度的同时,又深切意识到人的权利,精神的权利,言说的权利。

该怎样感激这一震撼的瞬间啊!

——《瞬间的震撼》1991年于黄河温孟滩

温孟滩是黄河冲出豫西峡谷后受到邙山高地的阻遏,向北摆动形成的第一个河道型滩区,从河务管理范围属于河南黄河河务局孟县(后改孟州市)河务局与温县河务局管辖,是我入职黄委会机关后被要求下沉的第一个"应许地",我在这里不仅需要进行劳动锻炼,还要完成不定期向报社供稿的任务。当然,我也始终没有放弃以"诗与思"的方式构建一个个体的精神空间。在这篇导言中,我试图从对黄河本体的体认以及对人的言说权利的认知两个维度形成一个理论闭合。当然,这本书没有后来,就无疾而终了,这篇"导言"也就成了"绿野仙踪"。

1998年之所以重要,首先是因为黄河断流。从1972年出现首次断流,到1998年黄河从山东入海口至河南开封河段全线断流……黄河在28年中22年出现断流,共计88次、1089天,其中1997年全年断流226天。眼睁睁看着母亲河"失血断奶",触目惊心,举国震惊。那几年全国政协每年都有"拯救黄河"的提案。有一个细节发人深省。作为时任黄河水利委员会主任、河官綦连安在为一家刚开业的"安澜酒店"题写店名时落款为"大可"。何为"大可"?河官苦笑说:"大河"无水,则为"大可";大河断流,千古奇观,"大可"亦为"奇"。

綦连安主任是我遇见的典型文人型河官,他这么给自己落款也算是痛心疾首了。直到后来新河官李国英来了,国家授权黄委会对黄河流域水资源实施统一调度、统一管理,黄河开始一年年复流。李国英依然对1998年之前的黄河断流故事耿耿于怀,他说:人类已经吸干了黄河母亲的乳汁,现在又要吸干她的血,情何以堪!

1998年之所以重要还因为长江特大洪水。这一年的长江洪峰比较凶猛,因洪水死亡3000多人,2.3亿人口受灾。特大洪水灾情使人水之间的紧张关系暴露无遗:上游滥伐森林导致水土流失河道淤积,中游围湖造田、与水争地造成湿地调蓄能力锐减,单边发展理念指导下的盲目开发使河流自然调节功能大大衰减。人种下了单边发展的诱因,就要吞下因人而生的苦果,这个道理并不复杂,但与黄河断流共同构成了一个扎心命题,这对于酿成大型电视纪录片《重读大黄河》的调性很重要。

对于我来说,1998年之所以重要,根本在于我竟完全出乎意料地"触电"。这一年,我由黄河报社调至《黄河黄土黄种人》杂志社刚好五年,杂志经历了创刊期的筚路蓝缕以及改制期的阵痛,这时正好有两家文化企业与黄委会、河南电影制片厂等单位计划共同摄制一部以黄河生态问题为焦点的纪录片《重读大黄河》,千挑万选,经主管杂志社的黄河水利委员会宣传出版中心批准,我和两位文学批评家孙荪、王鸿生组成了一个思想库和创作团队,动笔之前,要对黄河全程进行实地考察。

这就开始了我的第二次"走黄河"。时隔13年,这一次发生的是精神性的颠覆,从拟人化的黄河走向了一条生态视野的黄河。在这个视野中,"黄河是什么"显得不那么重要了,重要的是"黄河怎么了",怎么就由咆哮万里的巨川蜕变成了一条令人揪心的"干娘"?同样的单边发展与过度利用,在南方出现了举国震惊的特大洪水灾害,在中国腹地则引发了长达22年的间歇性黄河断流,这是为什么?

对"黄河怎么了"与"为什么"的焦虑性求解使我与我的创作伙伴一起走向河源,走向黄土高原。这是我第二次来到玛多,这个海拔4000多米的"千湖之县",由于过度开发,已经成为全国著名的贫困县,连接扎陵湖与鄂陵湖之间的黄河主干道也发生了突破水文纪录的断流现象。

而在黄土高原,为我们担任技术顾问的"蔺姥爷",这时他已是黄河上游水文水资源局副局长,他的著名反论是:黄河断流不正是经济社会高速发展必然产生的现象吗? 为什么要对它喋喋不休杞人忧天呢? 别忘了车到山前必有路哦。

反论归反论,"蔺姥爷"还是陪我们踏遍了能够去的每一条川与河,每一道峁与梁。

而我们,则把所有的焦虑与考问都写进了《重读大黄河》脚本,以至于脚本最长时达到了15集,后改为12集,最终在王鸿生、李自人、王鲁湘等专家学者以及摄影团队努力下浓缩为8集,2000年全国"两会"期间在中央电视台综合频道向海内外热播。

中国纪录片史上第一部生态伦理电视专题片就这样诞生了! 作为电视片的衍生品,我执笔撰写了《21世纪黄河生态伦理宣言》,署名"呼唤黄河系列活动组委会"在《工人日报》发表,再次为黄河危机敲响了警钟。

21世纪黄河生态伦理宣言

1.除非迫不得已,人类应尽可能维护自然的完整统一,人类应尊重自然整体的不可分割性及其内在尊严。

2.当人类由于迫不得已的原因而去改变自然的原始状态时,应慎重考虑自然的限度,及其承受能力;人类在预期改变自然的积极成果时,应将其负值、负作用、负成果加以充分评估,

· 1985 走黄河 ·

摄影 李金河

序图

晋陕峡谷里的诗与远方（自右至左：孔令更、张真宇、王振田、李金河）

黑山峡地处甘肃、宁夏交界处，素以峡深谷窄流急著称，探险者涉水于此受阻，开始向上攀登

四人团在包头与山东青年诗人王勇再次会合（自右至左：王振田、孔令更、王勇、李金河、格尔木，后排展旗者为张真宇）

走黄河不仅仅是秀肌肉，可是肌肉也不能过于差，人迹罕至的峡谷攀岩可不是闹着玩的

内蒙古巴彦淖尔（临河）的一场诗歌朗诵会让游走者的内心得以释放

大家争相在"黄河文化青年徒步考察团"团旗上签名

羊皮筏子古称"革船""革囊"或"浑脱"，是一种古老的水上交通工具，流行于青海、甘肃、宁夏黄河两岸

"黄河文化青年徒步考察团"在青海省玛多县一藏族秘书（右一）的导航下跋涉在果洛草原上

骑着牦牛探河源，左为青年诗人孔令更

在距玛曲曲果最近的一个牧民帐篷里，流浪诗人们得到藏族同胞的接济

安徽阜阳青年王振田坐在黄河源头

本书作者张真宇

"历久终得源"，这是继黄委会立碑之后，玛曲
曲果之上又一块黄河源碑

这块木牌牌是已故黄河水利委员会主任王化云的手笔，由他的秘
书徐乘先生一笔一划描上去的，黄河文化青年徒步考察团到达时，
那支中日联合《黄河》摄制组刚刚撤下去

　　"黄河国际论坛"首创于 2003 年，是经水利部批准、水利部黄河水利委员会主办的大型国际水利峰会及学术研讨会，旨在以黄河为平台、以黄河以及世界主要河流面临的共同问题为切入点，交流河流治理经验，增进国际水利特别是河流治理与管理学术交流合作，促进不同国家和地区间的沟通，破解黄河及世界其他河流所共同面临的难题，实现人水和谐，共筑生态文明。

　　2005 年 10 月 18 日至 21 日，以"维持河流健康生命"为主题、拥有 66 个分会场的第二届黄河国际论坛在郑州举办。荷兰王储亚历山大、全球水伙伴主席卡尔松夫人以及美国科罗拉多河、法国罗讷河、英国泰晤士河、德国莱茵河、澳大利亚墨累－达令河等世界大江大河流域机构行政官员及中国水利部部长汪恕诚、中国七大流域机构以及数十个国际知名流域和学术机构负责人和来自 50 多个国家的近千位学者汇聚一堂，共同见证河流生命的复兴。

　　论坛期间，世界上第一个全球水伙伴流域组织——黄河流域全球水伙伴正式成立。在达成广泛共识的基础上，第二届黄河国际论坛最终发表了《黄河宣言》，这是首次在世界范围内确立了河流伦理的理念与原则。

水利部部长、时任黄委会主任李国英在第二届黄河国际论坛闭幕式上致辞，提出维持河流健康生命是人类面临的共同使命，要为盲目扩张的人类活动限定一条不可逾越的"底线"，让河流万古奔流，永葆生机，永远造福人类

GWP主席卡尔松夫人即席演讲，指出：黄河面临的问题也是世界大江大河所共同面临的挑战

会议盛况

水利部部长、时任黄委会主任李国英与全球水伙伴主席卡尔松夫人共同剪彩，宣布全球水伙伴（中国·黄河）委员会（GWP）成立

荷兰国王、时为荷兰王储亚历山大先生致辞

时任水利部部长汪恕诚在开幕式上致辞，提出当代人对河流水资源的开发利用不能以牺牲后代人的利益为代价

时任水利部部长汪恕诚向荷兰王储亚历山大赠送专著《资源水利——人与自然和谐相处》

水利部黄河水利委员会与荷兰驻华使馆签署黄河三角洲生态需水量研究项目赠款协议

论坛期间，本书作者张真宇（右一）采访卡尔松夫人。

本书作者张真宇参加第二届黄河国际论坛，在论坛上发表了《河流生命的伟大复兴》学术报告。右一为《走进三江源》作者陈维达

会议代表就河流管理新理念进行热烈探讨

黄河国际论坛专家论坛现场

图片由中国保护黄河基金会提供

并制定相应措施对自然予以补偿。

3.人类应反省科技文明在带给人类以便利时,对自然状态的深刻改变乃至破坏;在自然面前,人类油然而生的不应该仅仅是技术进步所带来的陶醉和满足,还应该是虔诚、不安乃至负疚——基于多少世纪以来,人类迫不得已的对自然的伤害、分割和亵渎。

4.人类是自然演变的最高成果,自然是人类永恒的母体。人类从自然界所得到的不仅仅是自然资源,也不仅仅是空气、阳光;自然与人类的内在联系,使人类拥有了造物般的勇气、信心以及发现、发明和创造的永恒激情;大自然是人类想象力和创造力的源泉,以及良知、爱心、正义的起点和归宿。

5.黄河——这条横穿中国腹地的万里长河,汇纳百川,东流入海。她的存在不仅仅是亿万中华儿女赖以生存发展的生命线,还是文明的摇篮和无与伦比的宏大语境,是一个拥有5000年历史文化的、自立于世界民族之林的中华民族大家庭的象征。黄河的存在,为我们塑造了繁衍生息的辽阔平原;也使我们真实地触摸到物质和精神的双重根系。黄河,是我们万古长新的家园。

6.直到20世纪30年代后期至40年代前期,黄河还直接成为大西北和中原地区的坚强屏障。黄河以及抗日民族统一战线的存在,使凶残的日寇始终未能染指三秦大地,西部半壁江山因此成为中国抗日战争的大本营和大后方;黄河的存在,成为拯救中华民族于危亡之中、成为中华民族复兴的重要因素。"保卫黄河,保卫华北,保卫全中国"成为动员和凝聚全民族的时代最强音。

7.然而,就是这样一条河流,这样一条对于生命、民族和文化作出卓越贡献的母亲之河,进入 20 世纪 70 年代以来,却遭遇到空前的危机:缺水——黄河断流,黄河下游整体消失的危险在增加;污染——在上、中、下游的一些河段,河水的有害物质,已远远超过了五类水的指标,不仅不能饮用,不能滋养浮游动物,而且不能灌溉,不能生长植物;悬河——由于上、中游水土流失未能得到充分遏制,大量泥沙淤积河床,黄河作为地上河,其决口改道的危险依然未能排除。

8.这就是即将进入 21 世纪的黄河,这就是那条被古往今来文人墨客吟咏不已的黄河,这就是引无数英雄竞折腰的黄河,这就是为海内外炎黄子孙顶礼膜拜、魂牵梦绕的黄河。然而有人认为:黄河污染、黄河断流,乃至黄河变为季节河、内陆河都是所谓发展的结果,大势所趋,不可避免。

9.本宣言则认为:黄河污染,纯粹是人类急功近利,只顾眼前、不顾未来,只讲私利、不求众福的恶果,与可持续发展战略背道而驰;黄河断流,除了自然降雨不均之因素,更多的还是由于人类超量引水,竭泽而渔;"悬河"形势严峻,则是因为长期以来人口无序增长,黄土高原滥垦滥伐,植被惨遭破坏,水土严重流失。黄河三大危机,是中西部生态环境整体恶化的必然结果,是大自然向人类亮出的黄牌警告,是人与自然关系不断紧张的产物。

10.因此在科技文明浪潮汹涌澎湃、21 世纪脚步迫在眉睫之际,重新检讨人与自然的关系、人与黄河的关系,以期建立一种以和谐发展为目标的生态伦理秩序,就势在必行了。

11.人对自然、对河流一开始是诚惶诚恐的。人类震惊于大自然难以理喻的巨大力量,因此将其视若神明。只是由于人类组织的高度发展以及科学技术的迅猛进步,导致人类在自然面前采取了谵妄和轻薄的态度,以致在本世纪一些特定时期,出现了"战天斗地""征服黄河"这样的口号。

12.今天,尽管人们已从形式上放弃了这些不恰当的口号,但从心理定式上仍然坚守"人类中心",坚信科学神话,认为科学技术最终将使大自然驯服,大自然永远只是人类征服的对象和客体,不具有主体性,不具有统一性、完整性、稳定性以及神秘的尊严。

13.这样,拥有"黄河之水天上来"这样神来之笔的大诗人李白,也只好被断喝改诗为:黄河之水手中来。

14.有一位终生从事水利水电工作的"老黄河"认为:在大江大河上建立密集的水库群,就等于把自然之水一盆盆蓄起来,人类按照自己的当前利益任意调度,想蓄就蓄,想放就放。其直接后果是削弱了黄河的造床能力,造成下游河道"滩槽不分",小水大灾。

15.关于技术的暧昧性已经由20世纪德国哲人海德格尔阐述得淋漓尽致。如果我们不能意识到所有"进步""发展"的成本以及隐含的危机,并改变"征服者"立场,采取补救措施,那么总有一天,技术的成果就会蜕变为具有极大毁灭力量的炸弹。

16.在自然和人类活动的双重影响下,黄河上中下游形成了一种互相依赖的动态平衡,河床、堤坝、滩涂、湿地……黄河与人类相依为命。人类对黄河施加的任何工程"手术",人类从黄河本体以及黄河的周边地带获取任何资源,都应首先考虑黄河的承载能力。

17.如果在黄河入海之前,我们就把它抽光用尽了,那么我们还去哪里寻找那条"奔流到海不复回"的大黄河呢?而辽阔的黄河口和渤海湾的生物链,也会从此断裂,大量的物种会由于得不到陆源性营养而迁徙或者灭绝。

18. 20 世纪 50 年代初,曾有国外水利专家断言,华北平原将变成一片大沙漠。试想,如果黄河从郑州花园口开始常年断流,下游两岸千里平原得不到黄河的水补源,淤积千百年的黄河河床必将飞沙滚滚,越过长堤,那么华北平原的命运真的会被外国人不幸而言中。

19. 人类与黄河的关系已高度紧张,到了破裂的临界点。要缓解,要和谐,人类必须主动退让,自我节制,激活自然。

20. 面对 21 世纪难以预知的前景,人类最应当警惕的危险来自自身,来自日益膨胀、永无止境的人类需求。因此,收敛自己的行为,尊重被人类长期役使的自然的稳定性,恢复大地与江河的完整美丽,应该是新世纪天人关系的准则,新世纪黄河生态伦理关系的基础。

(原载《工人日报·新闻周末》)

这里,河流伦理的一些原则已渐显轮廓,然而距这个体系对治河与社会的真正影响,还有五年的历程要走。

山雨欲来风满楼。这是"走黄河"第二世。所谓"重读",更多的只是质疑与解构,也许一切还在路上,姗姗来迟,可是敏感的人们还是听见了遏制不住的清晰的时代脚步声。

3. 2003 年

文艺复兴与启蒙运动以来,在人类的主观视野中,世间万物都是围绕人而存在的,要么为敌,要么为奴、为工具,哲学上这种主张叫人类中心主义。这种主义也深刻影响了中国人对于黄河的认知和关于黄河灾害的解决方案,一个时期有管理者甚至将黄河直接呼为"败家子"和"野汉子"。正是在这样一种根深蒂固的思维定式影响下,关于黄河的治理方略始终呈现出开发大于保护的极端功利主义色彩。

然而几十年过去了,由于人类活动的影响造成黄河水沙条件剧烈变化,严重损害了河流的造床能力,尽管河流治理基本上可以说是岁岁安澜,但无论下游、中游,还是上游,凡是流经冲积平原的河段都先后进入了新的风险期。正如水利部原部长、全国政协原副主席钱正英所痛心指出的:我搞了这么多年黄河,最后才想出来,原以为把河治好了,却比原来更恶化了。原以为流量减少了,黄河河床水位可以降低了,结果发现水少了以后,河床断面也减小了。这是我们那一代人最大的遗憾。我们治理黄河有两个目的,一个是减沙,一个是削减洪水。结果呢? 减了沙,水少了;减了洪水,河床抬高了。这令我们非常伤心。我们搞了一辈子水利工作,所有理想中的工程都建成了,最后问题还没解决。

显然,人类对河流的认知正在孕育着一个重大突破,然而究竟怎样破题、转机又在哪里?

千年之交,新中国第七任黄河水利委员会主任李国英履新伊始,即提出"三条黄河建设""维持黄河健康生命"新模式。时年30多岁的李国英,大学毕业就分配到黄委会勘测设计院工作,论及资历算得上"老黄河"了。在他的任期内,黄河流域实现了历史性的水量统一调度,一举解决了长达22年的黄河断流重大问题。然而,这位新中国历史上最年轻的河官总觉得还不够,仅仅物理流量的不断流只具有象征意义,黄河更需要生态流量的不断流,即上游来水除满足多泥沙河流冲沙入海的功能外,还要满足支持河流生命共同体以及生态系统良性循环的需求。在2003年2月12日全球水伙伴中国地区委员会治水高级圆桌会议上,李国英发表了一个著名的演讲,大胆提出建立"维持河流生命基本水量"概念,这一概念的提出以及接踵而来的"维持黄河健康生命"理论体系、生产体系对于中国河流治理产生了深远影响。

我意识到,随着关于"维持河流生命基本水量"以及流域机构"要做河流生命代言人"的思想进入实践层面,毫无疑问一种新的文明形态已经在改变古老的治河模式。联系《重读大黄河》以及《21世纪黄河生态伦理宣言》的思想成果,我在黄河网、《中国水利》、《文明》等媒体先后发表了《走向和解——一种新的河流伦理观》《河流生命的伟大复兴》《触摸生命黄河》等论文、散文,正式阐述了河流伦理体系的一般原则和历史图式:

1.作为赋予了人类物质和文化双重生命的自然本体,黄河具有超越其工具性用途的独立价值。

2.作为一个为众多生命和物种提供条件的完整的生态系统,河流本身也是一个具有内在尊严的生命共同体。河流通过蒸发、降水,形成径流,开始一轮又一轮水文循环,表述的是一种完整的波澜壮阔的生命过程。

3.河流不仅是流域经济社会发展的生命线,它本身的存在也应有一个人类不可以逾越的界限,即"维持河流生命的基本水量"。

4.作为流域社会的一员,上游没有理由也没有权利占有维持下游社会生存发展的基本水量。

5.作为人类代际生命的一个环节,一代人没有权利也没有理由占有下一代人可持续发展的基本水量。

6.作为自然的一员和河流的儿女,人类没有任何理由和权利终结河流,除非真正不可抵御的自然力所致,人类必须全线保证河道内维持河流生命的基本水量。这是实现人与自然和谐相处均衡进化的河流伦理根本原则。

　　7.人类是自然进化中的一个普通物种,也是从河流中受益最多的一个特殊物种。正因为此,自从人类登上地球演化的历史舞台,河流生命就一步步变形和扭曲,走过了三个异化阶段,即神化、妖魔化和工具化,而人只是河流生命共同体中的一员,人类要做的是:必须尊重河流的本体地位。

至此,从 1985 年徒步考察黄河开始,我对黄河本体的认知经历了三次嬗变,每次嬗变都不亚于一个新世纪的开始,直到《天下黄河》的写作。

《天下黄河》是同名 48 集历史文化伦理纪录片的图书版。早在 2011 年,我与中国保护黄河基金会就共同策划了这个选题。2019 年 10 月,《天下黄河》再次提上议事日程,这下好了,这次不仅是几个满腔热血的文学青年"走黄河",也不仅仅是专家学者、影视编导和摄影团队"走黄河",大河上下黄河儿女"走黄河",而是无数读者和炎黄子孙一起"走黄河"。

对,走得好,才是真的好!

一　巨龙造物

这是地质构造史上开天辟地的壮丽史诗。

大陆漂移、板块碰撞,青藏高原哗然崛起。

一系列惊心动魄的造山运动,使河源湖、共和湖、银川湖、汾渭湖、三门湖等陆续发育,形成黄河的"胚胎"。

黄河经历了从胚胎期的古内陆湖水系到外向型河流的演变。

河源地区,原约古宗列盆地至鄂陵湖是一个统一的湖盆带。后由于差异运动进一步发展,气候变干变冷,逐渐将约古宗列、星宿海、扎陵湖、鄂陵湖分开。160万年前,强烈的喜马拉雅运动使地壳断裂起伏呈脉冲式增强,青藏高原、黄土高原迅速抬升,共和湖、汾渭湖、三门湖等湖盆之间逐渐联通,溯源冲刷,河湖一体,一条统一的面向海洋的泱泱巨川诞生了。

从此,黄河开始了永无止息的填海造陆传奇。在内陆和海洋之间,这个伟大的生命系统循环往复,滋生万象,溯源切割与尾闾冲刷双向并举,向两个方向延展着黄河的博大与绵长。

黄河下游自开始发育以来,一直处于强烈的淤积环境之中。以黄河为主的庞大水系长期搬运输移,造就了以冲积扇为主要单元的黄淮海平原。

黄河古冲积扇的发育,一次次向前扩展,规模一次次增大。

而现代黄河冲积扇正是古冲积扇延伸和叠加的复合单元,其东北翼的前锋曾汇纳海河,直抵渤海之滨的天津附近,西南翼则多次覆盖淮河流域,到达黄海。

伴随水沙运动的伟大历程,海岸线一米一米向前推进,由东经114°度直到今天的东经119°。

终于,远古时代那个蔚蓝色的巨大海湾不见了,取而代之的,是25万平方公里的扇形平原,即以花园口—东坝头黄河河段为脊轴、范围广阔、地势坦荡的黄淮海大平原。

在经历了最近一次冰期之后,一种湿润温暖的气候荡漾开来,黄河流域成为东亚农业区的中心。古代的"中土""中原""中国"正是黄河中下游的代名词。肥沃的土壤,温润的气候,吸引四面八方的人们用不同的方式迁徙聚拢,定居耕耘,繁衍生息。

正是在这样一连串河汊小平原和下游不稳定的大冲积扇上,中华文明获得了一个超稳定的生长结构。随着滚滚泥沙逐波东下,一个世界上最大的民族共同体成长起来。

据《尔雅·释水》:"江、河、淮、济为四渎,四渎者发源注海也",而河为四渎之宗。大约6000年—5000年以前,北非的尼罗河流域、西亚的两河流域、印度次大陆的恒河流域以及东亚大陆的黄河流域先后进入文明社会。黄河流域裴李岗文化、仰韶文化遗址的大量发现,见证了黄河儿女、炎黄子孙率先走向文明的矫健步履。在不同区块河流所创造的宜居环境中,诞生了古埃及、古巴比伦、古印度和中国四大文明古国。

黄河文明不断裂变出新的文化元素,汇纳百川,生生不息,演化成世界上唯一连续性的古老文明体系。

"宅兹中国""王者逐中"。中国传统宇宙观一直认为中国即中央之国,而中央之国的中心则位于黄河流域的中原地区。据《周礼·地宫·大司徒》:"以土圭之法测土深,正日景,以求地中……日至之景,尺有五寸,谓之地中……乃建王国焉。"因而,从公元前30世纪直到公元10世纪,这里一直都是华夏民族政治经济文化活动的中心。在游牧民族饮马黄河的沧桑岁月,中原人无论迁都南下,还是北上建都,都以中原王朝的身份与四夷保持对话与交流,其兴衰沉浮、荣辱进退与礼仪、风骨始终由黄河文化的厚重、隐忍与智慧所赋能;一代代灿烂词章,一曲曲慷慨悲歌,始终流淌着黄河憋出亘古群山、冲出淤积平原的咔咔扭动的巨响与火热乡愁。

据《汉书·高惠高后文功臣表》,汉高祖刘邦的智库们在分封诸侯的宣誓词中嵌入了这么一段铿锵有力的句子:"……使黄河如带,泰山若厉,国以永存,爰及苗裔。"这是黄河第一次以完整的能指显身,与之前所指的专用词"河"不同,"黄河"的登场似乎带着一个秘密的使命,它要把一个民族带向命定的远方。

"了却君王天下事,赢得生前身后名,可怜白发生。"(辛弃疾《破阵子·为陈同甫赋壮词以寄之》)在传统文化的语境中,国就是家,家就是国,它们甚至必须超越自然而永续存延。然而以黄河、泰山为誓,又恰恰证明了在古人的世界观里,长河青山才是不朽的本体。在这片环山面海、大河奔流、平原不断延伸的沃土上,黄河文明历尽沧桑,向谜一样的世界源源不断地投放着来自远古的力量。

二　田野溯源

在这片曾经的巨龙咆哮而又游荡不已的土地上,没有人知道脚底下还藏有多少不为人知的秘密。

1977年,在中国政坛上,是以华国锋为首的"温和派"粉碎"四人帮"等"激进派"的第二年,华国锋不失时机提出"抓纲治国、大干快上",位居九州之中的河南省自然是闻鸡起舞,雷厉风行。各种农田基本建设项目遍地开花,"可上九天揽月,可下五洋捉鳖",毛泽东的诗句再次点燃激情,响彻长空。

有一天,河南省新郑县裴李岗村通往县城的乡间小路上,一个普通农民肩扛一块怪怪的板状石头匆匆赶路。他想不到的是,他肩上扛的是中国20世纪考古界的一个惊人发现,这个长相怪异的家伙什儿把中国原始农业的历史向前推进了1000多年。他祖祖辈辈居住的这个普通村庄,也将因此而成为"网红"。

关于裴李岗的发现,还可以追溯到20世纪50年代。秋汛之后,太阳照在松软潮湿的黄土地上,那时候农业的集体化还没有完全开始,一个农民走向暂时还属于他的私有土地,他要把被暴雨冲刷的耕地平整一下,因为地势倾斜和雨势猛烈的原因,这次秋汛对地表冲刷较为严重,于是他看见一些形状奇特的石块,他完全没有意识到这些偶尔暴露出来的小零碎的价值,于是就把它们搬回家中充当捶布石、洗衣板或者是用来垫猪圈、垒院墙……

上世纪 60 年代初,农民平整土地又挖掘出成批类似的有人为加工痕迹的石头,这才开始引起河南省考古界的注意。1972 年 2 月 29 日,《河南日报》发表了一篇文章,介绍河南出土文物,其中有 1965 年在新郑县裴李岗村出土的石器,并附有照片,笼统地称之为新石器时代遗物。接着,裴李岗村在提灌站施工中又有新发现,包含一些石器和许多陶器。这些石器形状像一块长石板,是用整块砂岩石经琢磨而成,平面看是前宽后窄的椭圆形,略呈鞋底状,正面稍凹,可能是长期使用造成的。大多数底部有 4 个圆柱状的磨盘腿,高 3 厘米至 6 厘米,一般长 70 厘米左右,最长者可达 1 米,宽度一般为 20 厘米至 30 厘米。与其配套使用的是一根石棒,它的长度一般为 30 厘米至 40 厘米,直径 6 厘米左右,看上去酷似为碾轧谷物使其脱粒的工具。对,这正是一种从未见过的石磨盘。这些精致的石磨盘是什么时期的遗存? 属于哪一种考古文化? 为什么会集中出现于裴李岗村? 越来越多考古学家开始把目光投向这个嵩山余脉向黄淮海平原过渡的小村落。

据古气象学领域的研究,在距今 8000 年—2500 年的全新世中期,中原地区年平均气温比现在高出许多,对于发展粟作农业十分有利。裴李岗位于豫西山地向豫东平原过渡地带,这一带第四纪黄土广泛覆盖,黄河冲积的次生黄土直接影响了古代中原农业的起源。令人惊讶的是,地质学界经多年勘测发现,早在 2000 多年前消失的古荥泽湖,其鼎盛期的南部湖滨也离裴李岗不远。

站在裴李岗制高点极目远眺,可以发现裴李岗遗址由西北向东南呈狭长状,而东西则较窄,总面积达两万平方米,由高向低跌落而下,经过一片漫坡与双洎河相接。双洎河向南流经遗址的西部,然后紧靠遗址南部折流向东,在这里形成了一个河湾,遗址就环抱在河湾东北岸的台地上。遗址曲曲折折高出周围地面 4 米至 5 米,高出河床约 25 米。据考古学家分析,当初的地貌应该与现在有所不同,湖与河可能更接近遗址边缘,这样原始人类饮水和农业用水的需要都可以得到满足。

从裴李岗出土文物可以推断,8000 年前中原的先民们就已在这里定居,原始农业、手工业和家畜饲养业相继萌芽,至今,黄土之下还遗存着远古时期的丰富证据。

考古学家将此种文化命名为裴李岗文化。其分布范围东至豫东,西至豫西,南至大别山,北至太行山。

据调查,从 1950 年到 1977 年石磨盘解密之时,前后共发现石磨盘、石磨棒 40 余件。1977 年至 1982 年春,考古工作者先后对新郑县的裴李岗、唐户和沙窝李遗址进行正式发掘,其中对裴李岗和沙窝李进行了 5 次较大规模发掘,发掘面积 3550 多平方米,清理墓葬 146 座、灰坑 44 个、陶窑 1 座,获磨制石器 212 件、陶器 299 件。其他还有房基、窖穴、骨器和动植物残存等。综合中国社科院考古研究所放射性实验室对裴李岗遗址出土的木炭标本年代测定的结果,裴李岗出土文物的年代距今 8500 年—7000 年,为新石器时代中期的文化。

裴李岗文化遗址的发现填补了我国仰韶文化以前新石器时代早中期的一段历史空白。这是一个以原始农业、畜禽饲养业和手工业生产为主,以渔猎业为辅的原始氏族社会,他们大多住在靠近河湖的岗丘上。与略晚的河北武安县磁山文化和陕西华县老官台文化相比,裴李岗处于领先地位,可分别称为裴李岗文化的裴李岗类型和磁山类型,磁山类型是裴李岗文化类型的继承者。

裴李岗文化证明,早在 8000 年之前,黄河流域的先民们就能够用整块的石板琢磨出可供谷物脱壳的加工工具,这种凝聚着人类智慧的生产工具,孕育了黄河流域乃至整个东亚的农耕文化,是华夏民族的第一次产业革命。

继裴李岗遗址发掘后,考古学家又在河南省境内发现100多处此类文化遗址,包括新郑的沙窝李和唐户村、新密莪沟、长葛岗河、临汝中山寨、许昌丁集、郏县水泉、巩县铁生沟等。据此,人类学学者可以勾勒出大约10000年—8000年前人类生活的一个图景。那时候人类整体上还处于蛮荒阶段,而在亚洲大陆东方的嵩山东部,以裴李岗人为代表的中原部落已率先迈入以原始农业、畜禽饲养业和手工业生产为主,以渔猎业为辅的原始氏族社会。大多数史学家和考古学家认为,早在裴李岗文化时期,这里或已居住着一个有熊氏族部落。他们在丘陵、台地和山前平原的荥泽湖滨,用耒耜、石斧、石铲进行耕作,种植粟类作物,用石镰进行收割,用石磨盘、石磨棒加工粟粮。还种植枣树、核桃树等。在木栅栏里和洞穴中饲养猪、狗、牛、羊、鹿、鸡等。用鱼镖、骨镞从事渔猎生产。他们建有许多陶窑,烧制钵、缸、杯、壶、罐、瓮、盆、甑、碗、勺、鼎等。他们烧制的陶猪头、陶羊头和陶人头等艺术品形象已经很逼真了。他们已不再像许多古书以及近现代一些学者所描述的那样过着游牧生活。他们在丘岗临河处,住着单间、双开间、三开间或四开间的茅屋。男人们耕田、打猎、捕鱼;女人们加工粮食、饲养畜禽,还带着孩子在家里用鼎之类的陶器在灶上做饭,用陶纺轮和骨针等制作苎麻一类的衣服。

除了生产之外,他们还有着神奇的文化生活,在龟甲、骨器和石器上契刻符号式的原始文字,用以记事,将烧制的陶工艺品摆放在案头观赏。休息时,男人拿起石片、陶片和着七孔骨笛伴奏,那音律相当准确;女人们打扮得花枝招展,发髻梳得高高的,头上插着骨笄,身上佩着骨饰和松绿石等,欢快地跳舞,庆贺丰收或什么仪式。他们建有公共氏族墓地,小孩子死了就装在瓮里安葬,成年人死了不分男女,一律头南脚北安葬,还根据他们生前的功劳(一说贫富)和性别陪葬生产工具或生活用具等。这是中原最古老的文化样态。

考古学家赵世纲在他的《关于裴李岗文化若干问题的探讨》中说:"西亚的新月形地带和中国的嵩山东麓,好像东西并列的两座灯塔,远在八千年前,同时期出现于亚洲的两翼,标志着东半球进入了'农业革命'新时代的黎明时期。"著名考古学家苏秉琦在他的《中国文明起源新探》中提出中国是"超百万年的文化根系,上万年的文明起步,五千年的古国,两千年的中华一统实体"。苏先生提出的"上万年的文明起步"应该是指裴李岗的文化形态了。

土地与河流隐藏着的秘密,才刚刚掀开一角。

就在裴李岗文化遗址正式发掘两年之后,河南省舞阳县北舞渡镇贾湖村因修筑护村堤挖出了一些石铲和陶壶,经测验,认定为裴李岗文化贾湖类型。

贾湖遗址的发现为我们了解祖先的生活提供了更加丰富的资料。此处出土的8000年前的骨笛是世界上迄今发现最早、保存最完整的乐器;此处发现的龟甲上的契刻符号可能是中国最早的文字;龟灵崇拜则是原始的宗教信仰;稻作遗存、狩猎、捕捞和聚落布局反映了当时人类社会生活的方方面面。

如果说,正是裴李岗神奇的石磨棒在第一个磨盘上为世人碾出了黄河流域最初的粟粒,掀开了东方农耕民族的光辉史册的话,那么出土于贾湖的史上第一支骨笛,则悠然奏响了8000年前黄淮平原的神奇乐章,为必将到来的华夏新时代准备了妙不可言的历史音符与黄钟大吕。

　　经历了上千年的发展之后,黄河文化从裴李岗时代大步跨越,进入新石器中期的仰韶文化。在这个历史的瞬间,大河上下,文明冉冉升起。

三　仰韶文化

文化是文明的火种,星星之火一旦顺风而来,必定以燎原之势传播,成就文明大观。

从伏羲时代的裴李岗到黄帝时代的仰韶村,空间距离不过 200 公里,黄河流域的先贤们却跋涉了 2000 年。这 2000 年,是"农转非"的身份更迭,是文化到文明的核聚变,是村落向城市的化蛹成蝶,是中下游向上游的逆行与跃进,是黄河流域 5000 多个仰韶文化遗址的众声喧哗。

又是说来话长,仰韶文化的发现与命名,要追溯到一位瑞典考古学家。

他叫安特生,开始的时候只是采矿工程师,后来却无意中发掘出了文化的富矿,发现了构成古代黄河文明硬核的"仰韶文化"。

上世纪第二个十年,北洋政府向瑞典人安特生发去了聘书,聘请他来华担任农商部矿政司顾问。很快,安特生在工作中发现了一些矿化石。发现化石的地点就在黄河与秦岭余脉崤山之间的渑池县。

1920 年 12 月,安特生的助手从乡下带回数百件石斧、石刀和其他类型的石器。这些石器均购自一个地点——仰韶村。

仰韶村？这个名字有点潮，安特生决定一探究竟。

1921年4月18日，安特生从渑池县城来到了位于崤山山脉山前台地上的一个古朴村落，向北仰望，可见属于崤山山脉的韶山逶迤而来，令人赏心悦目，这大概就是仰韶村名称的由来了。

突然，安特生在一个被流水冲刷的小阶地上发现了艳丽的陶片和斑驳露出的石器剖面。

经过几个月的试发掘与研究，安特生向中国当局报告了他的重要发现，希望能尽快进行正式发掘。

安特生的申请获得批准。从1921年10月27日到12月1日，安特生和中国地质学家袁复礼、奥地利古生物学家师丹斯基等一起在仰韶村进行考古发掘，在地下沉睡几千年的陶器得以重见天日，其中有一种陶以表面红色、表里磨光并带有彩绘为特征，他们称之为"彩陶"；按照以首次发现地命名的考古学原则，他们将这种"彩陶文化"命名为"仰韶文化"。

仰韶文化陶器种类有钵、盆、碗、细颈壶、小口尖底瓶、罐与粗陶瓮等。其彩陶器造型优美，表面用红色或黑色画出精美的几何图案和动物形花纹，其中人面形纹、鱼纹、鹿纹、蛙纹与鸟纹等形象逼真生动。

不少出土的彩陶器堪为艺术珍品，如水鸟啄鱼纹船形壶、人面鱼纹彩陶盆、鱼蛙纹彩陶盆、鹳衔鱼纹彩陶缸等。陶塑艺术品也很精彩，有附饰在陶器上的各种动物塑像，如隼形饰、羊头器钮、鸟形盖把、人面头像、壁虎及鹰等，皆栩栩如生。

后来在西安半坡等仰韶文化遗址出土的彩陶钵口沿黑宽带纹上，还发现有各种刻画符号，类似某种原始文字的雏形。

除陶器外，仰韶文化遗址发现的新石器时代晚期器物有石器、骨器等多种器物。石器有刀、斧、杵、镟及纺织用的石制纺轮。骨器有缝纫用的针。

渑池县仰韶文化遗址经过不同时代多次发掘,剖开面积共达近30万平方米,文化层厚平均约2米,最厚达4米。有4层文化层相叠压,自下而上是仰韶文化中期、晚期及龙山文化早期、中期。遗址中发现了5000年前渍在器物上炭化的稻粒,它证明从裴李岗到仰韶村,黄河流域制陶技术和种植农业是一脉相承的。

仰韶文化的发现,是中国考古史也是世界考古史上的重大事件。它第一次将文物考古的新石器时代中晚期与文献记载、民间传说的中华人文始祖炎黄时代相印证,证明早在5000多年前,黄河流域的先民们就走出深山老林,制陶种粟,祭祀祖先,集合众力,发明创造,有了社会分工、等序差别和邦国治理,有了初始的文字和信息传播,有了集约化生产与组织化生活,有了人与人、人与社群之间的相互救济……,文明就此产生。

对,正是他们,以黄河的名义引领一个民族跨入了绵延至今的文明。

从仰韶文化遗址和大量的遗物里,可以推测当时人们的生活状况。

仰韶时期的人们过着定居生活、拥有一定规模和布局的村落乃至城邦;主要经济业态为原始农业和手工业,同时兼营畜牧、渔猎和采集;主要生产工具是磨制石器;生活用具主要是陶器。

各遗址多有石斧的发现,石斧是用来进行农业生产的一种工具。遗址多在河湖之滨以及山前台地,那里取用水便利,土地肥沃,便于生活与生产。1953年,西安半坡仰韶文化遗址的发现,有力证明了农业的重要地位。在居室内和墓葬里分别发现了存放在陶罐和钵里的粟,足见粟是重要的粮食作物,当时人们的生活甚至观念已经离不开种植农业和农作物。

畜牧业也是重要的生产部门,散布黄河流域的多处仰韶文化遗址中都有猪、马、牛的骨骼,其中猪骨最多。猪的大量驯养,说明安居对于仰韶时代的许多居民来说已经是安排得妥妥的。

仰韶文化遗址多发现有石镞、骨镞,说明当时普遍使用弓箭。弓箭的大量使用使黄河流域的狩猎和畜牧业得到进一步发展。

在黄河流域,反映人类意识形态水平的墓葬制度已经初步形成。半坡遗址有公共墓地,埋葬本氏族的死者。死者一般是仰身葬,带有殉葬物,主要是陶器等日常生活所用的器皿,也有些是装饰品以及粟米。还有一些死者是俯身葬,都没有带殉葬物。这显然是由截然不同的死者身份所决定的。在甘肃一些仰韶文化遗址的墓葬中,还发现了磨制的玉片和海贝,据推测,玉可能是从新疆来的,贝是从沿海地区来的,可以想见黄河流域上游的仰韶人与中亚、与沿海地区已经发生了交换关系。

由于社会生活的日趋复杂、交换关系的日益发展和社会财富的逐步积累,氏族内部的分化一步步加深了。有了一定的社会分工和等序差别,产生了社群权威与社会动员。对内,原本胚胎状态的社会阶层、社会秩序和社会管理进一步强化和升级;对外,部落之间的冲突和兼并频繁发生,出现了以盟誓和契约为纽带的部落联盟以及一个形式上的天下共主。

这时候迈向文明的一个关键角色出场了。

郑州西山古城距今 5300—4800 年,面积约 34500 平方米,城址呈不规则环形。在巩义双槐树遗址发现之前,这是中原地区发现较早的仰韶文化中晚期城址,也是在黄河流域发现较早且规格较高的具有都邑性质的中心聚落。这是一个预先经过规划设计的城池,不仅拥有用于防御的双重环壕,而且拥有交通主干道、中心广场和祭祀遗迹,彰显出当时的聚落形态、社会意识以及礼制的萌芽,对于研究黄河文明起源以及中国早期城市规制具有非常重要的意义。

城不仅仅是人类社会聚落形态的简单升级,也不仅仅是一种大规模的永久性防御设施,而且是人类社会高度组织化的一个里程碑,是人类集约化生活和公共权力、社群权威的综合体,是人类迈向文明的重要标志。

随着部落、聚落的发生,个体与个体、个体与群体之间出现了一个历史性的强制元素,即权力或称公共权力,它来源于个体权利各种不同形式的出让,主动的或被迫的以及协商形成的。

部落、部落联盟、城市以及邦国意味着个体权利向公共权力的出让一步步增强。随着国家形成,人类聚落与共同体发生了质的变化,公共权力的聚集性、强度和攻击性发展到顶峰。

随着权力的发生,出现了原始的管理体系和治理体系,最终导致了农耕文明和农业国家或称礼乐之邦的出现。

史书记载,5000多年前的炎黄时代我国已有了城邑。如《汉书·食货志》记录晁错的话,"神农之教曰:'有石城十仞,汤池百步,带甲百万,而无粟,弗能守也。'"《氾胜之书》:"神农之教,虽有石城汤池,带甲百万,而无粟者,理以守也。"《路史·后纪》:"(炎帝)乃课工定地,为之城池而守之。"《史记·封禅书》:"黄帝时,为五城十二楼。"《事物纪原》引《黄帝内传》:"帝既杀蚩尤,因之筑城。"又引《轩辕本纪》:"乃造五城十二楼。"《汉书·郊祀志》:"黄帝时为五城十二楼。"

郑州西山古城遗址北濒黄河,南距古有熊国黄帝故里70多公里,在对遗址进一步进行地理考察、科学考察并对照分析古籍相关内容之后,一些考古学家坚信:造此城者,非黄帝莫属。

当然,与典籍传说中的"黄帝造五城"的浩大规模相比,所有的发现也只是掀开了历史帷幕的一角。

　　经过文物考古部门连续多年考古发掘与深入研究，2020 年 5 月，一个惊人的消息不胫而走：位于中国地理中心最早城市群核心位置"洛汭"的河洛镇，发现了距今 5300 年前后、相当于数十倍西山古城面积的巨型聚落遗存——双槐树仰韶文化遗址。其规模宏大的高等级建筑群，严谨有序的聚落布局，天地之中的宇宙观念、合天命而治的礼仪思维，呈现出古国时代的王都气象，尤其是北斗九星以及诸多凸显礼制和文明的元素，被夏商周三代王朝一路沿袭，发扬光大。由于该遗址位于黄河南岸伊洛河汇流黄河的台地上，与传说轩辕黄帝修坛沉璧、祈祷河神的地望一致，因此有专家认为这是黄帝的又一处都邑，并建议将其命名为"河洛古国"。

　　双槐树遗存面积达 117 万平方米，经过了精心选址和缜密规划，之前陆续发掘出的大致同期的青台、点军台、伏羲台、秦王寨、大河村、汪沟、西山和洛阳的苏羊、土门、妯娌等多个仰韶文化遗址密布四周，呈拱卫之势。古城遗址内发现有：仰韶文化中、晚阶段三重大型环壕，具有最早瓮城结构的围墙，封闭式排状布局的大型中心居址，大型夯土基址，采用版筑法夯筑而成的大型连片块状夯土遗迹，3 处共 1700 余座经过严格规划的大型公共墓地，3 处夯土祭祀台遗迹，围绕中心夯土祭祀台周边的大型墓葬，20 多处人祭或动物祭的礼祀遗迹以及制陶作坊区、储水区、道路系统等，并出土了一大批仰韶文化遗物。

　　在三重环壕的围绕下，遗址形成严密的防御体系，并均发现具有紧急疏散功能的对外通道。有疑似吊桥的内壕出口遗迹，在外壕的东南、西南分别发现外壕出口的道路各一条，宽大的壕沟显然具有防御外敌入侵的功能。大型中心居址区位于内环壕的北部正中。在居址南部修建有两道围墙，主体长 370 多米，与北部内壕合围形成封闭的半月形结构,面积达 18000 多平方米。

除了三重环壕,大型夯土基址也引人注目,这处基址面积巨大,多次建设使用。第一层建筑基址面积至少是目前国内同一时期规模最大的单座建筑基址。位于第三层的面阔十五开间的大型建筑则已初步具备了大型宫殿建筑的特征,这些发现也为探索夏、商、周三代大型宫室制度的源头提供了早期关键资料。

除了三重环壕与夯土基址等显示出的建筑规制上的等级之高,还有诸多证据将该处遗址与黄帝产生联系。

在遗址内发现三处墓葬区,共有 1700 多座仰韶文化时期的墓葬,均呈排状分布。墓葬为东西向,墓主人仰身直肢,头向西。其中一个墓葬区早期主体被遗址外壕和中壕及一条围沟围成一个独立的区域,有专家认为这是中国早期帝王陵寝兆域制度的雏形。

古代编年体史书《竹书纪年》有关于黄帝时代“一百年,地裂,帝陟”的记载,唐代天文学著作《开元占经》记载,“黄帝将亡则地裂”,表明发生了地震,黄帝执政团队集体外迁了。巧合的是,在双槐树遗址恰好发现了大量房屋基址明显的震裂坍塌痕迹。

除了遗址本身传递的历史信息,出土文物也可圈可点,如国宝级文物——野猪獠牙雕刻的一条正在吐丝的家蚕,它与青台遗址等周边同时期遗址出土的迄今最早丝绸实物一起,实证了 5300 年前后这一地区先民们已经养蚕缫丝。

据司马迁《史记·五帝本纪》:黄帝“治五气,艺五种,抚万民,度四方”,“顺天地之纪,幽明之占,死生之说,存亡之难。时播百谷草木,淳化鸟兽虫蛾,旁罗日月星辰水波土石金玉”,就是说黄帝时代已经开始了天文观察,发现了阴阳五行,发展了农业和畜牧业。距《史记》成书年代 2000 年后,地下出土文物先后现身,一一印证了太史公铁笔的神奇。

是的,惊奇再次降临!人们在河洛古国遗址中竟发现了一处用陶罐陈列模拟的北斗九星图。其九星斗柄的指向正好与古代祭天日——冬至的方向吻合,看来早在 5300 年前,黄河先民对于北斗天象和"斗柄授时"的观测利用就已非常精确。这座城池的统治者借此向外宣示,自己正是那位担当天命的王者,即天子。

饶有意味的是,这个 5300 年前的"河洛古国"与之前发现的郑州西山古城遗址仅有 50 多公里距离,年代上也基本属于同期,如果双槐树古城也被认为是黄帝之城的话,那么难道是黄帝老人家在这滔滔黄河岸边、莽莽黄土塬下导演了一出亘古大戏——华夏版的《双城记》吗?

让我们的视线越过黄河。1987 年,在河南省濮阳发现的三组蚌塑则透露了另一组神秘信息。

这一年,在河南濮阳市西水坡修建一座调节水池时,推土机推出了震惊中国的发现:蚌壳摆塑的一龙一虎左右夹护着一具人骨架。这罕见的丧葬方式顿时把人惊着了。随后又发现了第二组和第三组用蚌壳摆塑的动物图案。

第一组为墓葬附属物。墓主人居中,为一壮年男性:头南足北,仰身直肢。龙居于墓主人之右侧,昂首曲颈,状似腾飞;虎居左侧,张口露齿,尾下垂,四肢如行走状。龙虎皆头北尾南,背向墓主人。

第二组内容为龙虎鹿。鹿卧于虎背之上,二者皆头向北,龙头向南,龙身与虎叠压,右上方摆一精致石斧以及似鸟或蜘蛛的蚌贴动物图案各一。

第三组是北虎南龙,背相对,虎头向西而龙头向东,龙背骑一蚌砌人形。

为了弄清这个遗址的文化内涵和性质,经中国国家文物局批准,"濮阳西水坡遗址考古队"于 1988 年 3 月至 9 月对该遗址进行了大面积的发掘。经过对发掘遗址的勘测研究,确认其为6400多年前仰韶文化的遗存。其中第一组中的龙形象堪称秦汉以后龙形象的鼻祖,专家们誉之为"中华第一龙",具有重要的历史、美术和科学价值。

濮阳地处冀、鲁、豫三省交界,位居黄河下游冲积扇控制性节点,是黄帝为首的华夏集团与少昊为首的东夷集团碰撞融合的前锋地带,史称"帝丘"。中国古代有帝王死后乘龙升仙的传说,濮阳西水坡古墓葬中用蚌壳摆塑的龙虎图案,是否在用一种特殊的艺术方式讲述着遥远的黄帝与蚩尤的故事?这确是一个令人着迷的未解课题。

持续一个世纪的考古大发现,无可辩驳地见证了一个长达两千年的华丽年代,即公元前5000年至公元前3000年(距今7000年至5000年),在黄河流域及其相关地区分布着一个庞大的文化体系,它以豫中西部、陕西大部和晋西南部狭长地带为核心,东至冀中、南濒汉水中上游,西抵甘肃洮河流域,北达长城沿线及内蒙古河套地区,涉及陕西、甘肃、河南、山西、河北、内蒙古、湖北、青海、宁夏等九省区,这就是闻名世界的仰韶文化。由于仰韶文化地域广阔,在不同时期、不同地区文化差异很大,又形成不同的文化类型,共有半坡类型、史家类型、庙底沟类型、后岗类型、秦王寨类型、大河村类型、西山类型、王墓山类型等十九种类型。

一个时期以来,由于国内外一些史前文化遗址不断被考古工作者所发现,一向不可动摇的"黄河文明中心论"受到了挑战,甚至上个世纪上半叶代表疑古思潮的"中华文化西来说"也乘机泛起。然而,当你从8000年前伏羲时代的裴李岗文化一路走来,面对纵横数千公里、绵延两千余年,至今依然未能穷尽全部的仰韶文化的惊人遗存,当经历无数战火与离乱、藏之名山的"黄河文明大典""黄河文化长卷"不断被现代考古科学所证实,你还会认为你血脉中的文明基因不是来自黄河母亲,而是源于另外的奶爸吗?

四　济水荥踪

2018 年 5 月,持续 17 年之久的"中华文明探源工程"落下帷幕,宣告通过对众多遗址和资料的全方位考古发掘研究,坐实了中华五千年文明的考古学存在。考古研究认为,在中华各区域先后进入不同文明阶段的过程中,黄河流域以及中原地区以更为强大而成熟的文明形态向四面八方辐射影响力,从而引领华夏民族走向更高的文明阶段。

是的,黄河,中原,文明,引领……每一个词语都蕴藏着丰富的内涵,令人回味不已。

让我们回溯到时间的起点。茫茫宇宙,斗转星移,时空演换。随着地球进化的奇妙节律,生命出现了,人类诞生了。在与大自然适应及缠斗的漫长磨合中,先民们走出洞穴,开始了迅猛的文明之旅。

数万年转瞬即逝。生活在今天的人们,整合多学科、运用各种方法探讨着人类文明的起源。

1980 年代,由美国牵头的全球基因组计划揭示出一个重大的秘密,人类起源于非洲的埃塞俄比亚,经过四次大迁徙,遍布全球。

当然,对人类和人类文明起源的探讨远未终结。一直以来,关于"四大文明古国"的观点始终都是国际学术界的主流,公认代表古埃及的尼罗河文明产生于约 6000 年前,代表古巴比伦的两河文明产生于约 5500 年前,代表古中国的黄河文明产生于约 5000 年前,而代表古印度的恒河文明则产生于约 4500 年前。

中国近代革命先驱孙中山说"中华文明五千年,轩辕黄帝万古传",然而中华文明究竟是原生性文明还是来自西域、西方?上世纪以来,各种不同学术观点众说纷纭,一些学者致力于搜集各种证据,试图证明华夏文明的根不在黄河流域,而是来自中东、西亚或者北非、南欧。

2001 年,中国科技部等多部门联合开展了"中华文明探源工程"。在大量考古资料、地质资料、文献资料的互鉴下,华夏文明的源头一次次穿云破雾,灿然呈现。

中国和其他三个文明古国,重要的不同在哪里呢?许多专家学者认为,在于文明的连续性上。

在大约北纬 30~35 度线上,以河流命名的世界四大文明自西向东逶迤而来,在历史的不同阶段,以不同方式构成了早期人类文明的斑斓板块。

今天又有不同了,尼罗河文明、两河文明、恒河文明,空间还是那个空间,文化内涵却早已换汤换药,甚至连国民、居民也已不再是几千年前那个本土族群。

只有黄河文明一以贯之,虽饱经各种磨难,却始终一脉相承,显示出坚韧不拔的传承性和独一无二的生命力、发展力。

古气象学界、环境学界以及地质学界经过长期勘测调查,将世界古气候、古地理、古环境进行了一体化对位研究,结果证实,人类历史上曾经历了 200 年严酷的气候变化,在 4200 年至 4000 年前这段时间内,全球气温下降,土地干旱,动植物大量灭绝。

这一时期内,灭绝的还不仅仅是动植物。国外,古埃及、古巴比伦、古印度原生文明以及玛雅文明在这一时期相继消亡或中断;国内,从我国古地质、古气象、古水文等历史资料分析,在 4200 年至 4000 年前,我国发生南涝北旱。南方,长江流域洪水滔天,盛极一时的长江良渚文化、石家河文化因此失去传承;北方,辽河流域连年大旱,曾经进入较高阶段的"红山龙"也是神龙见首不见尾。

而唯独以中原为核心的黄河文明在全球极端气候中得以维系,一直发展到今天,成就了辐辏八荒的中华文明体系。

在文明生死存亡的关键时期,出现了什么奇迹,支撑着黄河文明闯关夺隘、绝地逢生、发展壮大呢?

让我们想象一下,站在高远的时空,尽情浏览发生在眼前的千年万年故事。

首先我们看见了黄河,她宛如一条巨龙,从青藏高原、黄土高原一路俯冲,终于来到一个关键地理节点:黄土高原在这里止步,千里悬河从这里发端,黄河大冲击扇从此启航,一望无际的黄淮海平原从这里展开她的辽阔与丰饶。

然后我们看见了济水,据《史记·殷本纪》:"东为江,北为济,西为河,南为淮,四渎已修,万民乃有居。"这是一条源于王屋山、流过大平原、独立入海而又在历史上神秘消失的巨渎,消失的原因许多人认为是纵横不羁的黄河侵夺了它的河道。而在上游,则是它自北向南又折向东流,"入于河,溢为荥"(《尚书·禹贡》),这个"河"即黄河,这个"荥"即古荥泽湖。《禹贡》是中国最早的地理学著作,《禹贡》描述的是济水又名沇水,自西北方而来东流为济水,穿越黄河,泛溢而出,形成荥泽。

现在汪洋在我们眼前的,就是那个同样神秘消失的荥泽古大湖。地质勘探成果证明,大约11700年至2000年前,黄河之南,嵩箕山麓,有一个泱泱大湖,它就是《禹贡》以及诸多历史典籍所指的神奥荥泽。它的生命存续周期只有不到一万年,而这近万年历史,正是华夏民族从蛮荒走向文明并形成统一"天下"观的关键时期。

国土资源部原副部长、地质学家汪民认为:荥泽古大湖的存在,对华夏文明形成演化具有重要作用。古人类基本上都是依山傍水、繁衍生息,我们可以想象,当时这个地方是我们先人的一片生活的乐土。黄河就在这地方出山,然后咆哮入海,而且还有广袤的平原、物产丰富的大湖。我们说的黄河文明摇篮,所有元素在这里都具备了。

现在我们看到,在这个决定华夏命运的中心舞台上,历史的盛大主角已经纷纷亮相:一河,一水,一湖,水的元素已经足够盛大,就差"土"了,说时快,那时迟,一场场太行山下的烈风将黄河淤在山前台地上的一方方黄土一次次卷起,飘落在一个刚刚好能将河与湖隔开,又不失天工地留出通道的地方。当黄土有了足够的厚度的时候,黄土高原向东延伸的最后一个黄土塬诞生了,它叫邙山。

邙山,又称邙岭,北濒滔滔黄河,西迄九朝古都洛阳,向东绵亘150多公里至商代早期都城郑州戛然而止。

在这个世界上最深厚的黄土塬以及河畔与湖滨,坐落着中国最早、最密集的早期人类聚落和初始城市群。

从这里画一个圆,正好是黄河——中原文明的中心区域,囊括现在的郑州、洛阳、西安、安阳、北京、开封、商丘、南京、武汉、南阳等大中型国家中心城市以及重要区域中心城市。

让我们回到黄河畔、荥泽滨。

上善若水,上水如镜。水,决定着文明的尺度与品质。

　　据河南省有色金属地矿局一大队多年古地质勘测显示,荥泽古大湖全新世湖相沉积距今 8300 年至 4200 年,为大湖鼎盛期。包括现代黄河河道以及郑州都市区都为湖水所覆盖,总面积不少于 800 平方公里,相当于今日洪湖与白洋淀面积的总和。

　　近百年的现代考古成果揭示,距今 8000 年至 5000 年,作为中华文明强大基因的裴李岗文化、仰韶文化相继在湖区南北两端涌现。

　　湖区南端,裴李岗成为裴李岗考古文化学的命名地。

　　湖区北端,秦王寨、大河村先后成为仰韶考古文化学类型的命名地。

　　这是迄今考古发现世界上最密集的人类聚落区。

　　遥想当年,湖岸、大地,百花争艳、百鸟争鸣,草木繁盛,百兽率舞。个头特大的大象,摆着短短的尾巴,甩着长长的鼻子,在百花丛中悠然漫步。

　　刚刚体会到农耕之乐的黄河与荥泽儿女们在这里发现了生命的乐园,他们耕织、渔猎、陶湖滨、育后代。

　　碧绿的湖面上,漂满了形形色色穿越时空的孢粉。

　　创世的种子在这里汇聚,又从这里漂流到四面八方。

　　多少年后,当科学家从孢粉样本中破译出远古的奥秘,他们似乎看到了祖先们在河湖之滨勤奋耕耘的伟岸身影。

　　是的,采集经济尚未退场,农耕文明却以洪荒之力曙光乍现,播种与收获、权力与统治、艺术与创造……在荥泽人眼中,生活,不仅仅是温饱,还是秩序与礼仪,尊重与爱。

　　面对塬上山下、河畔湖滨万千气象,先贤圣哲们感天悟地,谱写出博大而充满玄机的创世史诗。

　　距今 5000 多年的郑州西山古城、巩义双槐树"河洛古国",同样依托黄土塬、濒临黄河或荥泽古大湖,同样预先经过了规划设计和隆重祭祀,采用了当时最先进的建筑方法,设有城市广场、交通主干道,城外有护城河环绕,形成严密的三重防御体系。

这是一个有秩序、有信仰、有充分防御能力与强大社会动员力的超级社会组织,被考古学家先后称为"华夏古城"。

那么造大城者究竟何人呢?

《史记》与《汉书》先后记载:黄帝时为五城十二楼。

《云笈七签·轩辕本纪》记载:"帝又令筑城邑以居之,始改巢居穴处之弊","乃造五城十二楼"。

许许多多线索都指向了同一个人,黄帝。

黄帝者,少典之子,5000多年前,他第一次以共同体的名义修德振兵,完成了中原部族的大融合,"治五气、艺五种、抚万民、度四方"(《史记·五帝本纪》),为绵延至今的中华民族夯实了共同发展的基础。

作为仰韶时代重要城址,有专家推测,它的最高统帅非中华文明始祖黄帝莫属。

这从荥泽湖畔以及黄土塬上星罗棋布、众星拱月般的仰韶文化遗址分布也可以得到佐证。

一年成聚,两年成邑,三年成都。随着一座座仰韶大城成集群状赫然矗立在山水之间、河洛之域,华夏文明向着国家形态迈出了决定性的一步。

距黄帝时代约1000年后,也就是距今4200年至4000年前,被古地质、古气候、古环境科学家密切关注的全球干冷期来临了。这对其他文明,是一个显而易见的灭顶之灾;而在荥泽湖区,文明不仅没有枯萎,反而由于湖面退缩而意外地造就了更多的土地。在全球极端干冷气候下,大片湖积平原暴露出来,成为发展农耕文明的肥田沃土。

放眼太阳冉冉升起的东方,列祖列宗们看见了一个新的更加辽阔的地平线。

华夏文明逢凶化吉、浴火重生。

在洪水将去未去之时、旱情将来未来之际,大禹以水为师,左准绳,右规矩,逢山开道,疏川导滞,"导沇水,东流为济,入于河,溢为荥"(《禹贡》)"荥波既潴"(《尚书》)天下大治。

中国第一个王朝——夏朝自此开启,裴李岗文化、仰韶文化薪火传承给了龙山文化、夏代二里头文化。

4000年后的今天,"中华文明探源工程"锁定的远古六大都邑中,作为文明核心区和引领者,黄河流域占据其中两个席位。

这两个席位都在黄河中下游分界线的大河之南、黄土塬下。

二里头文化遗址,具有明确中轴线的宫殿建筑基址群,这种中轴线营造基因被历朝历代所沿袭,直到今天依然有效。

位于索河岸边、荥泽湖畔的大师姑遗址,是我国迄今为止发现的唯一一座单纯的二里头文化城址,它的发现填补了我国夏代城址考古的空白,为进一步研究夏代的城市发展、社会结构乃至中国古代文明起源提供了珍贵的资料。

夏朝的脉象搏动了400多年以后,荥泽湖与圃田泽之间,在夏王朝当年的屯兵之地,商王朝建起了一座25平方公里的庞大都城,将中原文明推向了一个新高峰。

据《帝王世纪》:仲丁自亳,徙嚣于河上者也,或曰敖矣。到了商王朝十一世,为了抵御蛮夷侵扰,商王仲丁将都城直接迁到了依山临水的荥泽湖北岸的敖地。在后来的考古学家眼中,这里是商代小双桥遗址,是商代中期偏早的国字号都邑。这里出土的朱书文字以毛笔浸朱砂颜料写就,是早于甲骨文200多年的汉文字;出土的精美青铜建筑构件,更是那个时代宏伟宫殿的见证。

历史的黄钟大吕,也许才刚刚鸣响。

公元前 1047 年,一位周王室的重臣来到这里。他就是周王的大弟弟姬仲,在这里,他建立了一个持续 270 余年的东虢国,后人又称他为虢仲。

当东虢国的平静被春秋争霸的铿锵之声一举击破,沉醉在岁月静好中的人们看见了一个个急于称霸的枭雄风驰而来。

其中就有挟天子以令诸侯的晋文公。他与齐、鲁、宋、蔡、郑等国签下著名的践土之盟后,一举成为赫赫有名的春秋霸主。

接下来的弦高犒师,发生在公元前 627 年的春天。黄土塬上,郑国商人弦高急中生智,用原本准备贩往洛阳的十二头牛犒退了前来进攻郑国的秦军。

为什么?因为郑国世代重商守信,这时得到了回报。

还有战国七雄之一魏惠王,自从开凿了鸿沟,受益的就不仅仅是魏国了。

据《史记·河渠书》:"荥阳下引河东南为鸿沟,以通宋、郑、陈、蔡、曹、卫,与济、汝、淮、泗会。"鸿沟,又称蒗荡渠、汴河,它使黄河、荥泽水系与江淮水系贯通起来,形成一个四通八达的水运交通网,对于华夏文明传播、列国经济发展居功至伟。

不过,魏惠王想不到的是,多少年以后,由于此处战略位置极度重要,这条给大梁带来繁荣的鸿沟水道,却成了中原逐鹿、中分天下的焦点。

公元前 205 年,围绕江山归属与中原得失,汉高祖刘邦与西楚霸王项羽激战荥阳一带,"大战七十,小战四十"《史记·刘敬叔孙通列传》,战事处于胶着状态,楚汉双方相约以鸿沟为界罢兵言和。这便是楚河汉界的由来,也是中国象棋的起源。

到了汉代,黄河流域之于天下,已不仅仅是兵家必争之地,更因拥有富冠海内的天下名都而名扬天下。

古荥冶铁中心是目前世界上发现时间最早、规模最大、保存最完整的冶铁遗址,也是科技文明史上的一座里程碑。作为河南郡第一冶铁工业基地("河一"字号),这里拥有目前我国出土的汉代容积最大的炼铁炉,拥有日产吨铁的惊人产能,能够生产上百种当时最先进的农具与兵器。

从青铜到黑铁,文明再次起飞。

这就是化育万物的荥泽湖。东汉永平二年,即公元 59 年,在导演了一部部波澜壮阔的史诗级大片之后,在老鸦陈断裂带推动西北地壳一再抬升之后,荥泽湖停止蓄水,悄然退出历史舞台,留下永恒的惊奇与悬念,留下一片充满生机的湖积平原。

沉积层里,灿若群星的历史遗迹,连接成黄河文明生成、中华国家起源的灿烂足迹。

我们把这里称为沿湖错层文化带,或文明丛生黄土塬。

公元 605 年,隋炀帝任命的大运河总设计师宇文恺来了。他站在三皇山上,在黄河、黄土塬与荥泽湖流域纵横交错的河流、湿地之间,画了一个圈。

对于中国南北水系具有关键作用的大运河枢纽自此问世。作为荥泽湖流域对于黄河文明的又一突出贡献,大运河水利枢纽工程西通关中盆地,北抵华北平原,南达淮河—太湖流域,东至大海,使中国腹地黄河、淮河、海河、长江、钱塘江五大流域融汇贯通,有力促进了黄河文明的传播,为接踵而来的大唐盛世创造了先决条件。

盛唐诗人王维在《早入荥阳界》中这样描写眼前的繁华:

泛舟入荥泽,兹邑乃雄藩。河曲间阎隘,川中烟火繁。

因人见风俗,入境闻方言。秋野田畴盛,朝光市井喧。

渔商波上客,鸡犬岸旁村。前路白云外,孤帆安可论。

而在同为大唐诗人的张祜眼中,那个大风吹来的邙山、岳山、三皇山,又称广武原,原本就是一个"天地之中":

广武原西北,华夷此浩然。

地盘山入海,河绕国连天。

远树千门邑,高樯万里船。

乡心日云暮,犹在楚城边。

——张祜《登广武原》

古荥泽湖消失了,包含黄河在内的荥泽湖水系依然在流淌,背负未竟的使命,生生不息。

五　茫茫禹迹

人类文明的第一行脚印,是踏在湿漉漉的河边的。中华文明的第一缕曙光,就升起在河湖的地平线上。

在地球文明的早期,人类还只是大自然怀抱中一个胆怯的孩子,既没有战胜自然的能力,更没有征服河流的野心。

在黄河中下游河谷和平原上,生活着我们的祖先——华夏族群的各个部落,主要有神农氏、有熊氏、有穷氏、有莘氏、有巢氏、有扈氏、防风氏、葛天氏、无怀氏、夏后氏、斟鄩氏等,自古以来他们逐河湖而居,享受着大河带来的水源和肥沃的土地。到了大洪水时代,他们修筑简易的围堰以阻止洪水漫溢,又通过疏导洪水来保护自己的家园。

在滔天洪水和穷天究地的磨合中,大禹出现了。

大禹又名夏禹、文禹,因为功大无双,故谓之大禹;因功勋卓越而被封于嵩山之麓的夏地,故名夏禹。禹的身份是一个千古之谜。他的事迹镌刻在大河上下,流传于庙堂村野。遥望这位传奇英雄的缥缈身影,许多人顿生疑惑:他,究竟是夏代的先王,还仅仅只是一位超级大劳模?禹王治水的故事,是一部英雄史诗,还是中华民族建立王朝国家的最初版本?

大禹是悲情的。在"汤汤洪水方割,荡荡怀山襄陵,浩浩滔天"(《尚书·尧典》)的岁月里,他的父亲崇伯鲧被尧授命于危难之间,为天下平息水灾。鲧因循共工以来"水来土堙"的传统治水方法,修围堰,堆垛坝,障洪水,"作三仞之城"(《淮南子·原道训》),企图以围追堵截来降服洪水,结果不仅水位未见降低,反而因为各地纷纷溃坝而又增加了人畜死亡和难民流徙。

抗洪救灾是不相信眼泪的,到了舜执政时代,经"四岳"御前会议决定,将"九载绩用弗成"的鲧流放于羽地,最终鲧竟在流放地被祝融击杀。

大禹是无辜的。大禹时代,洪水依然是浩浩滔天,人民依然在流离失所。舜召集"四岳"商讨治水之策,没想到众元老竟异口同声推举禹来担当治水重任。舜疑惑了,你们是说那个受处分的鲧的儿子吗? 子承父业? 不过他老子给他留下的并不是一笔正资产哦!

当然,最终舜还是同意让禹替死去的父亲将功补过。

大禹是发愤的。在治理洪水的漫长历程中,他发誓为失败的先父挽回名誉,十三年没有回家看望妻小一眼,"左准绳,右规矩"(《史记·夏本纪》)"行山表木,定高山大川"(《史记·夏本纪》)"陆行载车,水行载舟,泥行蹈毳,山行即桥"(《史记·河渠志》)"三过家门而不入",被中华民族世世代代传为美谈。"禹之王天下也,身执耒臿以为民先,股无完胈,胫不生毛,虽臣虏之劳,不苦于此矣。"(《韩非子·五蠹》)在韩非子的叙述中,大禹率领民众治水,事事冲在前面,以致瘦骨嶙峋,腿上的汗毛都被磨光了。在《山海经》的叙述中,在事业最艰难的时刻,大禹甚至不惜化身为熊,显示治水的决心。而历史记载的"禹步",也无非是大禹坚持靠前指挥,长期下沉一线,身先士卒,导致患上严重风湿病,显得步履蹒跚的样子。

　　大禹是睿智的。他深知为政之要,其枢在水;治水之要,其枢在政。在万国纷扰的远古,一条数千公里的大河却是没有国界的。治水的首要任务是要在黄河流域中下游各酋邦之间得到被授予的一种公共权力,通过政治、外交,甚至武力等各种手段,要让各个酋邦消除各自障水围堰,使河道能够正常泄洪,保障上下游、左右岸的共同安全。在古代,这显然是一个相当艰巨甚至可能失败的使命,大禹堪当此任,或与他的血统有关,据《史记·夏本记》引《系本》载:"鲧取有辛氏女,谓之女志,是生高密。"宋衷云:"高密,禹所封国。"有辛氏即有莘氏,其地有多说,大体上在今黄河下游一带。也就是说,禹本人就是因黄河上下游部落联姻而诞生,又因子承父志,终生致力于管控洪水而名声大噪,因此对于黄河流域上下游合作治水最具有说服力。可以说黄河既是流域命运共同体的纽带,也是上下游、左右岸利益纷争的焦点。这时候如果出现一位利益相关方都能够接受的人物进行统筹,就属于势所必然甚至呼之欲出了。

　　大禹又是谦卑的。他不是像他的父亲鲧一样,站在大自然的对立面向河流宣战,而是尊重"水往低处流"的自然趋势,"高高下下,疏川导滞","导河积石,至于龙门,南至于华阴,东至于砥柱,又东至于孟津,东过洛汭,至于大伾,北过降水,至于大陆,又北播为九河,同为逆河,入于海"。(《尚书·禹贡》)有这么一条"水由地中行"的样板之河,于是几代人百治无功的大洪水被大禹疏导了,平息了,洪水归槽,"合通四海"。大禹不仅成为民族英雄模范,而且代表了一种最高的治水境界。他所疏通的黄河流路被称为"禹河故道"。事实证明,这是后人永远难以企及的理想之河。就像传说中的黄金时代,永远只是人类集体记忆里的一道可望而不可及的风景线。

　　由于治水成功,大禹被万民拥戴,舜将夏地封为他的领地。在天下共主交替的关键阶段,夏伯禹苦心经营,将联合治水所形成的权力体制固化下来,和他的儿子启开创了中国历史上第一个统一的王朝,成为部族向国家、原始社会向农业社会转型的里程碑,大禹被称为禹王;由于治水成功,大禹成为空前绝后的水神,被后人称为神禹,"禹河故道"被视为千年无忧的样板之河;后世还将通过河流治理、划分九州而形成的华夏行政板块称作"禹迹"。直到大禹治水之后1000多年,才有了"定王五年河徙"的记载,即周定王五年(公元前602年)发生了有历史记录以来黄河第一次大改道。

大禹的奇迹,创造了农业文明早期"人水和谐"的典范,于是"九川既疏,九泽既洒,诸夏艾安,功施于三代"。(《史记·河渠书》)历朝历代不仅尊禹为王,而且将他一步步推上道德的巅峰。随着黄河文明漫出流域,声教四海,大禹的事迹也在东北亚、东南亚以及丝绸之路沿线国家广为人知,人们以建庙兴学等各种方式纪念大禹的功德,广泛传播大禹"以水为师"的生态文明思想和治水理念。

夏商周以降,人口增多了,铁器发明了,疆域扩展了,一个急剧扩张的泛农时代来临了。人类需要从荒野中开拓出更多的耕地。于是越来越多的泥沙进入大河河床。在平缓辽阔的平原上,源源不断的泥沙淤积下来,迫使河流左右游荡,频繁改道。这就迈进了人力改变河流功能的时代。

春秋时期,黄河下游各封国已经开始各自修筑境内的堤防,以至于互相借堤坝挑水导洪,以邻为壑。后来出现了先后打着"尊王攘夷"旗号称霸的"春秋五霸",其中就有以周王室名义召集列国发起"葵丘会盟"的齐桓公。

葵丘,宋国的一个镇,现属河南兰考县或民权县,参会的有齐、鲁、宋、卫、郑、许、曹等诸侯国国君,"葵丘会盟"的发起者和主持者都是齐桓公。

　　葵丘会盟的记载主要见于《孟子》《左传》《史记》等典籍,主要议题有两个:一是无曲防,二是毋遏籴。

　　黄河是中华民族的摇篮。由于先秦列国处于黄河流域的不同位置,处于上游者常常修筑工程,使洪水顶冲对岸,给自己留出大片滩地,这就是"曲防"。"曲防"目的有二:平时导洪造地,战时以水代兵。如公元前332年,赵国与齐、魏作战,曾挖开黄河河堤,使之溃决以淹没对方。

　　由于上述目的,"曲防"成为诸侯竞争的战略手段。齐、鲁、宋、卫、郑、许、曹等沿黄各国各自为政,尽可能运用"曲防"手段打击或削弱对手。

　　据《孟子》:"五霸,桓公为盛。葵丘之会,诸侯束牲、载书而不歃血。初命曰:'诛不孝,无易树子,无以妾为妻。'再命曰:'尊贤育才,以彰有德。'三命曰:'敬老慈幼,无忘宾旅。'四命曰:'士无世官,官事无摄,取士必得,无专杀大夫。'五命曰:'无曲防,无遏籴,无有封而不告。'曰:'凡我同盟之人,既盟之后,言归于好。'"

　　显然,这里的道德管制就是最早的"政治正确"信条,不许禁止买卖粮食就是反对贸易保护主义,这些只是立国通商的惯例。齐桓公最想表达的,其实只是第五条款中的"无曲防",就是禁止各国私筑河工损人利己,以邻为壑。显然,这正是流域统一管理体系的萌芽,也是建构大国体制的基础。

　　战国时代,列国堤防修筑更加普遍。齐桓公首倡"无曲防",可是管不住子孙后代争修"曲防"以利本土、淹他国。在《汉书·沟洫志》的记载中,西汉人贾让这样描述流域列国各自为政背景下的黄河堤防:"故曰:善为川者,决之使道;善为民者,宣之使言。盖堤防之作,近起战国,雍防百川,各以自利。齐与赵、魏以河为竟,赵、魏濒山,齐地卑下,作堤去河二十五里。河水东抵齐堤则西泛赵、魏,赵、魏亦为堤去河二十五里,虽非其正,水尚有所游荡。时至而去,则填淤肥美,民耕田之;或久无害,稍筑室宅,遂成聚落。大水时至漂没,则更起堤防以自救,稍去其城郭,排水泽而居之,湛溺自其宜也。今堤防,狭者去水数百步,远者数里……东郡白马故大堤亦复数重,民皆居其间。从黎阳北尽魏界,故大堤去河远者数十里,内亦数重,此皆前世所排也。河从河内北至黎阳为石堤,激使东抵东郡平刚;又为石堤,使西北抵黎阳、观下;又为石堤,使东北抵东郡津北;又为石堤,使西北抵魏郡昭阳;又为石堤,激使东北。百余里间,河再西三东,迫厄如此,不得安息。"

这种"雍防百川,各以自利"的迫厄局面,到了秦代终于有了一个解决方案。"夷灭六王决川防,一统江山日月新"。随着秦并六国,以中央集权的郡县制取代夏、商、周三代以来的封邦建国,一条全程贯通、堪称"水上长城"的千里堤防形成了。至今河南省濮阳一带还流传着"秦始皇跑马修金堤",以及"南修金堤挡黄水,北修长城拦大兵"的民谣。公元前215年,即秦始皇执政的第三十二年,秦始皇东临碣石,立碑记事,提出"决通川防,夷去险阻"的治河方略,即改造立足于一己之私、一地之利的不合理堤防,包括对战国时黄河两岸各国修建的以邻为壑的堤防工程进行大规模的系统整治,从而使旧有的险工段化险为夷,大大提高了黄河泄洪能力和防洪标准。

然而,绵延千里的堤防的出现,完全改变了河流的空间形态。水流被约束在容量有限的堤防之间,年复一年,本应向平原和大海运动的泥沙被滞留在河床上。河床在人的肩膀上抬升了,进而成为高高在上的地上悬河,一旦发生决口,顷刻高屋建瓴,势不可当,人或为鱼鳖。

河水是越来越浑浊了。"中国川原以百数,莫著于四渎,而河为宗"。(《汉书·沟洫志》)这条位居"百水之首""四渎之宗"的大河,到了西汉,索性就叫了"黄河"。此前,它只是——河。从河到黄河,中华文明从此有了一个主色调。(《汉书·高惠高后文功臣表第四》:"封爵之誓曰:使河如带,泰山如厉,国以永存,爰及苗裔。")

当然,"河"自西汉以来改称"黄河",还不仅仅是因为含沙量过高而河水呈现浑浊的黄色,其人文缘起或与中华文明始祖轩辕黄帝有关。司马迁著《史记》,开宗明义第一篇讲的就是黄帝怎样修德振兵以合万国,"(轩辕)有土德之瑞,故号黄帝""诸侯咸尊轩辕为天子,代神农氏,是为黄帝"。

虽然历朝历代倾其国力加高和修筑堤防,但堤高水涨,水涨堤高,随着河床逐年淤高,人类防御洪水的能力反而降低了,导致河流频繁决口、改道,从西汉年间至1949年,2000多年间,共发生1500多次决口,平均三年两决口,百年一改道。

唐贞观十二年,唐太宗李世民从洛阳回长安途中来到著名的三门峡砥柱山,但见壁立千仞,涛声如雷。根据地质资料,160万年前,古三门湖水就是从这里冲出峡谷,奔腾东去,形成外流型大黄河,造就了中华民族的摇篮。而在神话传说中,是大禹从上游疏导河水一路走来,劈开人门、神门、鬼门,让壅塞的巨浪喷射而出,顺流而下,直达东海。李世民触景生情,抚今追昔,吟出四句千古传诵的《砥柱铭》:仰临砥柱,北望龙门,茫茫禹迹,浩浩长春。

显然,面对凶险的黄河峡谷以及下游河道的危情,李世民想到了大禹,他在内心呼唤神禹再世,永葆黄河安澜,国运久长。据历史资料统计,隋唐年间黄河下游因行河年代久远,已迈入河道寿命晚期,河患屡屡发生。从唐贞观十一年起,到乾宁三年,近260年间有明文记载的河患、河决年份21年,约等于10年一决口。

据《旧唐书·五行志》和《新唐书·五行志》记载,从贞观七年(公元633年)到咸通十四年(公元873年),除河决、河溢以外,240

年中,共有29年沿河各州发生大水,其中仅开元年间记有大水的即达7次之多。不少大水灾情是惊人的:如永隆元年(公元680年),"河南、河北大水,溺死者甚众"(《新唐书·五行志》);永隆二年,"八月,河南、河北大水,坏民居十万余家"(《新唐书·五行志》);开元十五年(公元727年),"秋,天下州六十三大水,害稼及居人庐舍,河北尤甚"(《新唐书·五行志》);开元二十九年(公元741年),"河南北诸州,皆多漂溺"(《新唐书·五行志》);贞元八年(公元792年),"河南、河北、山南、江淮凡四十余州大水,漂溺死者二万余人"(《旧唐书·德宗下》);开成四年(公元839年),"秋,西川、沧景、淄青大雨,水,害稼及民庐舍,德州尤甚,平地水深八尺"(《新唐书·五行志》)等。这些遍及大河南北的大水,其中必然有一部分和黄河水灾有关。

"河为中国患,二千岁矣。"(《宋史·河渠志》)这是饱受黄河泛滥、决口改道之苦的宋人的悲叹。北宋黄河,原向东流,宋庆历八年(1048年),黄河在濮阳商胡决口,改而北上,形成二股河入海,遂引发朝中大臣主张河复"东流"还是顺势"北流"之争,这一争论就是几十年。其间为了防御契丹人南下侵掠,中央政府曾经三次试图挽河东流,均告失败。直到公元1118年,开封太守杜充为阻金兵南侵,命人在滑县扒开黄河大堤,致黄河掉头南下长达737年。计有宋一代,仅澶州横陇改道至北宋南迁,不足百年就决口、漫溢、改道达35次,每次洪水灾害过后,"庐舍尽毁、漂没无数"的记载不绝于史。而伴随宋都南迁、黄河南泛,天朝的国运也从此衰变。随着王朝更替,国都迁徙由东西向次第更迭变为南北轴上下移动,一个数千年未有之大变局正在向这块黄帝、大禹们开拓的衣冠古国缓缓迫近。

是的,随着黄河大堤与河床比着往上长,人们时不时怀念起那条由大禹所打造的样板之河,呼唤"神禹"再生。但时过境迁,大河与它养育的华夏民族,都没办法回到过去了。人们有时甚至把身边这条母亲之河看作"心腹大患"。

六 贾让"三策"

西汉末年,黄河下游淤积严重,决口频繁,据汉书记载,"四年……秋,桃李实,大水,河决东郡金堤。"(《汉书·成帝纪》)"后三岁(建始四年),河果决于馆陶及东郡金堤,泛滥兖、豫,入平原、千乘、济南,凡灌四郡三十二县,水居地十五万余顷,深者三丈,坏败官亭室庐且四万所"。(《汉书·沟洫志》)

这时候出了一位治河理论家,他叫贾让,因为"治河三策"而名垂青史,但他的生平简历却鲜有记载,家族渊源更无从可考。"西汉、哀帝、绥和二年(公元前7年),贾让应诏上书。"绥和是西汉时期皇帝汉成帝刘骜的第七个年号,公元前8年至公元前7年,汉哀帝即位沿用至年末,次年改元建平。汉哀帝刘欣生于公元前25年,公元前7年登基。由此可知,汉哀帝上任第一年就接见了贾让,说明两个问题,一是当时黄河形势严峻,连他的皇帝年号都没来得及定夺,就把治理黄河提上了议事日程,正应了"欲治国,先治河"的道理;二是说明贾让当时已经小有名气。做皇帝可以不考虑年幼年长,做学问还是要有些阅历和资历的。由此推断,贾让年龄比汉哀帝长一些,公元前30年出生差不多,当然这也只是一家之言。

《汉书·沟洫志》记载,哀帝初年,河官有奏:"九河今皆置灭,按经义治水,有决河深川,而无堤防壅塞之文。河从魏郡以东,北多溢决,水迹难以分明。四海之众不可诬,宜博求能浚川疏河者。"报告说黄河问题迫在眉睫,需要皇帝选派专家协助治河,于是丞相孔光、大司空何武,奏请部刺史、三辅、三河、弘农太守们举吏民能者,但没有人来应聘。只有"待诏"贾让对治河有见解,于是史无前例的"治河三策"火热出炉,这说明贾让当时虽然没有什么正式官衔,但已经是"待诏"身份了,相当于现在国家智库里的人才。这样推断,虽然还是没弄清贾让的身世,但至少知道贾让是一位学有所长、对黄河情有独钟的"专业知识分子",是有一定身份的人。

当然,我们最关心的还是贾让的"治河三策"都有些什么内容。

所谓三策,并非平行的三个方案,而是解决黄河疑难杂症的上策、中策、下策。班固著《汉书·沟洫志》对此有详细记载。贾让奏言,先是将黄河现状、存在问题如实奏报,接着便提出三个治河方案以及可行性分析,供皇帝拍板,而且奏明此三个方案各有利弊,但总体来说还是有轻重,属于上、中、下三种选择。

贾让的"治河三策",其实是很有针对性的,是针对两千多年以前西汉王朝以及天下百姓所面对的那条黄河,很有实操性,对黄河下游怎么治理、怎么修整、什么流路都有论述,而且对采用不同思路治河将取得的结果、优劣性都有明确说辞。现在所言"三策",是后人将其理论化了的,概括为:上策是不与水争地。这是直到如今依然先进的治水理念,具体措施是"徙冀州之民当水冲者,决黎阳遮害亭,放河使北入海"。这是针对当时黄河已成悬河不可挽回,提出人工改道,避高趋下。他认为,实行这一方案,虽要付出重大代价,"败坏城郭、田庐、冢墓以万数",但是可以使"河定民安,千载无患"。(以上引自《汉书·沟洫志》)

中策是开渠引水,达到分洪、灌溉和发展航运等目的。他认为这一方案不能一劳永逸,但可兴利除害,造福于民,而且能维持数百年。

接下来就是下策了,他认为如果固守旧堤,年年修补,劳费无穷,属于三策中的最下策,可以勉强维持,但不能从根本上解决问题。"缮完故堤,增卑倍薄,劳费无已,数逢其害,此最下策也"。

这便是贾让"治河三策"的核心内容。那到底汉哀帝采用了哪一策,终究无据可查。而在贾让之后约80年(公元69年),历史的车轮驶向东汉时代,王景登上了治理黄河的历史舞台,尽管史书没有记载他的治河理论,但他的治河实践却昭然于世,而且显然对贾让的"治河三策"很有研究,看其结果,大概用的是"中策"。贾让认为中策不能一劳永逸,但可兴利除害,能维持数百年黄河安澜。贾让幸而言中。

从贾让到王景的近80年,是大汉王朝一个动荡的年代,西汉末年出了个王莽,改朝换代,灭了西汉,然而天不佑王莽。接着南阳郡的"奉天命者"刘秀来了,东汉拉开了历史大幕。贾让与王景,刚好处在西汉末与东汉初之间。王莽生于公元前45年,卒于公元23年,汉哀帝刘欣公元前7年登基,大司马王莽已经开始专权,传说在王莽专权的时代,黄河在魏郡元城(大名东)决口东流。皇帝要堵口,王莽不主张堵口,王莽认为黄河怎么走,是天意,要顺从天意,冠冕堂皇地干扰了治黄大政方针,其实他是害怕堵口后会淹了他家祖坟。这一决口就决了60年,后来人们把这段决口后的黄河河道称为"王莽河"。从这些历史纠葛来看,因为没有真正实施的史料记载,贾让"治河三策"很可能只是"纸上谈兵";而王景则不同,他遇上了大汉王朝再度兴盛的时代,仅仅用了贾让的中策,就一举成名,至今传为美谈。

然而,贾让虽然生不逢时,但他的"治河三策",经《汉书·沟洫志》详细记载而流传后世,对于后来的治黄方略产生了深远影响。

　　站在今天,从黄河流域生态保护与高质量发展的角度审视先贤的"治河三策",会发现贾让从尊重自然、尊重黄河本性出发,追求人水和谐,其治河理念不仅不过时,而且依然闪耀着超越时代的光辉。但从可行性来看,或许还有磋商的空间。

　　1933 年,民国时代著名地理学家胡焕庸依据我国人口分布图与人口密度图,划出一条著名的"胡焕庸线",并撰文《论中国人口之分布》。这篇文章在同年《地理学报》第二期发表,文章称:"自黑龙江之瑷珲,向西南作一直线,至云南之腾冲为止,分全国为东南与西北两部,则此东南部之面积,计四百万方公里,约占全国总面积之百分之三十六;西北部之面积,计七百万方公里,约占全国总面积之百分之六十四。惟人口之分布,则东南部计四万万四千万,约占总人口之百分之九十六;西北部之人口,仅一千八百万,约占全国总人口之百分之四。"这就是著名的胡氏"瑷珲—腾冲线"的基本概念。当然,这不是一条简单的线,而是一条具有丰富的人口地理学、人口经济学以及经济地理学内涵的线。

　　这条线很有意思,从黑龙江瑷珲(现在为黑河市爱辉区)到云南腾冲,大致为倾斜 45 度,基本为直线。首先,它是一条人口地理的分界线。以此线为界,约有 96% 的人口居住在约占全国土地面积 36% 的东南部地区,约 4% 的人口居住在约占全国土地面积 64% 的西北部地区,又称大西北。80 多年后的今天,大西北的人口增加了,经济总量也大了许多,但这条虚拟的线仍然是中国东南、西北部的人口地理分布界线,东南多西北少的格局基本没有太大的变化。

　　这一条虚拟的线告诉我们,我国适宜人类生存的国土主要在东南地区,黄河下游正在这条线的东南区,也不难理解,自古就有"得中原者得天下"之说,农耕文明的主要标志就是有足够的耕地。就是现在也有一个最通俗最实在的词依然是最重要的,这就是"口粮田"。

2013 年 12 月 23 日,中央农村工作会议提出要确保粮食安全,坚守 18 亿亩耕地红线。黄河下游 25 万多平方公里的冲积平原,土质肥沃,地势平坦,正是耕地红线重点地区之一。如果按照贾让的上策:主张不与水争地。实行这一移民方案,虽要付出重大代价,"败坏城郭、田庐",却可以使"河定民安,千载无患"。这基本就是"人工改道"说了,但实施起来一定是千难万难,因为人往哪里去的问题不仅当时难以解决,就是现在也困难重重。早在上世纪 90 年代,河南、山东两省就开始尝试实施黄河滩区向外移民,20 多年过去了,至今还有 100 多万居民在高滩和中滩区生活、生产。

我们拿"瑷珲—腾冲线"说事,是因为我们发现,贾让当年的中策,才是今天的上策。"开渠引水,达到分洪、灌溉和发展航运"等目的,除了航运没实现,其他不仅实现了,而且早已超越了古人的想象力。

自 1946 年黄河回归 1855 年故道以来,人民治黄总结了历代治黄经验与教训,上拦下排,两岸分滞,调水调沙,综合治理,实现了 70 多年黄河安澜。在 2020 年黄河下游洪水实战演练中,5020 立方米每秒的人造洪峰顺利汇入大海,而黄河下游河道全线没有出现出槽漫滩,说明通过多年连续利用水库汛前泄洪排沙,调水调沙,减淤刷槽,黄河河道过流能力已经有了很大提高,困扰中国人几千年的黄河下游悬河形势正在得到缓解。

七　王景之治

　　在数千年治黄史上,除了大禹,东汉时期的"王景治河"几乎是一个完美的范本,有"王景治河,千载无恙"之美誉。千载是模糊的说法,但王景治河之后,有 800 年没有黄河水患的历史记载,这也算是一个奇迹了。

　　王景治河大概是在汉明帝刘庄时代,刘庄 29 岁登基,正是年富力强的时候,亲眼目睹父辈刘秀创业的艰难,深知守业之不易。汉光武帝刘秀灭了王莽,平了乱世,光复了刘家天下,国家由西汉转身为东汉,使汉朝基业得以中兴,给刘庄建功立业创造了绝好的内、外部政治环境。

　　西汉是中国历史上一个辉煌的时代,汉族、汉人之称都起源于这个朝代,以儒学为主导的中华文化声教显赫,向四面八方传播,科学技术也得到跨越式发展,大一统中国彰显出东方文化的魅力。黄河也很给力,下游多年基本平稳。然而,既然从大禹以来的"河"变成了"黄河",那就是积累了很多问题,水少沙多,水沙异源,水沙关系不平衡,潜在洪水威胁很大。直到西汉末年,汉平帝还是儿童,王莽专权,政权更迭,社会开始动乱,遇上连年征战,黄河下游正常的岁修没法进行了,黄河下游河患开始凸显,堤防险情愈演愈烈,终于在王莽时期的公元 11 年黄河决口改道。

东汉兴起,黄河下游水患治理重任历史性地落在了东汉二代皇帝刘庄的肩上。风华正茂、踌躇满志,汉明帝正是精力最旺盛、建功立业最心切的年龄,于是昭告天下,求贤若渴,这就给王景治黄提供了机遇。那时候没有"双一流""985""211"这些大学设置,也没有两院院士,人才靠举荐,纳贤靠下诏,王景天赋异禀,汉明帝慧眼识珠。

当然,王景出身也可以说道说道。他的先祖精通易学,在刘邦时代举家迁往乐浪郡(今属朝鲜),据说他的上推八代的祖爷爷能推卦过去,会演算未来,刘邦想重用他,却被婉言谢绝。因为他曾经向刘邦建言,得罪过一些大臣,他怕遭人陷害,于是携儿带女远遁乐浪郡。所以王景出生在乐浪郡,其实他的祖籍在黄河下游的山东。到王景父亲王闳这一辈,王闳协助光武帝刘秀平息乐浪郡之乱有功,被封官,尽管天不假人,在上任道上就谢世了,却给举家迁回内地提供了机遇,王景随父回到了天子脚下。

史料介绍,王景,字仲通,乐浪郡人。与贾让一样,王景生平资料不多,记载不详,但大概算来是生于东汉光武帝刘秀当朝时代,辞世于刘秀之孙汉章帝刘炟时代,约汉章帝建初、元和中卒于庐江(今安徽庐江西南),寿在五十岁左右。

显然,王景属于家学渊源那种,少年始习《周易》,且博览群书,应该是特别偏好天文、数学。这些专长其实就是气象、水文学的功课,用来治河很管用。

前面有叙,在西汉平帝时期,黄河下游防洪问题就已经初露端倪,黄河和汴渠在汛期已多次出现决堤险情。祸不单行,朝廷里又出了个一心改制而走上邪道的大司马王莽,再遇上绿林、赤眉农民起义军直捣黄龙府,社会动荡,黄河、汴渠岁久失修,河防问题愈演愈烈,到东汉光武帝年间,不得不对黄河下游和汴渠进行修补,但平乱战争刚结束,经费捉襟见肘,只能做些小修小补,河患在汉明帝任期内频频出现。

这时候王景来了。

汉明帝求贤若渴,在洛阳德阳殿接见了觐见的王景。汉明帝提出很多关于黄河、汴渠的问题,考察王景解决实际问题的能力,王景凭借天分和渊博的知识,对答如流,而且多有新意,汉明帝龙颜大悦,立即决定授权王景治理黄河并汴渠,而且赏赐给了他当时能见到的治河书籍及图书资料,诸如《山海经》《河渠书》《禹贡图》等,还给王景配了助手王吴,与其搭班子治理黄河。

公元58年,汉明帝命王景和王吴疏通浚仪渠。王景提议在渠道两旁建造一个滚水堰,可以控制渠内水量,以免出现水位过高的情况。王吴支持这个方案,两人一起努力完成了疏通浚仪渠的任务。小试牛刀,王景已初露锋芒。

公元69年,黄河汛期洪水告急,黄河河堤溃决,汴渠渠塞四溢,洪水造成河南、山东一带大面积受淹。汉明帝不得不感叹黄河威武,决定与黄河交交手、过过招。这一年,汉明帝征集了十万民工,命令王景、王吴率众修缮黄河大堤、疏浚汴河。

王景治河的经典乐章轰然奏响。

王景深知黄河河性,接受任务后没有盲目地开工,而是先搞调查研究,组织测量河道,摸清河势,并且描画出详细的河势图。黄河下游河道整治不是过家家,而是一片旷野、千里长河,要把千里波涛从中原大地护送入海,没有一等的高人,万众的力量,绝难成事。

《后汉书·循吏列传》:"永平十二年……夏,遂发卒数十万,遣景与王吴修渠筑堤,自荥阳东至千乘海口千余里。景乃商度地势,凿山阜,破砥绩,直截沟涧,防遏冲要,疏决壅积,十里立一水门,令更相洞注,无复溃漏之患……"寥寥九十言,将王景治河所用大法画龙点睛,高度概括。

王景和王吴接受任务之后,详细研究了黄河河道走势,一定也研究了大禹治水方略和黄河泥沙特点,做出详细施工计划,截弯取直,筑堤疏浚,尽量沿西汉故道与泰山北麓的低凹地中行河,而且这条河道距海较近,地势低下,行水较畅。数十万治河大军,轰轰烈烈气势磅礴,举了全国之力,用了一年多时间,工程竣工,大河归槽,汴渠再度扬起南来北往的风帆,熙熙攘攘进出开封港,一派繁荣景象。汉明帝亲临视察,对治黄工程质量高度评价,下诏书表彰了王景的功绩。王景治河,抓住了黄河特性,因而使王景之后数百年(多800年之说)黄河基本没决堤,东汉也渐渐充盈着升平气象。

研究王景治河理论,最具争议的是"十里立一水门,令更相洞注,无复溃漏之患"。所谓十里立一水门,水门就是今天的引水闸门,这无争议,但十里立一水门,就有争议了,从字面上看是每隔十里便修一座闸门,而且很多学者都是这样解释的,这在实践中是不可能的,今天看也似乎没有必要。这样的水门一共修了多少座,没有记载,当时的建筑材料就是木头、石头和泥巴,一条大河上每隔十里就修这么一座水闸,且不说工程量浩大,还会给大堤带来安全隐患。"令更相洞注"怎么解释?洞,其实就是水流中的漩涡,更,有改变的意思,这样一来,"令更相洞注"就是改变水流的漩涡。河流中漩涡对河道、对河堤危害甚大。在作者今日看来,这项工程其实是为消除河道水流漩涡而建的。"商度地势,凿山阜,破砥绩,直截沟涧,防遏冲要,疏决壅积"等,现在审视,依然是治河上策。

但黄河的治理,历来没有一劳永逸的事,把王景之后近800年黄河之治归功于王景的功劳,也不一定准确。纵观黄河历史,黄河百年改道是与黄河"善淤、善决、善徙"的特性密切相连的。如果依照黄河的自然规律,任其自然改道,不一定百年就会改道。两千多年以来,黄河的七次大改道,大都不是黄河已经到了非改道不可的地步,几乎都是有人为因素在里面的。包括开封古城"城摞城",也有一些是"以水代兵"造成的。

黄河流域的生态环境也是随着时间的推移在演变。越往远古,黄河含沙量与年来沙量越少,越往近代,河流泥沙量则会越大。黄河泥沙重要来源区黄土高原也是中华文明发祥地之一,生态环境受人类活动影响严重,时空变化最大。所以可以推理,黄河自大禹之后,至周定王五年宿胥口(河南浚县)决口,下游开始培修堤防,河流受到约束,泥沙大量沉积,逐渐形成悬河,进一步淤积之后,终于堤防无力承受,决口改道,寻求新的入海流路,而这个周期越到近代,频率会越高。如果说王景选择修筑的那条黄河流路可以使用800年,那么,后来的频率自然就会加快,600年、400年等。所以,自古至今,都有一些学者主张"黄河本无事",可任其摆动,随其自然。

八 三国归晋

回首大汉王朝兴衰,很值得玩味:西汉出事在汉平帝,一个 9 岁小孩子当朝;东汉出事,汉献帝,又是一个 9 岁孩子"君临天下"。西汉皇室运气好,家族里还有刘秀这样的优秀人才,到东汉就没那么幸运了,虽然出了个远房后裔刘备刘皇叔,末代皇帝汉献帝却落到了曹操手中,被用来"挟天子以令诸侯"。刘备叱咤风云,遍揽天下人才,却终究没能光复汉室,留下一声长叹。

汉献帝刘协的皇权,其实早在公元 196 年就被曹操"傀儡"了,于是乱象迭出,天下动荡。

起步就是"三国演义"的魏、蜀、吴,后世被分别称为:曹魏、蜀汉、东吴。三国的领导人可都是东汉时期的人物,都得到过东汉朝廷的恩惠或分封,但这难弥政治家们的野心,谁也不服谁,都想着自己的江山,结果三败俱伤。接着就是西晋、东晋、十六国,又是南朝、北朝,秩序大乱,遍地都是枭雄。这一乱,就乱了 360 多年。今天回看那段历史,对于黄河文明远播四海,对于华夏民族发展壮大,未必不是一件好事。

按顺序说,三国鼎立,他们互相虽然虎视眈眈,恨不得一口吞下对方,讲的却都是中原的官话(有可能就是河南话),揣着三皇五帝到于今的祖宗故事,筹谋着自己齐家治国平天下的人生理想。在治国理政打压群雄方面大显身手,以勤政恤民形象归拢人心,扩展领地。

《三国演义》的故事家喻户晓。"三国"不但给我们留下那么多茶余饭后的故事佐料,更重要的是,"三足鼎立"对中华民族的贡献。从表面上看,他们互相打了40多年仗,事实上,他们是在开疆拓土,向四方辐射,把以黄河为发源地的中华文明推向更广阔的远方。

曹操挟天子汉献帝刘协建都许昌,以朝廷名义征讨各地诸侯,先后破袁术、灭吕布、降张绣、逐刘备,势力发展成兖、豫、徐三州,兼有部分司隶、雍州等中原地区。官渡之战,大败袁绍,平定河北,收抚南匈奴,攻灭乌桓,统一北方。

资料显示,曹魏在疆域上继承了东汉在西域的统治,设立西域长史府进行管理,东北将朝鲜半岛北部并入了版图,南部诸州大致以秦岭、淮河与蜀、吴为界。面积达400万平方公里。

东汉末年,曹操为了恢复和发展北方的经济,解决军粮不足与辖区内民生问题,借鉴两汉在边疆屯田的成功经验,推行了屯田制度,保护和发展了社会生产力。从王景治河到三国末期,黄河有记载的决溢八九次。三国鼎立40多年,曹魏集团在黄河流域纵横驰骋,着力经营,接过东汉王景修筑、治理的黄河,顺势而为,大兴水利。曹操先后开凿了白沟、平虏渠、泉州渠、新河和漕渠等。于今淇、浚一带的淇水入河处筑枋堰,"遏淇水入白沟,以通粮道"(《三国志·魏书武帝纪》);在关中一带辟建渠道,兴修水库,一举改造了3000多顷盐碱地,所获使国库大为充实。在河南建设的水利工程,改善耕作环境,使粮食产量倍增。据《晋书·食货志》载:许下屯田的当年,就"得谷百万斛"。数年后"所在积粟,仓廪皆满"。到曹魏后期"自寿春到京师,农官兵田,鸡犬之声,阡陌相属。每东南有事,大军出征,泛舟而下,达于江淮,资食有储"。可见辉煌一时。

曹魏文帝正式重开太学。公元241年兴立石28块,用大篆、小篆、隶书三种字体书之,故也称"三体石经"或"三字石经",内容包括《尚书》《春秋》及《左传》等,其继承大统、光复国学、匡扶天下的意图也是杠杠的。

曹魏时代,科技也有了进一步发展。一个叫马钧的科技工作者改造了织绫机,可以提高效率四五倍。他创制的龙骨水车,可以连续不断提水。他改造提升的指南车,不管车向何方行驶,车上的木人总是指向南方。当然,马钧不是瓦特,也不是爱迪生,他的发明创造没有能够促成一场机器革命或产业革命。

从罗贯中的《三国演义》上看曹操,几乎是"杀人不眨眼"的恶魔,其实,曹操很有文化修养和战略眼光。他像当年黄帝一样,先是打着老大的旗号"习用干戈,以征不享",然后又修德振兵,"以与炎帝战于阪泉之野"。最终曹魏占领的地盘最大,基本就是东汉的整个国土,而且核心区在富庶的黄河中下游地区。曹操及其子,在文学上造诣很深,史有"三曹""建安文学"之称。哲学方面,继西汉、东汉经学之后,玄学就诞生在曹魏时期。玄学在继承和发展道家思想的基础上,调和儒道,是黄河文明的又一个发展阶段。

刘备退居西南蜀地,蜀汉疆域北至武都、汉中,东抵巫峡,南包云、贵,西达缅甸东部。占有今云南全省,四川、贵州二省的大部,陕西,甘肃南部,广西西北部及缅甸东北部、越南西北部。人口数量约400万,主要民族有汉族、古羌族、彝族等,所占面积106万平方公里。

蜀汉鼎立西南。成都平原自战国时秦蜀太守李冰建成都江堰以来,一直是西南重镇、西部粮仓。蜀汉政权继续维护这里的水利设施。据《水经注·江水》记载:"诸葛亮北征,以此堰为农本,国之所资,以征丁千二百人主护之,有堰官",相当于今天的河长制。

　　蜀汉疆域主要在我国西南少数民族聚居区。刘备的大管家诸葛亮为民族融合进行了有益探索。诸葛亮七擒七纵孟获的故事,彰显出华夏文明的包容与谋略,纵是为包容,擒是为文化底线。经过七次折腾,诸葛亮不仅不杀,反而以礼相待,孟获终归服气了。有此榜样与案例,四郡皆平,于是诸葛亮改置、新置数郡。把原来的四郡改为建宁、云南、兴古、永昌、越嶲(xī)、牂牁(zāng kē)六郡,安排一些熟悉当地情况的官员为郡守。对原来少数民族的部落组织,也保留下来,让原来的酋长进行统治。对一些在当地影响较大的少数民族上层分子,都安排了较高的官职,以稳定与少数民族的关系,例如孟获就给了个御史中丞。这样的安排,对稳定南中国的局势,起了积极作用,为民族区域自治与民族融合走出了一条康庄大道。

　　蜀汉也是重视农耕。诸葛亮在汉中休士劝农,利用了汉中的经济条件,因地制宜地采取了一系列发展生产的得力措施,使北伐军资基本上就地得到了解决。诸葛亮去世后,蜀汉军撤退,曹魏军还在蜀营中"获其图书、粮谷甚众"(《晋书·宣帝纪》),足见诸葛亮休士劝农、实行军屯耕战的效果,逐步达到粮足、将广、人多的良性循环。

　　诸葛亮的"山河堰"等水利工程至今还是汉中地区灌溉面积最大的水利工程。据近代水利先驱李仪祉先生考察结论:"山河堰尚灌褒城田八千余亩,灌南郑县田三万零六百余亩,灌酒县七千余亩,共四万六千余亩。"

　　三国时代,各国统治的合法性来源均为华夏正统文化。蜀汉占据西南大地,奉行的依然是华夏中原文化。刘备、诸葛亮治国是礼法并施,威德并用,强调"训章明法""劝善黜恶"。也就是说,以法为体,着重公平客观原则,以德为用,着重教化。以商鞅之法,却不迷信,取其法理,结合儒家声教四海,把行法与教化合而为一。经过这样的"法治革新"运动,使得蜀汉政权工作效率高,吏治清明,依然是中原文化在指导他们的行动。

孙吴全盛时期疆域,包括汉末扬州与荆州大部地区及交州全境,后分交州东北部为广州。孙吴大力发展经济,对江南地区的开发做出了重大贡献。疆域面积达 145 万平方公里。值得一提的是,公元 230 年(黄龙二年)孙权派卫温、诸葛直率"甲士万人",直航台湾,纳为属地,这是我国政治势力第一次对台湾实行政权管理。孙吴的外交也很有成绩,为加强对广州的管理,积极派人与徼外的扶南(今柬埔寨)、林邑(今越南南方)诸国建立友好关系,以后,又派交州刺史出使南洋诸国,还与印度建立了外交关系。在这一系列的融合与外交动作中,黄河文明随之声名远播。

孙权很重视农业,也推行屯田,而且有创新。屯田分为军屯、民屯两种,采用军中编制,设置典农校尉、典民都尉、屯田都尉等官职管理屯田事务。在长江沿岸湖滩大规模开垦土地,建立了毗陵、湖熟、溧阳、江乘、于湖、赭圻等屯田区,且多用牛耕,耕作技术也较先进,大大促进了当地农业发展。

孙权时期,十分重视江海的治理和水利开发。例如从吴兴城北到长兴修筑太湖长堤几十里,防止湖水泛滥淹没农田。在江北的皖城凿石通水,灌溉稻田等。还对运河整修、开凿,如破岗渎、丹徒水道的整修与开凿,都取得了很大成功。

三国时期,高僧支谦、康僧会先后来到孙吴,受到孙权的推崇。孙权为康僧会建造了建初寺。建初寺亦称佛陀里,为中国历史上江东地区的第一座佛寺,对孙吴乃至中国历史上的佛教向南方发展有着奠基之功。

魏蜀吴三国鼎盛时期,三国政权疆域有效管理已达 650 多万平方公里。当时虽然"三国鼎立",但他们共同披着黄河风尘,打着光复汉室的旗号,怀揣祖国统一的梦想,传承中华文化。儒、道学说和中原文化随着三国征战,扩展疆域,向少数民族地区传播开来。与此同时,更广阔的文化交流依然继续,西域僧人东来洛阳,译经弘法,佛教进一步发展。

历史是无情的,曹魏最终灭了蜀汉,三国鼎立的局面被打破;两年后曹魏又被世代权臣司马懿家族改制,曹魏结束了历史使命;东吴在曹魏与蜀汉相争的空隙中得以苟延残喘,却又没能逃脱被西晋所灭。三国归晋,黄河文明在更广阔的疆域、更广泛的民族认同基础上有了更为辽阔的视野。无论如何,这时候的中国,在世世代代各自经营的基础上,已经面临一个新的发展空间了。

九　乱世逍遥

西晋灭亡后,北方进入"五胡十六国"时代。自公元 304 年氐族人李雄和匈奴人刘渊分别在蜀地建立成国(成汉)、在中原建立汉(后称前赵)时起,至公元 439 年北魏太武帝(拓跋焘)灭北凉为止,北方地区先后建立了 20 多个国家。此时少数民族建立的国家,无不有问鼎中原、站位正统的心愿。如刘渊建国称汉,不以呼韩邪单于自居,而是追尊刘禅,俨然是光复汉家旧业,意指中原正朔、上国衣冠。

北魏末年史官崔鸿私撰的《十六国春秋》,自北方所有大大小小的政权中选出国祚较长、影响力较大、具代表性的国家,称之为"十六国"。"十六国"涵盖了当时九州大地上的汉族和主要少数民族,当北方诸国一一灭亡之后,这些少数民族中的绝大部分逐渐与中原汉族融为一体。

中国有句老话:宁做太平犬,不当离乱人。在黄河历史文明发展过程中,无论改朝换代,还是列国争霸;无论北方游牧民族内迁,还是衣冠南渡,黄河浪涛与乱世烽火映现出多少士子百姓的血泪与辛酸!然而正是在这样的乱世之中,形成了一种被战国时代宋国漆园吏庄子称为"逍遥"的文人精神。"白发空垂三千丈,一笑人间万事。"（辛弃疾《贺新郎》）到了魏晋南北朝时期,这种逍遥的传统终于落地生根,长出"竹林七贤",长成"魏晋风度"和"名士风流"。这真的是一个奇葩,因为它第一次大规模地把老庄哲学人格化、行为化、群体化了,在历史舞台上来了一个惊世骇俗的群体造型。

在此之前,中国文人人格养成曾经历了春秋战国的"多元对冲飞乱花"与汉代的"儒花开过百花杀"两个重要阶段。回首黄河文明由涓涓细流到滔滔千里,无论正看反看,春秋战国都是一个需要巨人而产生了巨人的伟大时代。德国大思想家雅斯贝尔斯在《大哲学家》一书中,将公元前500年前后称为"轴心时代"。在此书中,他认为正是在这一时期产生了影响至今的人类轴心文化。这一影响至今的人类轴心文化体系就包括以孔孟为代表的儒家学派和老庄为代表的道家学派。当然,除儒、道两家之外,在这一人类文明史上空前绝后的轴心时代,还产生了诸子百家,无论法家、墨家、兵家、农家,还是阴阳家、纵横家……都以他们卓然独立的政治风采与人格精神,参与着历史的进程,造就了中国历史上独一无二的思想文化高潮。当然,接踵而来的秦汉帝国以皇权的强力改变了这一局面。尽管汉初曾盛行黄老之学,统治者为了政权的利益不得不"虚静无为",让民众休养生息,但这毕竟只是权宜之计。国力强盛以后,中国终于必然而然地进入"罢黜百家,独尊儒术"的经学时代,轴心时代生机勃勃的文人精神衰微了,破败了。

汉文帝七年,洛阳才子贾谊枯坐长沙家中沉思,突然,他发现窗外飞进来一只硕大的猫头鹰,这使他惊悚极了,因为在中原民俗中,猫头鹰被视为不祥之兆。

贾谊少即有才,曾被汉文帝委以博士之职,并在一年之内破格提拔为太中大夫;但因屡屡上疏陈政、针砭时弊而遭到朝中大臣嫉恨;而皇帝则难抵流言蜚语,终将忧国忧民之士外放为长沙王太傅。

　　难不成这猫头鹰进屋预示着又一场不期之灾？经过一番思前想后，这位少年得志而又命运多舛的长沙王太傅竟释然，大悟，遂写下《鹏鸟赋》。

　　在这篇有名的骚体赋里，贾谊一反平素积极用世的人生态度，借鹏鸟之口淋漓尽致地阐发了一种另类的宇宙观、人生观："天不可预虑兮，道不可预谋；迟速有命兮，焉识其时！且夫天地为炉兮，造化为工；阴阳为炭兮，万物为铜。合散消息兮，安有常则？千变万化兮，未始有极！忽然为人兮，何足控抟；化为异物兮，又何足患！小智自私兮，贱彼贵我；达人大观兮，物无不可……众人惑惑兮，好恶积亿；真人恬漠兮，独与道息。释智遗形兮，超然自丧；寥廓忽荒兮，与道翱翔……其生兮若浮，其死兮若休；澹乎若深渊止之静，泛乎若不系之舟。"这里，超然的姿态，旷达的胸襟，飘逸的精神，不为物所累，不为俗所羁，悠悠然与天地同在、与万物合一，浑然一种与孔孟用世主义告别而向老庄出世哲学返归的人生告白。

　　贾谊放任长沙途中路过汨罗江，触景生情，以屈原自比个人遭际，写出《吊屈原赋》。他身上更多的当然是屈原式的士大夫传统，达则兼济天下，不屈不挠，九死不悔。

　　如果说这一点是明朗的话，那么他的内心潜藏的另一个自我——老庄精神的自我，却无疑在他的个性中处于很不利的地位。毋庸置疑，《鹏鸟赋》是他重要的内心独白。但这些表现在文字里的气韵却终于没有和他世俗中的人格沟通。史书这样记载贾谊的人生结局：在他后来又被召为梁怀王太傅期间，因怀王坠马而死，"谊自伤为傅无状"（《汉书·贾谊传》），竟"郁郁而死"，终年 33 岁。整个两汉时期，从文学史留给我们的其他主要作家如司马相如、扬雄、司马迁、班固等人的经历来看，其人格状态尽管各不相同，但在人格结构上却有一个明显的集合部：即功用的，目的的，入世的，而不是放浪的,面向虚无的。这是一个经学的上升阶段,也是统一的汉帝国上升阶段。

当这一切走向反面时,我们看见中国文人精神向老庄的复归开始踢出关键的临门一脚。

毫无疑问,这关键性的一步即魏正始年间以"竹林七贤"为代表的文人集团的出现。和他们的前辈"建安七子""三曹"所倡导的现实关怀、家国情怀相反,"竹林七贤"追求更多的是心灵的解脱,是远于世事的任达。因此他们的仪表倾向于"天质自然,不加饰厉",谈吐"放言玄远",气质桀骜,行为则狂浪不羁。应该说,从美学角度,这种风骨气度对于后世的影响至少并不亚于"建安七子"。

《晋书·刘毅传》:"六国多雄士,正始出风流。"

正始十年,不仅在中国古代政治史上是一个值得注意的时期,在中国文化史上的地位也格外重要。这一时期,中国文化的一个"土特产"——名士文化宣告成熟。在汉代史籍中尚不多见的"名士"一词,从此络绎不绝地出入庙堂与山林之间,与历史文化结缘。

唐代画家孙位的《竹林七贤图》(又名《高逸图》),南朝《竹林七贤与荣启期》画像砖,两者所展现的人物精神气质并无二致。在青山秀水之间,茂林修竹之下,七位风采出众的隐士,或坐或卧,姿态各异,有的开怀畅饮,有的弹琴度曲,有的仰天长啸,有的挥尘谈玄,自由自在,无拘无束,他们的举手投足无不尽显名士的超然高蹈,潇洒风流。

所谓"竹林七贤"的由来,《世说新语·任诞》篇这样解读:"陈留阮籍、谯国嵇康、河内山涛三人年皆相比,康年少亚之。预此契者,沛国刘伶、陈留阮咸、河内向秀、琅琊王戎。七人常集于竹林之下,肆意酣畅,故世谓竹林七贤。"据今人刘强考证,竹林七贤在当时是一个引人注目的朋友圈,分别来自河南陈留、焦作,安徽亳州,江苏徐州，山东琅琊等地。他们津津乐道的是《易经》、老庄，高谈阔论的是伯夷、许由，喝的是药酒，写的是玄诗，放浪于山水之间，我行我素，旁若无人，是魏晋时代"名士风流"的主要代表人物。

根据史料记载，在"七贤"被定名之前，他们的交游常常被称作"竹林之游"。这个说法大概在西晋就已出现，远比"竹林七贤"的称谓要早。也就是说，最初参与"竹林之游"的人，不仅仅只有七个。

《论语·宪问》说，子曰："贤者辟世，其次辟地，其次辟色，其次辟言。"子曰："作者七人矣。"

这里的"贤者"和"七人"，合起来不就是"七贤"吗？可能是出于比附经典的需要，所以"竹林之游"也就定为"七贤"了。

自《世说新语》始，"竹林七贤"深入人心，成为一个非常吸引眼球的文化符号和人物标签了。"竹林七贤"先后谢幕之后，其故事的传播才刚刚拉开帷幕。

当谢安的侄子谢玄和兄弟们一起谈论"竹林七贤"的优劣问题，大家争执不下时，谢安说："先辈初不臧贬'七贤'。"（《世说新语·品藻》）

明代张居正把七贤比作空谷幽兰、玄岩和璞。"夫幽兰之生空谷，非历遐绝景者，莫得而采之，而幽兰不以无采而减其臭；和璞之蕴玄岩，非独鉴冥搜者，谁得而宝之，而和璞不以无识而掩其光"。（《七贤咏叙》）敬仰之情，溢于言表。

即便到了清代，以勤政著称、夙夜在公的乾隆皇帝在西巡途中，经过"竹林七贤"的隐居之地时，还特意写下了一首《七贤咏》，对"竹林七贤"表达仰慕之情。

魏晋文学史家刘强经长期研究认为："竹林七贤"的故事涉及了人类社会中几个非常重要的核心问题，即人生的选择问题、死亡问题、情感问题。"竹林七贤"的魅力就在于他们的参差百态，各尽其妙。真是"其人虽已没,千载有余情"。

最能体现"竹林七贤"风貌的当数陈留尉氏人阮籍、亳州谯人嵇康、徐州沛人刘伶。《晋书》《世说新语》对他们的行状、神态都进行过精彩的描述:"籍容貌环杰,志气宏放,傲然独得,任性不羁,而喜怒不形于色。或闭门视书,累月不出;或登临山水,经日忘归。博览群籍,尤好庄老,嗜酒能啸,善弹琴。当期得意,忽忘形骸,世人多谓之痴……文帝初欲为武帝求婚于籍,籍醉六十日,不得言而止。钟会数以时事问之,欲因其可否而致之罪,皆以酣醉获免。""阮步兵丧母,裴金公往吊之。阮方醉,散发坐床,箕踞不哭。""……(籍)宏达不羁,不拘礼俗。兖州刺史王昶请与相见,终日不得与言,昶愧叹之,自以不能测也。口不论事,自然高迈。"(《晋书》引《魏氏春秋》)"晋文王功德盛大,坐席严敬,拟于王者。唯阮籍在坐,箕踞啸歌,酣放自若。"(《世说新语·简傲》)阮籍的宏达不羁,放浪形骸,除玄学对他的塑造以外,有很大成分是一种避祸全身的佯狂状态,用《晋书·阮籍传》的话说,他"本有济世志,属魏、晋之际,天下多故,名士少有全者,籍由是不与世事,遂酣饮为常"。其实,这位贵族出身的步兵校尉在生活中既很有分寸感,也极富人情味。他虽不拘礼教,但人"发言玄远,口不臧否人物"(《世说新语·德行》)。这里面当然不乏空灵超拔的禀赋,但也不可否认其中刻意避免是非的成分。因此,连路人皆知其野心的权雄司马昭都叹他言语"至慎",而且,"(阮)籍嫂尝归宁,籍相见与别。或讥之,籍曰:'礼岂为我设邪!'""兵家女有才色,未嫁而死。籍不识其父兄,径往哭之,尽哀而还。"(《晋书·阮籍传》)由此可见,他不是极其通大理、谙人情吗?只是这通情达理是以不拘礼法的方式表现出来的,因此显得出格罢了。

据《晋书·阮籍传》记载:阮步兵"时率意独驾,不由径路,车迹所穷,辄恸哭而反。尝登广武,观楚、汉战处,叹曰:'时无英雄,使竖子成名！'"如果说阮籍的深层人格尚未泯灭对功名的欲望，那么嵇康则在老庄化人格的道路上走得更远，因此他的风貌就更高拔不俗："嵇康身长七尺八寸，风姿特秀。见者叹曰：'萧萧肃肃，爽朗清举。'或云：'肃肃如松下风，高而徐引。'山公曰：'嵇叔夜之为人也，岩岩若孤松之独立；其醉也，傀俄若玉山之将崩。'"（《世说新语·容止》）山公即七贤之一的山涛——山巨源，因为后来山涛背叛竹林精神而去做官了，嵇康愤而写就著名的《与山巨源绝交书》，表达了绝不与司马氏政权合作的态度。从山涛及其时人的赞叹里，我们可以想见嵇康的绝代风姿："康尝采药游山泽，会其得意，忽焉忘反。时有樵苏者遇之，咸谓为神。"

这嵇康，土木形骸，远迈不群，"常修养性服食之事，弹琴咏诗，自足于怀"。司马昭的心腹"钟会撰《四本论》，始毕，甚欲使嵇公一见，置怀中，既定，畏其难，怀不敢出，于户外遥掷，便回急走"（《世说新语·文学》）。一代权贵竟自嫌卑污，畏其难见，足以证明嵇康的人格力量对世俗的震慑。嵇康平时"恬静寡欲，含垢匿瑕，宽简有大量"。但对当权者却一身傲骨，这自然给他埋下祸根。"初，康居贫，尝与向秀共锻于大树之下，以自赡给。颍川钟会，贵公子也，精练有才辩，故往造焉。康不为之礼，而锻不辍。良久会去，康谓曰：'何所闻而来？何所见而去？'会曰：'闻所闻而来，见所见而去。'会以此憾之。"后来钟会果然由悻悻然而愤愤然，终至向晋文帝进谗："'康、安等言论放荡，非毁典谟，帝王者所不宜容。宜因衅除之，以淳风俗。'帝既昵听信会，遂并害之。"（以上引自《晋书·嵇康传》）

嵇康被押赴刑场时，三千太学生请求为其送行。被害以后，"海内之士，莫不痛之"（《晋书·嵇康传》）。作为当时风流人物，嵇康显示了一种人格魅力，成为照亮世故人生的一线难得曙光，自然为世所敬仰。作为诗人、思想家、艺术家，他的作品使黄河文化在精进图功的主体之外,又环绕了一层飘逸不驯的诗意美学。

　　和阮籍、嵇康相比,嗜酒成癖的刘伶更具传奇色彩。《世说新语·任诞》说他纵酒放达,甚至脱衣裸形在室中,世人讥笑他,他却振振有词:"我以天地为栋宇,屋室为裈衣,诸君何为入我裈中?"因此一直以来,刘伶其名几乎成为酒神、酒仙、酒鬼的代名词,他是以其酒中放浪构成了"竹林七贤"的又一灿烂景象。后起的唐代大诗人直接以刘伶为师,写下"天子呼来不上船,自称臣是酒中仙"的千古名句。

　　"竹林七贤"只是当时文人精神的一个群体典型,作为发端,他们对两晋名士风度的孕育产生了巨大的作用。如东晋名士毕卓,自称"一手持蟹螯,一手持酒杯,拍浮酒池中,便足了一生"(《世说新语·任诞》)。如东晋宰相谢安,前半生怡情山水,后半生为家国分忧。在决定王朝命运的淝水之战正酣时,谢安却很淡定,于帷幄之中专注弈棋,得知侄儿谢玄大捷、以少胜多消息,看信毕,竟"默默无言",直到客人问到淮上胜负,他才漫不经心地答道:"小儿辈大破贼。"而"意色举止,不异于常。"(《世说新语·雅量》)如东晋著名玄言诗人孙绰,曾因《谏移都洛阳疏》而名满南北,讥议卫咏"此子神情都不关山水"(《世说新语·赏誉》)。至于"被褐出阊阖,高步追许由。振衣千仞冈,濯足万里流"的"左思风力","采菊东篱下,悠然见南山"的陶渊明格调,更与"竹林七贤"精神一脉相承。关于东晋名士王子猷,《世说新语·任诞》篇同样有一段十分精彩的描述:"王子猷居山阴。夜大雪,眠觉,开室命酌酒,四望皎然。因起彷徨,咏左思《招隐》诗,忽忆戴安道。时戴在剡,即便夜乘小船就之,经宿方至,造门不前而返。人问其故,王曰:'吾本乘兴而至,兴尽而返,何必见戴!'"这个简朴的故事所包含的意味却是让人咀嚼不尽的。它说明所谓"名士风流"只要不是装腔作势,那么就只能是人的本体意识的觉醒。这种非目的论的哲学的艺术的生活态度使人倏然解脱了人生重负：既超越了当代，也超越了所有功用时代。"乘兴而至，兴尽而返"，不仅不受礼法拘束，而且不受自我约定的拘束。这时，人在原本不自由的环境里获得了相对自由。

先秦时代，宋国小吏庄周将道家鼻祖老子的玄学进行了形象化转述，写了一篇大文章《逍遥游》，起手就是惊天地泣鬼神："北冥有鱼，其名为鲲。鲲之大，不知其几千里也；化而为鸟，其名为鹏。鹏之背，不知其几千里也；怒而飞，其翼若垂天之云。是鸟也，海运则将徙于南冥。南冥者，天池也。"也许，庄子笔下的"鲲鹏"正是华夏文化遗产的另一种表达：即面向无界时空的超现实主义精神。正如《逍遥游》最后总结的：若夫乘天地之正，而御六气之辩，以游无穷者，彼且恶乎待哉！故曰，至人无己，神人无功，圣人无名！

有一种传统的看法，以为嵇康、谢安、王子猷这几代文人所集中表现的老庄精神是消极的、消沉的，"风流自赏"的。其实对于高扬人的本体意识、努力感悟宇宙精神这一路来说，这消极又何尝不是积极的呢？从某种意义上讲，这种所谓消极更趋向于终极价值。作为宝贵的文人传统，它影响了整个中国文学史，第一次给中国文人提供了在专制高压统治下维持人格的独立与尊严的经典案例。子学时代（孔子至淮南王时代）百家争鸣的自由空气一去不复返了，漫长的黑暗中文人要保持内心的澄明，必须建构这种超然于世的艺术——哲学人格，成就格局宏大的文学，这样才能指望历史给我们提供一代又一代逍遥而伟岸的大家，这样后世才能得以从本质上领略人类精神的源头：黄河之水天上来！

十　民族熔炉

或许会有传统史学将东汉末年至隋朝建立之前的360年概称为乱世,然而乱中有治,你中有我,流亡变身为传播,一次次毁灭性的打击却使黄河文明更加坚韧和壮大。

首先是三国中的曹魏通过兴水屯田,形成连通四方的运河网络的雏形,从而恢复了中原乃至所辖区域的农业生产;蜀汉政权平定南中,屯田汉中,开发川、滇,使中原的黄河文明向西南得到扩展;东吴政权则屡屡经营山越,进一步扩展了黄河文明的辐射统辖范围,并为黄河文化西进和南下准备了物质基础。

到了司马懿孙辈司马炎创立的西晋,华夏民族再次获得大一统的疆域,尽管短暂,却也见证了分久必合的铁律。世臣称帝,对曹魏来说尽管是一种僭越,但司马炎本人却也是一位称职的统治者。在位期间,他采取一系列经济措施以发展生产,还将吴蜀地区人民移民北上,既充实了北方农业生产,也使所谓四夷文化与中原文化深度融合,形成中华文明"硬核"。同时,司马炎还废除了曹魏时代沿袭下来的屯田制,使屯民恢复正常公民身份,太康年间出现一片繁荣景象。

然而,在轰轰烈烈、莺歌燕舞的繁荣下面,帝国的裂痕也在迅速扩张,晋武帝去世不久,西晋王朝很快就发生了"八王之乱"。这一乱了不得,轮番出现了北方游牧民族内迁、"十六国"等等,你方唱罢我登场,搅得中原大地横生波澜,鸡犬不宁。

西晋是司马家王朝,所谓"八王之乱",其实就是司马家族中的兄弟、叔侄等血亲之间为了王位、帝位而窝里斗、窝里烂,自相残杀,导致北方的草原民族伺机南下,浑水摸鱼,乱中取胜,一举灭了西晋。

公元 316 年西晋亡国。"八王之乱"乱了司马家,但司马家族依然保留着强大的基因传给后裔。公元 317 年,镇守建康(今南京)的司马睿在江南重建晋室,就是后来的东晋,但毕竟元气大伤,辉煌不再。最终到公元 439 年鲜卑拓跋部统一北方,这 100 多年时间里,北方各民族的优秀代表相互征伐,先后建立了前赵、后赵、前燕、前凉、前秦、后秦、后燕、西秦、后凉、南凉、西凉、北凉、南燕、北燕、夏、成汉等各霸一方的割据政权,就是历史上的东晋十六国。事实上,当时的所谓国家远比十六国还要多,都是以族群部落、王室后裔,或旧朝臣相有作为的子孙们为单元,各自为政,互相牵扯、互相利用、互相进攻、各怀梦想的临时政权机构。

西晋灭亡后,晋朝皇室以及相关群体不甘沦落为异族统治,遂满怀悲愤、惆怅与复国的情怀,挈妇将雏、浩浩荡荡南迁至长江流域乃至更远的远方寻求生存发展空间,并将黄河流域先进的文化成果、文明范式像鸟和风携带种子一样撒到了移民所能够到达的土地上,同时与当地土著文化相结合,形成更具有适应能力的文明因子,这就是史上第一次"衣冠南渡"。它不仅导致了中国经济、文化重心第一次南移,也是一次文明的远播。野蛮战争和疯狂杀戮使得原本文明的黄河流域变成了荒无人烟的地方,文化重心不得不向四方分散,主要是向江南和西北转移,华夏文明因战争而获得了向四方扩展的机会,也算是否极泰来,正应了"祸兮福所倚,福兮祸所伏"。

　　站在今天的角度看古人,北方游牧民族、东晋、十六国,那时的华夏大地既是一个大动荡的时代,也是一个大迁徙的时代;既是一个大分裂的时代,也是一个大融合的时代。王景治河之后数百年中,史书再没有记载过黄河决溢、决口和改道,倒是人流在决口,文化在改道,政治野心在无穷无尽泛滥。

　　这一整就是300多年,各种打着匡扶天下旗号的英雄从四面八方呼啸而来,攻城略地,连年征战,导致百姓流离失所,苦不堪言。黄河文化也在这一空前的离乱之中,从中原走向更为辽阔的世界。

　　晋朝皇室及其相关群体被少数民族南下逼迫得出中原、下"南蛮",随之迁居南方的爱国将士每每以北伐中原、收复故土为己任。后东晋各汉族政权与少数民族的战争、十六国之间的厮杀,使得这一时期战乱不断,河淮地区成为南北交战的主战场。这场混战既是政治与权力之战,也是文化与认同之战。结果,反而是来势汹汹的强悍的草原政权被淘汰出局,导致匈奴一族在华夏族谱中几近消失,传说后来南北匈奴分裂,北匈奴去了欧洲,南匈奴呢? 有专家考据已融入汉民族或蒙古族了,但确凿的说法依然是鸿泥雪爪,踪迹难觅。站在黄河中游无定河流域残破的统万城上,联想这就是东晋时南匈奴贵族赫连勃勃建立的大夏国都城遗址,当年何等雄伟壮观! 赫连勃勃自称大禹后裔,是被祖先遗弃在草原上的遗腹子,或弃儿,后来称王称霸,衣锦还乡。这样看来,就不必纠结匈奴族后来到哪里去了,也许他们就在我们中间。

　　历史很有趣,回顾少数民族南下史,其结局黄河流域成了一个大熔炉,中华不仅没有被乱掉,反而促成了中华各民族的深度融合。因为这个空前绝后的乱世,同样鲜卑族也融入了中华大家庭。吉林大学古 DNA 实验室的研究表明,现代锡伯族很可能就是鲜卑后裔。

羌、氐是两个不同民族,南下之后,成为中华民族共同体里的一个分支。羌、氐两族主要是生活在青藏高原的部族,在唐朝初期,吐蕃王松赞干布在青藏高原建立了吐蕃王国,羌、氐族便顺理成章地融入其中。

东晋十六国彼此征战挤轧,最后被北朝取代。北朝为胡汉融合的朝代。北魏皇室多为鲜卑族,而鲜卑皇室也逐渐受到汉文化的熏陶,其中以北魏孝文帝的汉化运动最盛。在这个过程中,南朝作为汉族政权和东晋血脉的延续逐渐兴起,形成了南北朝对峙局面。这一对峙,又是 100 多年。

万幸的是,在北朝北周时代出了个大臣杨坚。杨坚是陕西关中人,东汉太尉杨震的十四世孙,他的四世祖杨元寿是北魏武川镇司马,他的父亲杨忠跟随北周文帝宇文泰有功,官至大司空,杨忠死后,杨坚承袭父爵。

在北周皇帝宇文邕死后,其子宇文赟即位。杨坚的长女杨丽华被封为皇后,杨坚随之晋升为柱国大将军、大司马。

杨坚本为将门之后,军权越来越大,他的梦想也在逐渐膨胀。

宇文赟是皇家世袭之君,只知道沉溺酒色,不理朝政。宇文赟为了享受人生,干脆将皇位让给年仅 6 岁的儿子,自己终日在后宫佳丽三千中吃喝玩乐,做太上皇,22 岁驾崩。这时继位的北周静帝宇文阐才 7 岁。看历史,又遇到一个娃娃皇帝,毫无悬念,这给手握重兵的杨坚难得的机遇,经过杨坚运筹帷幄,北周的娃娃静帝只好"禅让"。杨坚完成了夺权的所有程序,没有大动干戈,便创立了隋朝,定国号为"隋"。夺得北朝后,又征服南朝,一举终结 300 多年的纷争与战事。中华民族继大汉之后,再次形成大一统,隋朝闪亮登场。

这个时期的黄河,默默无闻地在王景为她修筑的两道大堤内,按照自己的目标向大海奔去。从三国时期起到杨坚建立隋朝的360多年国之乱象中,黄河下游既无修防,也鲜有决溢记载。有人认为这是王景的治河成绩。严格来讲,这或许是河流的自我修复,因为人们忙着打仗和作死,开发与开垦减少,植被得到了休养生息的时机,水土流失减少了,下游河道增高的趋势大大缓解,于是黄河才恢复了"本无事"的原貌。

从轩辕之时神农氏世衰而黄帝崛起、周末楚王问鼎中原到东汉曹操挟天子以令诸侯,以至两晋南北朝的大分裂、大融合,虽然各个王侯一边互相倾轧一边向四周扩展,但目标却都在中原大地。中华文化与黄河文明,始终是历朝历代的精神支柱以及核心价值观落地之所在。黄河文明在历史潮流中顺势而为,不断壮大,儒学、道学、佛学以及各个学派得到融合与发展。很多少数民族酋邦都热衷于使用汉语,汉语是各个酋邦各个朝代的通用语言。譬如北魏拓跋氏,从骨子里希望能进入华夏正统统治序列,他自称是黄帝后裔,迁洛阳、改汉姓、断胡语、与汉族通婚、重教育,这些大刀阔斧的改革加速了少数民族向中原黄河文明追赶的步伐。

十一 西夏凝神

西夏是华夏历史上一个王朝,首领叫李元昊,党项族。王朝延续近 200 年,王都就建在贺兰山下、黄河岸边。

人到宁夏,怎么也绕不开"西夏",西夏王朝使宁夏更富有历史的厚度。

据史料记载,党项族原居四川松潘一带,唐朝时移居陕北;又有一说,因平息黄巢起义有功,党项人被唐王朝封为夏州节度使。这里只有一个解释,党项族离开四川松潘时,是一支忠于唐王朝的队伍,骁勇善战,深得唐皇信任,委以平乱重任,转战南北,最后落脚无定河(黄河中游重要的一级支流)岸边的榆林,而夏州就是今天陕北的榆林一带。

这样看来,显然,西夏王朝缘起于一支党项族的少数民族戍边、平乱的武装力量。民族征战,风雨变幻,从黄巢起义的公元 878 年算起,到李元昊于公元 1038 年创建西夏国,党项族祖辈在黄河中上游转战创业已经 160 年,可谓艰苦卓绝。西夏王朝在银川建都,版图最大时以宁夏平原为轴心,西达甘肃河西走廊、青海,东到陕西北部,北至内蒙古等广大地区,面积达 77 万平方公里。西夏史是黄河文明发展的一朵奇葩、一段传奇。

本是享受中央政权分封的一个部族,硬是在各种民族矛盾、社会矛盾的挤压下,把党项族这一部族逼迫到创立西夏国的地步。李元昊和他的后人也清楚文化在维护统治中的重要性,虽然还姓着唐帝赐予的李姓,却急急忙忙创造了自己的文字——西夏文。西夏文字很奇葩,特别像把一个汉字在同一个位置写两遍,重影便是西夏文字的样子,事实也许没有我们说的这么简单。但是,从留存的西夏文字看,分明就是汉字的另外一种变体。

当西夏王朝在元蒙古族铁蹄下倾倒时,大宋王朝也走到了尽头,以汉民族为主体的宋王朝在西夏国灭亡两年后南渡。而西夏王朝连同它的文字、文明、文化却只留下一堆荒冢。这是一场大开大合的历史更迭,也是一个令人深思的文化事件。王朝迁徙了,部族灭失了,真正强势的文化与文明,却永远在得势者的宫廷之上、失势者的传说与田野的墓冢中实现隐身与传承。

今日中国,宁夏回族自治区是黄河流经的第四个省(区)级行政区域。黄河岸边的宁夏灵武市"水洞沟遗址"发掘表明,在3万年前的旧石器时代,就有人类在此繁衍生息。今天的宁夏,是我国唯一的回族自治区,回族人口占自治区总人口的三分之一。古老深远的黄河文化、特色鲜明的伊斯兰文化、独一无二的西夏文化、生趣盎然的移民文化在这里交相辉映。

黄河从宁夏首府银川流过,这座历史悠久的塞上古城,史上西夏王朝的首都,又一次印证了"天下黄河九十九道湾,湾湾都有金銮殿"的美丽民谣。

笔者曾登临黄河西岸、紧拥着西夏王陵的贺兰山,一是企图捡拾一块贺兰石,做一方贺兰砚。二是想居高临下,看看黄河是怎么从银川流过的。

贺兰山是宁夏回族自治区与内蒙古自治区的"界山",南北横亘,长达 220 公里,东西宽度在 20~40 公里之间。山的西面是腾格里沙漠,山的东面是宁夏平原。天工造物,这座山生成得好,不东不西,就在这个位置,阻挡了茫茫腾格里沙漠进入宁夏平原,成就了"天下黄河富宁夏"的自然传奇。

据说,贺兰一词是蒙古语"骏马"的意思,由此推理,贺兰山就是骏马之山。关于贺兰山之名的起源与由来,还有贺赖山、苟蓝山之说,史书与专家都有各种解释,众说纷纭,我们就叫它贺兰山。

贺兰山主峰海拔 3556 米,银川市平均海拔在 1100~1200 米之间,贺兰山之于宁夏平原,落差高达 2300 多米。贺兰山不但呵护着宁夏平原,还与流经宁夏平原的黄河共同创造着这片土地的历史与辉煌。

贺兰山还是我国一条重要的自然地理分界线。它不但是我国河流外流区与内流区的分水岭,也是季风气候和非季风气候的分界线。山势的阻挡,既削弱了西北高寒气流的东袭,阻止了潮湿的东南季风西进,又遏制了腾格里沙漠的东移。一座大山相隔,东西两侧的气候迥然不同。贺兰山还是我国草原与荒漠的分界线,山的东部为半农半牧区,西部则为纯牧区。

贺兰石结构均匀,质地细腻,刚柔相宜,是一种十分难得的做砚石料。贺兰砚具有发墨、存墨、护毫、耐用的优点,这也是好砚台的必备条件。然而,因为它太"年轻",据考才 300 多年制作砚台的历史,自然没法与传统的"四大名砚"相比肩,但一经发现,便广受爱好者和书家的青睐。

有趣的是,被誉为"四大名砚"之二的洮砚、澄泥砚都产生在黄河流域,洮砚产自黄河上游一级支流洮河岸边,澄泥砚来得更干脆,就是用黄河中下游沉积于河底的泥沙烧制而成的。若把贺兰砚请进来,洮砚、澄泥砚、贺兰砚就可以称为黄河流域"三大名砚"了,登贺兰山发思古之幽情,如果西夏的文化人当年制作出贺兰砚,也许西夏留下的就不仅仅是让人读不懂的西夏文了。

能做贺兰砚的石头终究没有找到,黄河看到了。

站在贺兰山上放眼东望,阡陌纵横、五彩缤纷,一河如练。

据记载,宁夏平原引黄河水灌溉的历史始于秦汉时代,那是中原农耕文明向大西北扩张的第一个黄金时代,距今 2000 多年了。秦渠、唐徕渠、汉渠、汉延渠等,从这些引黄渠道的名字,就能恍惚看见先民们悠久的灌溉开发史。秦、汉时期,这里是中原王朝屯兵、戍边、垦殖之地;及至大唐盛世,对汉代旧的引黄渠道进行全面整修、扩建,对唐徕渠灌区大规模开发,扩大灌溉面积,使原有盐化土壤的平原中部得到整治,水稻也有了更大规模的种植。历史一路走来,从荒原到灌区,宁夏平原已是水草丰茂、稻花飘香的鱼米之乡了。

黄河在宁夏平原流程是 318 公里。有个"一揽子"的说法,宁夏平原工农业生产、生活、生态年需求水量在 40 亿立方米,实际使用在 32 亿~34 亿立方米之间。而这些水几乎全是来自沙坡头以上的黄河。黄河在宁夏,基本没有境内降水补充,这个区间所加入的支流来水量不到 1 个亿,少到几乎可以忽略不计。可见,如果没有黄河的补给,我们今天看到的宁夏平原会是什么情景,而历史上还会有西夏王朝吗?

宁夏平原三面环沙,东临毛乌素沙漠,北接乌兰布和沙漠,西面便是腾格里沙漠。之所以能在三面环沙的环境下独善其身,成为绿树成荫富甲一方的"塞上江南",宁夏得益于黄河和贺兰山的呵护。

黄河从宁夏中卫沙坡头进入宁夏平原,向北流去,在石嘴山出境。沙坡头正是贺兰山南沿,腾格里沙漠又在这里探视黄河,腾格里沙漠在沙坡头停步,没有跨过黄河,贺兰山在这里也被黄河"断尾"。我们可以假设,如果不是黄河在此,贺兰山脉便会与六盘山脉"握手",而腾格里沙漠便会横冲直撞,直逼六盘山麓。

西夏国选择宁夏平原、贺兰山下作为立国的大本营,不能不佩服开国元首李元昊的战略眼光。李元昊建国后踌躇满志,想在黄河文化的沃土中独树一帜,扩疆土、创文字、制朝纲,没想到会在189年后被成吉思汗摧毁。当然,后来的元世祖忽必烈、清皇太极也没有想到,他们所创建的王朝会成为华夏文明的一个朝代。

服不?这就是历史,这就是几千年的文明史。

十二　贾鲁之河

也是很巧的事,在贾让"治河三策"一千多年之后,贾家又出了一位治河名人,他叫贾鲁。与其先祖不同的是,贾鲁活生生留下一条河流,直接就叫贾鲁河。

我们今天看到的贾鲁河,就在中国八大古都之一的郑州。生活在郑州的人们对金水河、熊耳河、东风渠都不陌生,而金水河、熊耳河、东风渠以及所有东南流向的河流都是贾鲁河的支流。

翻开历史看贾鲁河,原是河南省一条重要的河流,说它重要,不仅仅是水资源之类的基本因素,它还是历史文化积淀深厚的一条河流。发源于新密市五指山北麓,向东北流经郑州市,至市区北郊折向东流,经中牟,濒开封,过尉氏,然后汇入沙颍河,它的支流也是一条比一条有名,有金水河、索须河、熊耳河、七里河、东风渠等,它与黄河有很深的渊源,却并不连接,最终汇入沙颍河,成了淮河的二级支流。

贾鲁河的身世很复杂,甚至是有些暧昧,汉代曾与蒗荡渠、汴渠合流,唐、宋时名为蔡河。贾鲁河上游索河、须河源流,原属济水流域,唐代以后,济水消失,淮河流域面积自然扩大。到了金、元时期,因黄河南泛,"四大漕渠"相继淤塞,开封变成了不通漕运的城市,东南漕运断绝,京城粮食供应告急。元代为了沟通东南漕运,在汴、蔡河流道基础上,开通了一条新的运河,明代修整完善,就是贾鲁河了。

贾鲁河开通后,曾经是连接黄河与淮河的水运通道,多次充当了黄河改道南流的黄河水道,最近的 1938 年黄河花园口决口,也是选择了这条河道而入淮入海的。所以,贾鲁河历史上还有一个名字叫"小黄河"。

历史上刘邦与项羽楚汉争霸的故事家喻户晓,"楚河汉界"的那条鸿沟也是耳熟能详。那条鸿沟,源头在黄河,流出黄河后不到 10公里就与贾鲁河合流了,所以古代的鸿沟与贾鲁河是同一条河流。贾鲁河流域面积 5896 平方公里,干流全长 256 公里。据史料记载,鸿沟乃战国时期魏国所凿,魏惠王十年(公元前 360 年)开通,当时开挖的目的主要是为了灌溉农田以及航运。经过 20 多年的开发,至魏惠王三十一年(公元前 339 年),连通了中原大地济、濮、濉、颍、汝、泗诸河流,成为当时中原大地上贯通南北的水源大动脉,以此为主形成了水路交通网和大面积的农业灌溉区。鸿沟因为承载着运河的功能,与汴河也有着千丝万缕的历史渊源。

鸿沟北出奔腾不羁的老黄河,向南穿越邙山,折向东流,就进入了黄淮平原。"龙疲虎困割川原,亿万苍生性命存。谁劝君王回马首,真成一掷赌乾坤。"(韩愈《过鸿沟》)著名的楚汉之争中,项羽与刘邦约定"中分天下,割鸿沟以西为汉,以东为楚"。现在象棋棋盘上的"楚河汉界"就是来自这个历史典故。

刘邦立汉,继秦之后再次实现中华民族大一统,英国著名历史学家阿诺尔德·约瑟·汤恩比评价刘邦:"人类历史上最有远见、对后世影响最大的两位政治人物,一位是开创罗马帝国的恺撒,另一位便是创建大汉文明的汉高祖刘邦。恺撒未能目睹罗马帝国的建立以及文明的兴起，便不幸遇刺身亡，而刘邦却亲手缔造了一个堪称盛世的时代。"可见，这条身世暧昧的贾鲁河有多厉害！

贾鲁河基本为西北—东南流向，整个流域位居中原腹地。北宋时期的开封一带人口众多、商业密布，朝廷为解决粮食供应和开封城生活用水，先后开凿、疏浚了汴、惠民、金水和广济四渠，这就是历史上的"漕运四渠"。当时的惠民河是仅次于汴河的第二大运河，它主要运输江淮地区所提供的粮食和其他物资，其航道进入淮河后，向南可直达长江下游地区。

元代至正四年五月，黄河决堤改道。河水在山东曹县冲决白茅堤，向北而去，平地水深二丈有余。六月，又向北冲决金堤，沿岸州县皆遭水灾。今河南、山东、安徽、江苏交界地区成为千里泽国。

为保证运河畅通并保护沿海地区的盐场不被黄河冲毁，缓和黄泛区民众的反抗，元朝当局不得不大规模治理黄河。于至正八年二月，在郓城成立了专门的治河机构——行都水监。贾鲁被任命为都水使者，从此走上了治河之路。

据史料记载，贾鲁，字友恒，元代高平（今属山西晋城）人，是元代著名河防大臣、水利学家。

贾鲁少年时聪明好学，胸怀大志，成年后谋略过人。公元1343年诏修辽、金、宋三史，贾鲁应诏为宋史局官。历任东平路儒学教授、户部主事、中书省检校官、行都水监。晚年被朝廷任命为工部尚书、总治河防使，官进序二品，授以银印。

贾鲁受命为行都水监之后，就不辞劳苦沿河进行实地调研，"河上相视，验状为图"（《元史·河渠志》）；往返大河上下数千里，勘测、调查、记录、分析，取得了对黄河认识的第一手资料，他把考察所得绘制成图标报告，向朝廷进献汇报，在勘察搜集资料的基础上，根据自己的研究，提出了他的治河方案：

一是在决口以下新河道北岸筑堤,限制决河横流,工程量小;二是堵塞决口,同时疏浚下游河道,挽河回故道,这是事半功倍的做法。尽管他的方案未被采纳,而且朝廷又将他调离了行都水监,但他对黄河和黄河河患规律有了清晰的认识。河患给社会与黎民百姓带来的灾难,给他留下了深刻印象,促使他更加坚定自己的主张与信念,为他后来的治河业绩留下了一个大大的伏笔。

至正九年五月,黄河再次决口,决口之水东北注入沛县,冲入大运河,危及漕运和盐场。这年冬天,脱脱出任右丞相后,便召集群臣开会,专门研讨黄河治理问题。这时,贾鲁因不在行都水监岗位,只能以都清运使的身份参加治河研讨会,会上存在挽河归故还是顺其自然两种截然相反的观点。贾鲁不在其位,完全可以不谋其事,但黎民百姓遭受黄河水患家破人亡、妻离子散的悲惨情景一直萦绕在他的心头,加上他对黄河已有研究,成竹在胸,就再次提出自己的治河方案,很多人对贾鲁的治河方案提出了质疑,也有不同的治河方案在会上交流,更有顺其自然派的激烈反对,而贾鲁坚持己见,进一步陈述了自己治河方案的可行性。脱脱是元朝后期比较有水平的一位丞相,他开始时并不主张治河,因为深知一旦发起这样浩大的工程,必将摊派更多苛捐杂税,并且众多的民众聚集在一个狭小的场地上,将进一步激化当时已经很严重的民族矛盾和社会矛盾,后果难以想象。

然而,毕竟河不治、患不平、国难宁。最后,贾鲁还是力排众议,并首先说服了脱脱。他主张"河必当治""必疏南河、塞北河,使复故道,役不大兴,害不能已"。

元王朝在进退失据的两难处境中,最终选择了积极有为的治河国策。在脱脱的举荐下,至正十一年,55岁的贾鲁出任工部尚书兼总治河防使,指挥15万民夫和2万士兵,掀开了中国历史上又一波澜壮阔的治河篇章。

贾鲁行事审慎、严谨、果断。他面临决口后汪洋恣肆的黄河,没有畏缩,而是采取疏、浚、塞并举的方略,在长达300多公里的泛滥河道上,因势利导,因地制宜,对症下药:"治河一也,有疏、有浚、有塞,三者异焉。酾河之流,因而导之,谓之疏。去河之淤,因而深之,谓之浚。抑河之暴,因而扼之,谓之塞。疏浚之别有四:曰生地,曰故道,曰河身,曰减水河。生地有直有纡,因直而凿之,可就故道。故道有高有卑,高者平之以趋卑,高卑相就,则高不壅,卑不潴,虑夫壅生溃,潴生埋也。河身者,水虽通行,身有广狭,狭难受水,水益悍,故狭者以计辟之;广难为岸,岸善崩,故广者以计御之。减水河者,水放旷则以制其狂,水隳突则以杀其怒。"(《元史·河渠志》)

据史料记载,贾鲁治河完成的工程量,令人吃惊,仅主河道就动用土方两千多万立方米。

贾鲁身先士卒,吃住在工地上,靠前指挥,使治河大军备受鼓舞。而且认准的事会力排众议,坚持到底,后来的事实证明他的决策都是对的,因此,他的威信随着治河成功而节节攀升。

在堵截山东曹县黄陵岗大堤决口时,因为决口水势大,又遇秋汛,河口刷岸北行,波涛翻滚,漩涡套着漩涡,众人都认为没法堵截,"观者股弁,众议腾沸",建议待秋汛之后,水势回落平稳再堵,贾鲁认为任其横流,待秋汛之后,决口导致的不利后果不可预料,治河大业将会功亏一篑。他不动声色,暗中加强舆论导向,拢聚人心,对施工人员"日加奖谕,辞旨恳切,众皆感激赴工",(以上引自《元史·河渠志》)决定与他同进退,共荣辱。

当然,贾鲁不是蛮干,基于长期对于河流动力的研究,他使出了绝招。他采用船堤障水法,逆流排大船27艘,前后连以大桅或长桩,用大麻绳、竹绠绑扎在一起,连成方舟,又用绳索将船身上上下下捆个结实,将铁锚在上流放入水中。又用长达七八百尺的竹缏系在两岸的木桩上,每根竹缏上或吊两条船或三条船,使船不会顺流而下,船身中稍微铺些散草,装满小石头,用台子板钉盖上,再用埽密布合子覆上,或覆上二层,或三层,用大麻绳缚住,再把三道横木系在头梡上,都用绳维持住,用竹编成芭笼,装上草石,放在梡前,约长一丈多,称为水帘梡。然后选水性好的民工,每条船上两个人,执斧凿,站在船首船尾,只听岸上击鼓声,同时开凿,沉船阻塞决口。船沉后,水流入故河道,就再竖水帘,再用前面的方法,然后再如此重复操作。至大堤合龙时,水势凶猛,浊浪滔天,咆哮如雷,震撼人心,看着都让人胆战心惊,人人捏一把冷汗,贾鲁沉着指挥,机解捷出,经过惊心动魄的大搏斗,终于完成了黄陵岗大截流工程。治河工程从四月二十二日兴工,七月就凿成河道280多里,八月将决口泛滥的黄河引入新开挖的河道,九月便能通行舟楫,十一月筑成诸堤,全线完工,使河复归故道,南流合淮入海,治河大功告成。

贾鲁回朝,向元顺帝上《河平图》,完成了"贾鲁治河"的壮举。

贾鲁治河在理论上显然是借鉴了贾氏先贤贾让的"治河三策",根据当时的黄河及运河的实际情况,综合运用了"治河三策"的方略,制订了完美的治河方案。在具体实施过程中,则使用"集中优势兵力打歼灭战"的策略。他创建的堵口技术"石船堤障水法"为后世大坝截流提供了重要的思路,其法至今还在沿用,只是因为材料科学的进步与发展,形式与材质有所改变而已。

贾鲁治河,首先将黄河逼入故道。又引密县水,经郑州、中牟,折南至开封朱仙镇,而后汇入古运河,直达商水县入淮。这条新河对中原的农业生产与水运交通发挥了很大作用,使西部、中部地区的河流沟溪获得了宣泄通道,虽时逢多雨也不致积涝成灾,同时沟通了沿河州县的漕运联系,成为外联江淮的水运干线。

　　贾鲁治河成就斐然,至今贾鲁河依然风姿绰约,就是对这位治河名人的最好纪念;同时民间还流传着"贾鲁治黄河,恩多怨也多,百代千载后,恩在怨消磨"的民谣,说明随着时间的流逝,记忆中的怨恚与风云竟会飘逝殆尽。

　　贾鲁治河功在当代而利在千秋,因何又会"怨也多"? 原来,在贾鲁治河之前,元朝统治的暴政已与黄河连年洪水泛滥、瘟疫流行一起,使黄淮平原一带民不聊生,饥民、灾民、难民加上胸怀鸿鹄之志的叛逆者暗中点拨,一场对于异族统治的激烈反抗正在悄悄酝酿。

　　今天的河南兰考东北处,古代叫作黄陵岗,是黄河大冲积扇的第二个顶点,历来险工遍布,黄河经常在此决口。就在贾鲁领衔治河刚开始不久,人们突然在工地上挖出一个石雕像,雕像背部刻有"石人一只眼,挑动黄河天下反"(《元史·河渠志》)12 个字,这是广泛流传于河南、安徽等地的一句童谣。看到石人应验,工地上的民夫们顿时惊恐起来,感到风云激荡了。

　　这个石雕像当然不是天生的,而是白莲教颍州教主刘福通早就派人预埋在黄河河床里的。这刘福通可不是一般人物,他出生于巨富之家,性格豪爽,是当地一位可以呼风唤雨的大咖。可是这位巨富之子为什么要"挑动黄河天下反"呢?

　　原来当地河官在颍州假公济私,以治河名义要征收刘公子家的花园,并趁机勒索,对元朝统治一向不满的刘福通誓死不从。通报上去,贾鲁大怒,下令"拆刘宅,改河道",这一拆一改,逼刘福通彻底走上了反元之路,这才出现了治河民工在黄河里挖出刻字石像的惊魂一幕。

　　刘福通、韩山童等人以"黄河一只眼"为起事谶言,以白莲教为依托,发起了颠覆元帝国的红巾军大起义。虽然后来朱元璋号召广大起义军民尽归于自己麾下,并建立了大明王朝,但是刘福通等人"打响了第一枪"却是毋庸置疑的。历史当然不相信假设,然而假设没有当时的贾鲁治河,没有"石人一只眼,挑动黄河天下反"的神秘谶语,也许元朝的统治依然还会绵延国祚,难以那么短时间内"忽喇喇似大厦倾"呢。

难道这就是"百代千载后,恩在怨消磨"的政治化解读?

十三　潘季驯河

　　潘季驯是明代治河名臣。潘季驯河有两个含义：一是如果"贾鲁河"是为了纪念贾鲁治河，那么也可以照例将明代下游黄河称为潘季驯河；二是潘氏乃为著名的"以河治河、以水攻沙"理论体系和治河体系的开创者，他对水沙关系的理解超越古今，企图以水沙之性驯服黄河水沙的战略意图非常明显，所以这个"驯"也有"驯服""捋顺"之意。

　　接下来说说为什么叫明朝。原来大凡末世，民间谶语、民谣、童谣就特别流行。早在"石人一只眼，挑动黄河天下反"（《元史·河渠志》）的谶语大流行之前，还有一个"明王出世，普度众生"的民谣也在秘密传播。接下来，也就是至正十五年红巾军领袖之一的韩山童的门众就隆重迎立韩山童之子韩林儿为帝了，世称"小明王"。后来朱元璋也加入了红巾军郭子兴部，朱元璋奉小明王为正主，并最终建立了明王朝。显然，明朝的国号来源于那个曾经不明来历的民谣，也来自朱元璋的精神偶像。

　　在明代的政治文化地平线上，出现了一个手持驯河宝鉴、边走边念驯河经的读书人身影，他叫潘季驯。

　　潘季驯治河是在明嘉靖与明万历年间，历经三任皇帝，而且经历了大明王朝任期最长的两位皇帝,就是嘉靖帝与万历帝,中间一位隆庆帝虽然执政只有短短七年,时间不可与前后两代相比较,但三任皇帝都很有特色,对明王朝的延续功不可没。尽管大明王朝已略显疲惫,在这段历史中,先后有著名的张璁、夏言、张居正、徐阶、海瑞、戚继光等历史人物保驾护航,还有潘季驯这样深谙黄河脾性的水利巨擘,使大明王朝这艘行将200年的"老船"依然乘风破浪,在中华民族发展史上留下了浓墨重彩。

嘉靖帝执政46年,宏观评价,皇帝的任性,使他的执政特色起伏变化大约可分为"前期、中后期、晚期"。执政初期的十几年,雄心勃勃,励精图治,力革前朝时弊,效法太祖、成祖,大刀阔斧推行改革,集异纳谏,勤于政务,打击权臣和封建地主贵族势力,大赦天下,诛杀了钱宁、江彬等佞臣,总揽内外大政,裁抑司礼监的权力,撤废镇守太监,严肃监察制度,重用张璁、夏言等贤臣,中央集权制度得到复兴和加强,朝政为之一新。

然而经不住国家承平、山呼万岁,嘉靖逐步丧失政治上的进取精神,沉溺于宫闱,又爱上方士,遍寻长生不老之术,导致在嘉靖二十一年爆发"壬寅宫变",差点死在众宫女之手。后干脆移居西苑修仙去了。幸而大权并没旁落,牢牢掌握在自己的手中。悲惨的是嘉靖"忽智忽愚""忽功忽罪",一些功臣、直臣遭杀害、贬黜。与此同时,吏治败坏,边事废弛,倭寇频繁侵扰东南沿海地区,北面蒙古鞑靼部首领俺答汗不断犯境,嘉靖二十九年兵临北京城下,大肆抢掠。公元1535年爆发辽东兵变,公元1560年爆发振武营兵变。倭寇侵略中国东南沿海,后赖朱纨、戚继光、俞大猷等人率军肃清,明王朝这艘大船才躲过一场大风大浪。所幸,晚年嘉靖帝终于明白过来,重新任用贤能,采取厘革宿弊、振兴纲纪等改革措施,经济上严革贪赃枉法,勘查皇庄和勋戚庄园,下令退还一些被侵占的民田,体恤民情,还地于民,鼓励耕织,重新整顿赋役,赈济灾荒,减轻租银,治理水灾,汰除军校匠役十万余人,种种治国举措下来,竟出现了"嘉靖中兴"的局面。

史载,潘季驯生于明正德十六年,这一年正德去矣,嘉靖即位。嘉靖二十九年潘季驯获得进士文凭。学而优则仕,潘季驯初授九江推官,后升御史,外出巡按广东。

在嘉靖四十四年,潘季驯由大理寺左少卿进官都察院右佥都御史,总理河道,自此开始治河生涯。这时已经是嘉靖帝的晚年了。是年十一月,潘季驯与尚书朱衡一起负责治河,浚留城旧河成功,被加为都察院右副都御史,时近一年,次年十一月即因母丧丁忧回籍。一次治河成功,便使潘季驯崭露头角。

待到潘季驯再次治河,虽然没有改朝,却已经"换代"了。公元1567年隆庆皇帝朱载垕登基,此时,隆庆皇帝已经30岁,首先倚靠高拱、陈以勤、张居正等大臣的鼎力相助,实行革弊施新的政策,宣布为在嘉靖帝时因谏言得罪诸臣平反:"存者召用,殁者恤录",便有海瑞因之获释出狱,恢复官职。

隆庆帝加强对官吏的考察,考察下沉到王府官员这一级,对于"赃多迹著者部院列其罪状,奏闻处治";而对于廉政官员则给予奖赏和提拔。

隆庆四年,黄河、运河频频泛滥,百姓叫苦不迭。隆庆帝经举荐并仔细考察,大胆起用潘季驯为都察院右副都御史,总理河道,提督军务。然而潘季驯这次履新并没有旗开得胜,"漕船行新溜中多漂没"(《明史·河渠志》),显然是出了事故。隆庆五年十二月遭勘河给事中雒遵弹劾,受到免职处分。此时,潘季驯即将进入"知天命",对于宦情已是心如止水,唯于黄河矢志不移,情有独钟,潜心研学,厚积薄发。

待到潘季驯第三次治河,朝廷又换代了,短命的隆庆帝换上了后来颇有名气的万历皇帝。这一年万历帝刚刚好10岁,朝政问题堆积如山,万历帝知难而上,为了"皇图永固",他以"少年天子"的气派,牢牢抓住生杀予夺在朝廷这根权柄,"用人唯我",励精图治,推行新政。他将内廷的事务托给冯保,"而大柄悉以委居正"(《明史·张居正传》),对张居正不仅委以重任,而且尊礼有加,言必称"元辅张先生",张居正则守业尽责,鞠躬尽瘁。

张居正在任内阁首辅10年中,实行了一系列改革措施。财政上推行"一条鞭法",总括赋、役,皆以银缴,国库渐丰,"太仓粟充盈,可支十年""太仆金亦至四百余万"(《明史·张居正传》)。军事上任用戚继光、李成梁等名将镇守北疆,用凌云翼、殷正茂等平定西南叛乱。吏治上实行综核名实,采取"考成法"考核各级官吏,官场为之肃然。

据史料记载,14世纪中叶到17世纪中叶,黄河下游共发生洪水约34次,平均两年零四个月决溢一次。黄河与运河互相交织,黄河大堤频频决溢,洪水与泥沙不断淤塞大运河航道,严重影响苏杭等地的粮食、兵器等关系国计民生的物资运往京城,大明王朝的经济动脉频遭堵塞,朝野震动。

机遇从来都是为有备者而来。公元1578年,潘季驯第三次出山主持河务。这一次是受到首辅张居正的举荐并鼎力支持,以都察院右都御史兼工部右侍郎、总理河漕兼提督军务的头衔,驯河治河。

这一次,潘季驯的治河思想已趋成熟:"塞决口以挽正河""筑堤防以杜溃决""复闸坝以防外河""创滚水坝以固堤岸""止浚海工程以省靡费""寝开老黄河之议以仍利涉"。以此原则:"筑高家堰堤六十余里,归仁集堤四十余里,柳浦湾堤东西七十余里,塞崔镇等决口百三十,筑徐、睢、邳、宿、桃、清两岸遥堤五万六千余丈,砀、丰大坝各一道,徐、沛、丰、砀缕堤百四十余里,建崔镇、徐升、季泰、三义减水石坝四座……"经过这次治理后,"高堰初筑,清口方畅,流连数年,河道无大患"(以上引自《明史·河渠志》)。万历八年秋,治河功成,升任工部尚书。

潘季驯为人正派敢言,导致官运受挫,然而黄河有事则一定少不了他老人家。内阁首辅张居正身后被抄家,全家饿死十余口。潘季驯心有不忍,上疏万历帝,建言对于张家应以悲悯之心,行体恤之策,万历帝阅后龙颜大怒,直接将尚书削籍为民。

仅仅几年后,万历十六年黄河大患,经给事中梅国楼等举荐,潘季驯再次复官,受命总督河道,开始传奇般的第四次治河生涯。

这时,他的治河理论更加丰沛完善。根据数年来堤防因"车马之蹂躏,风雨之剥蚀""高者日卑,厚者日薄",防洪功能普遍降低的实际情况,潘季驯组织汛兵与民夫在南直隶、山东、河南等地,普遍对堤防闸坝进行了一次整修加固工作,大大巩固了黄河堤防,对控制洪水泛滥起了一定作用。

潘季驯一生四次受命治河,上到河南,下至南直隶以及江淮一带,多次深入工地,"日与役夫杂处畚锸芉萧间,沐风雨,裹风露(《潘公墓志》)"。对黄、淮、运三河治理有了全新的系统性认识:"通漕于河,则治河即以治漕;会河于淮,则治淮即以治河;会河、淮而同入于海,则治河、淮即以治海。"(《河防一览·序》)

在此原则下,他根据黄河含沙量大的特点,又提出了彪炳千秋的"以河治河,以水攻沙"治河方略。他在《河议辩惑》中说:"水分则势缓,势缓则沙停,沙停则河饱,尺寸之水皆有沙面,止见其高。水合则势猛,势猛则沙刷,沙刷则河深,寻丈之水皆由河底,止见其卑。筑堤束水,以水攻沙,水不奔溢于两旁,则必直刷乎河底。一定之理,必然之势,此合之所以愈于分也。"(《河防一览·卷二》)

他总结历代劳动人民的修堤经验,创造性地把堤防分为遥堤、缕堤、格堤、月堤四种,因地制宜地在大河两岸周密布置,配合运用,效果十分明显。

潘季驯主张合流,但为了防御特大洪水,在一定条件下,他并不反对有计划地进行分洪,如在《两河经略疏》中就明确指出:"黄河水浊,固不可分。然伏秋之间,淫潦相仍,势必暴涨。两岸为堤所固,水不能泄,则奔溃之患,有所不免。"

潘季驯还提出"蓄清刷黄"(在黄、淮汇合处,黄浊淮清)的主张,巧借淮河清水助力黄河泥沙入海。他认为:"令淮、黄全河之力,涓滴悉趋于海,则力强且专,下流之积沙自去……海不浚而辟,河不挑而深矣,此职等所谓固堤即以导河,导河即所以浚海也。"

经漫长岁月的考验,他的治河专著《宸断两河大工录》《两河管见》《河防一览》《两河经略》等书并《河防一览图》《司空奏疏》《留余堂集》等著作已经成为历代治河宝典,今天依然闪烁着科学的光芒。

清朝治河专家陈潢指出:"潘印川以堤束水,以水刷沙之说,真乃自然之理,初非矫揉之论,故曰后之论河者,必当奉之为金科也。"

近代水利专家李仪祉评价说:"黄淮既合,则治河之功唯以培堤闸堰是务,其功大收于潘公季驯。潘氏之治堤,不但以之防洪,兼以之束水攻沙,是深明乎治导原理也。"

德国河工专家恩格斯叹服道:"潘氏分清遥堤之用为防溃,而缕堤之用为束水,为治导河流的一种方法,此点非常合理。"

潘季驯也是中国治河理论的集大成者,其影响直到今天并未衰减。每每读到潘季驯治河故事,人们便自然联想到"上拦下排,两岸分滞""小北干流放淤试验""调水调沙""水土保持""利用水库蓄清排浑"等现代治河思想体系与实践。细思,这些成效显著的理念方法依然闪烁着治河先贤们的光辉。

十四　盛世河图

有人说,大明王朝灭亡,那是气数已尽;而清朝入关,却有很多如果。如果没有李自成的穷追猛打,大明王朝不会垮得那么快,清军不会那么容易打进关内;如果李自成胸怀大志,治军严谨,能够人道待人,保护吴三桂一家老少乃至吴的情人陈圆圆平安,吴三桂不会"冲冠一怒为红颜",杀进北京赶走了龙椅上屁股还没有坐热的李自成李闯王,清军也是不敢轻举妄动悍然南下的。然而,历史没有逆行者,发生了就没法改变,于是,努尔哈赤的后裔们有幸捡拾了一颗"跌果子",竟然在顺治帝时便轻而易举地入主中原,而且很快便全国山河一片清,黄河文明最后一个封建王朝正式登上历史舞台。

清王朝利用其铁蹄、马刀与"汉人的不和"而征服汉民族的同时,也接过了黄河这一历史遗产,这是一条谁也不可藐视的大河,清皇帝们也不敢怠慢,因为在他们入主中原之后,明王朝的臣民们虽然无奈地留起长辫子,臣服了满人统治,而黄河却依然故我,该泛滥泛滥,该决口决口,爱谁谁,大清帝国267年,黄河就没有消停过。

黄河治理自明代,经过一代治河名臣潘季驯等苦心作为、诚惶诚恐,基本形成了自河南东南至徐州然后至江苏云梯关的主河道。清初,由于战火未息,黄河下游河堤失修,水患肆虐,成为清王朝国家治理体系的"心腹之患"。康熙亲政后,将黄河防汛上升为国家战略,"朕听政后,以三藩及河务、漕运为三大事,书宫中柱上"。(《清史稿》)事实上,治理黄河也确实贯穿了他的整个执政生涯,同时也成就了一代治河名人靳辅的不朽功绩。

靳辅,字紫垣,辽阳州(今辽宁辽阳)人,隶汉军镶黄旗,清代大臣,水利工程专家。生于顺治时期,在顺治时就升职为内阁中书,算是少年得志。康熙初年又升职为内阁学士,康熙亲政后授安徽巡抚,参与平定三藩,相当于正省(部)级了。

公元 1676 年,黄河水患再起,泛流倒灌洪泽湖,高家堰大堤决口 34 处,淮水冲入淮扬运河,直接阻塞清朝的命脉漕运。彼时朝廷刚刚平定三藩,凯歌高奏,举国上下士气昂扬,康熙决定乘势全面整治黄河、淮河、漕运等。

治理黄河及漕运,事关朝廷命脉与百姓安危,谁人堪当大任?康熙有用人标准:"河道关系重大,必得才能熟练之员,始能胜任厥职。"(《清实录·康熙朝实录》)这时,靳辅在安徽巡抚任上已有六年多地方工作经验。安徽地处淮河流域,六年多巡抚生涯,对河运规律与河患治理都积累了丰富的经验。经过吏部严格考察,公元 1677 年,靳辅被康熙帝直接任命为河道总督,开始了他的治河生涯。

一个好汉三个帮,两个好汉也开张。说起靳辅治河,不能绕过一个人,那就是靳辅的幕僚陈潢。陈潢成为靳辅的幕僚还有一段故事。传说靳辅在安徽任上时,有一次出差经过邯郸的吕翁祠,偶然读到墙壁上的一首诗:"富贵荣华五十秋,纵然一梦也风流。而今落拓邯郸道,愿与先生借枕头。"(陈潢《黄粱梦》)诗言志,这里显然是抒发怀才不遇的郁结之志。见墨迹未干,靳辅即命人四处寻找,并且很快就找到了,这个人就是陈潢。不过,说他们是在邯郸的吕翁祠相遇,实际上是借用了"黄粱一梦"的典故,黄粱梦的传说源于邯郸,陈潢偶遇靳辅,借此典故"抒怀自荐"也未可知。这一伯乐识马佳话出自《熙朝新语》,有据可查。

靳辅与陈潢相见恨晚,随即陈潢被聘为幕僚。靳辅本不擅长水利,有缘遇上陈潢,如虎添翼。在他安徽巡抚任上,关于治理淮河水患,陈潢没少为他支招,献计献策,一来二去,靳辅也成了治河专家。

陈潢,秀水(今浙江嘉兴)人,一说钱塘(今浙江杭州)人,自幼不喜八股文章,年轻时攻读农田水利书籍,并到宁夏、河套等地实地考察,精研治河之学,是一位对治理黄河备而来之人,一旦有了机遇,自然得心应手。

靳辅得陈潢,如虎添翼,接受治河重任之后,他带领陈潢对黄河下游、淮河、漕运等,用了两个多月时间进行实地考察,确定了治河总方针,即"审其全局,将河道运道为一体,彻首尾而合治之"。(靳辅《治河方略》)他主张从整体上采取措施,将河道、运道综合治理;主张把"分流"与"合流"交替运用,把"分流杀势"作为河水暴涨时的应急措施,而以"合流攻沙"作为长远安排。在具体做法上,采用了建筑减水坝和开挖引河的方法。为了使正河保持一定的流速流量,陈潢还发明了"测水法",把"束水攻沙"的理论置于更加科学的基础上。靳、陈结合,经他们治理的黄、淮及漕运,一度安澜无患。陈潢的"测水法",就是今天的水文测验学。

有资料显示,靳辅在陈潢的配合下,依照制订的治水方案,先疏下游,后浚上游,堵塞所有决口,坚筑两岸堤防,增建减水坝泄洪等。当年完成洪泽湖口引河4条,疏浚清口至云梯关河道,筑云梯关外束水堤1.8万余丈,堵塞大决口16处,筑月堤、周家堤。第二年,建王家营、张家庄减水坝2座,筑周家桥翟坝堤25里,堵塞安东、山阳、清河三县河堤及湖堤所有决口。第三年在黄河南北两岸分别建砀山毛城铺和大谷山减水坝两座。这期间,黄河虽然又发生数次决口,均被很快堵塞……可见靳辅治河成就之一斑。

为了根除黄、淮两河水患，陈潢又打破自古以来"防河保运"的传统理念，提出"彻首彻尾"治理黄河、淮河的意见，即在黄河、淮河上、中、下游进行"统行规划、源流并治"，这与上中下统一规划、统筹治理的现代治河思想颇为相似，但遗憾的是由于社会条件各方面的限制，未被朝廷采纳。

康熙二十六年，经过靳辅保奏，陈潢治河功绩得到康熙帝的认可，获得佥事道职衔。然而第二年陈潢就以"屯田扰民"罪被举报，遭遇撤职，当年病逝于北京。这时候回顾当年那首发牢骚的言志诗，真的会慨叹人生如梦。陈潢有《河防述言》《河防摘要》传世，对于治河都发挥了重要的借鉴作用。

满人骑手们绝没预料到，统治华夏大地会有那么多麻烦，远不如终日驰骋草原来得爽快；他们更没有想到，一条黄河怎么就这么多世代难以驯服。

仅从个人才分上来说，不能不说康熙是有雄才大略的。康熙二十年五月，靳辅承诺的治河期限已到，问题仍然没有解决，康熙帝下令对靳辅革职处分，但仍命他戴罪督修。康熙二十二年，康熙闻奏，河归故道，船只往来无阻，龙颜大悦："前见靳辅为人似乎轻躁，恐其难以成功。今闻河流得归故道，良可喜也。"十二月，靳辅官复原职。

康熙二十七年，靳辅又一次遭遇被免职处分，与陈潢所犯同一个错误（还是被诬陷）。后来康熙帝视察河事，了解了靳辅的成就，于公元1689年3月给靳辅恢复名誉，享受原职待遇。按现在的话说，没给实职，做了专家顾问，然而，治河离不开靳辅，在公元1692年，康熙再命靳辅为河道总督，靳辅反复陈述陈潢功绩及对朝廷的忠诚，让康熙改变了对陈潢的偏见，为陈潢恢复了名誉，他的人生也走到尽头，这年年底靳辅病逝于任上，留《治河方略》传世。

　　康熙三十五年,应江南人民的请求,朝廷批准在黄河岸边为靳辅建祠,并追赠为太子太保、工部尚书,赐谥号"文襄",算是盖棺定论了。然而,在靳辅之后的岁月里,黄河依然是年年治理、年年溢决、年年险中侥幸。而这时候世界范围的制度革命、工业革命的大潮正在风起云涌、波涛翻滚……

　　可惜的是,康熙看见了河的伟力,却忽视了海的前景。本来,康熙时代是有机会开放国门的。收复台湾之后,他下旨"今海内一统,寰宇宁谧,满汉人民相同一体,令出洋贸易,以彰富庶之治,得旨开海贸易"(《皇朝政典类纂》)。这是一个很好的开端。然而到康熙五十五年,"谕……再东洋可使贸易;若南洋,商船不可令往"(《清圣祖实录》),再次中断了开放贸易的进程。

　　郑和七下西洋的故事康熙当然再熟悉不过,他很清楚郑和从南海带回的珍珠玛瑙;至于欧洲,偶尔见其人浑身毛还没褪尽。他也听说葡萄牙人到了菲律宾,荷兰人登上了台湾岛。他也知道南海有很多岛屿,很多法国人、英国人乘大船到了那些岛屿,但那又能如何! 无非是些海盗,拒绝他们上岸,不就万事大吉了? 我大清帝国横竖都是自家江山,关起门来照样过日子!

　　在这样的闭关锁国意识形态支配下,康熙关起门来治河,蒙上眼睛拒海。在他61年的皇权生涯中,治河业绩尽管可圈可点,但在地理大发现、文艺复兴之后的世界新格局中,拒绝海洋的后果,只能是其千秋万代的梦想终归被大海所启示的力量掀翻。

　　康熙撒手,大清帝国的权杖传到了雍正手里。在最高权力更迭的关键时刻,黄河屡屡发威。康熙六十一年即雍正元年,黄河在河南武陟马营再次决口,洪水直逼京、津。

　　雍正皇帝登基时44岁,正值年富力强,赶上黄河在河南段频频决口,洪水顺低洼地势北流,泛滥华北,威胁京津,震惊朝野。雍正登基后，立马派河道总督率兵堵口修坝。当时国库仅存白银700多万两，而雍正批准堵口所耗用的银两就高达288万两，足见治河在朝廷心目中的分量。

武陟堵口成功，大河回流，雍正亲题"御坝"碑立于马营口，并令河道总督齐苏勒调集御用工匠以及山东、河南、山西、陕西、安徽五省民工，仿照北京皇宫的样式营建供奉黄淮海诸河神总龙王庙。雍正说："惟兹黄河发源高远，经行中国迂回数千里……自武陟而下，土地平旷，易以泛滥……特命河臣于武陟建造淮黄诸王龙王庙，祇申秩祭，以祈庇佑……"（《嘉应观御制蛟龙碑》）

雍正三年二月，总龙王庙建成，雍正赐名并亲书"嘉应观"，命治河大臣嵇曾筠坐镇武陟，主持黄河中下游堤防事务。御坝建成后，嘉应观一带果然由历史上黄河河患最多的地方，变成一片上风上水的风水宝地。先是几个筑坝的士兵退伍，留下来务农，在御坝碑附近开垦土地。后来，一些流民也在此聚拢定居，逐渐形成御坝村。

史载，嵇曾筠治河善于因势利导，既能保全河堤，又能省工省料。在任期间，他指挥修筑、加固了武陟以下的千里黄河大堤，使"豫省大堤长虹绵亘，屹若金汤"。雍正帝对于黄河也不是生手，康熙晚年曾将河务交给这个隐忍有心术的"四阿哥"打理，留下一段治黄佳话。

所谓康乾盛世，自然也包含雍正皇帝，因为他是两个盛世之间的一代，临朝虽然只有13年，但史载雍正"以勤先天下，朝乾夕惕"，与先帝一样勤政，朱批过的折子就有360卷。

显然，雍正是发展了"康熙主义"，不但发展了康熙的优势，而且把康熙帝的"隐疾"也发展了。雍正二年，雍正皇帝不仅颁布了在全国禁止天主教的诏书，而且还废止了康熙发给传教士的"印票"。观其言，这位清帝国至高无上之人对当时的世界潮流是这样认知的：

"尔等欲我中国人尽为教徒……试思一旦如此……边境有事,百姓惟尔等之命是从……然苟千万战舰来我海岸,则祸患大矣。中国北……有俄罗斯,是不可轻视的,南有欧西各国,更是要担心的,西有回人,朕欲阻其内入,毋使捣乱我中国。俄国使臣曾请求在各省通商,为朕所推辞,惟允彼等在北京及边境贸易而已……现朕既登皇位,朕惟一之本分,是为国家而治事。"(顾长声《传教士与近代中国》)

有这么多顾虑与警惕,雍正当然有理由不是积极向世界各国学习,而是毅然决然地关上了国门。到雍正晚年,留置在广州的最后35名传教士也被两广总督驱逐到了澳门。两年后,清王朝步入闭关锁国的乾隆时代。而欧洲则在大航海时代之后开始踏入工业革命的门槛,英国取代荷兰成为世界上最强盛的殖民帝国。

黄河依然还是左冲右突、上下游荡的黄河,虽经康熙、雍正不遗余力的治理,"三年两决口"甚至一年内多处决口的局面依然如故。治理黄河仍然是朝廷心心念念的治国要务。

乾隆七年,黄河、淮河同时涨水,江苏、安徽的海州、徐州等府50余州县遭遇大水灾,灾民多达800万人,黄淮运河的治理成为乾隆日夜挂虑的头等大事。在乾隆写的御制《万寿重宁寺碑记》和《南巡记》里,他着重讲到,"南巡之事,莫大于河工""六巡江浙,计民生之最要,莫如河工海防""临幸江浙,原因厪念河工海塘,亲临阅视"。这些话并非空泛之谈,而是乾隆一代倾全力大兴河工的真实写照。就河工兴修规模之大,投入财力物力人力之巨,兴修时间之漫长而言,乾隆堪称千古一帝。据说,"河官进京三声炮"就是这时候传下来的。他最害怕听见河官进京上殿时太监放响的炮仗,那样他就得把白花花的银子从京城运到黄河边,无休无止无底线,相当于用银子来堵黄河决口。每年河工固定的"岁修费"就多达380余万两白银,占年财政收入的 10%。

当然,乾隆治河的"皇勋"也是可圈可点的。在乾隆四十九年的御制《南巡记》里,他对多年大兴河工的情形作了总结。第一项大工程是定清口水志,加固高堰大堤,基本上保护了淮安、扬州、泰州、盐城、通州等富庶地区免受水淹。第二项大工程是陶庄引河工程,在陶庄开挖一条引河,宽 80~90 余丈,长 1000 余丈,深一丈余,以防止黄河河水倒灌清口。引河开成以后,解决了海水"倒灌之患"。

《南巡记》里还提到将高家堰的三堡、六堡等原来用砖砌的堤一律改为石堤,徐州城外添筑石堤直至山脚。仅据《清高宗实录》的记载,六巡期间,乾隆对黄河、淮河的河工及浙江、江苏的海塘,下达了数以百计的上谕,动用了几千万两帑银,有效减少了洪灾损失。

乾隆面前流淌的这条黄河,是南宋建炎二年冬改道而来的。当时,金兵大举南下,东京留守司杜充为阻止金兵而"以水代兵",在滑县西南沙店集南三里许决堤,使黄河经李固渡东流经滑县之南、濮阳与东明之间,再经鲁西南的巨野、嘉祥、金乡一带流入泗水,由泗水入淮,使千年北流的黄河改由山东汇泗入淮。到乾隆之年,黄河下游这条流路已经运行了 600 多年,堤坝越加越高,悬河越来越险,就像帝国的政治,表面的光鲜掩饰着深层次的高危与潜在的崩盘。

第一个对"康乾盛世"提出质疑的人是鲁迅先生,他看了外国人的一些统计与实录,怀疑"康乾盛世"是文字狱时代史家为了活命违心杜撰出来的。单从世界横向比对,康乾时期经济生产总量虽然高于西方,但是社会制度、科学技术却是明显落后的。这时期的欧洲与世界正在被一种难以抵制的力量带入工业革命和蒸汽机时代。这种难以抵制的力量就是人从中世纪神学的蒙昧中被解放出来之后焕发出来的无穷无尽的创造力和创新精神。在这种精神的驱动下,以蒸汽为动力的火车取代了吱呀数千年的畜力而横穿遥远的大陆,同样以蒸汽为动力的巨轮结束了海盗家族的木帆船而驶入全球一体化时代。而同一时期的中国,却与这一世界急速发展黄金期失之交臂。

事实上,正是清代奉行闭关锁国、重农轻商、禁锢思想、轻视科学的政策,将中国逐渐引入科技上掉队落伍、言论上万马齐喑、经济上抱残守缺的境地,与欧美先进国家的差距越拉越大。在表面自我循环的繁荣表象和颂圣声中,所谓的"康乾盛世"早已是危机四伏了。

与中国历代相比,清政府的办事效率还是比较高的,对中央政府的决策,地方有较强的执行力,而且没有出现过地方督抚严重叛乱的情况。在晚清虽然多次遭受农民起义冲击和列强侵略,但是趔趔趄趄之后,国家依然站立着,维持着传统与统一。但是,世界潮流已经不再给专制王朝留下时机,"康乾盛世"只是寿终正寝之前的回光返照而已。

乾隆五十七年,英国派出以马戛尔尼为首的有史以来最大的使团,英国国王乔治三世希望通过派出高级别使团能向东方的古老国度传达一个信息:英国已经统治了大海,希望与中国建立通商关系。乔治三世相信,这只是一件水到渠成的事。为了表达这一强烈愿望,乔治三世不惜把当时英国最先进的蒸汽机、纺织机、织布机甚至步枪、手枪等工业和军工产品作为礼物送给清朝皇帝。在庞大的夷国使团被晾长达九个月之后,乾隆五十八年,皇帝终于接见了他们。遗憾的是,傲慢的乾隆爷失去了一次与世界接轨的绝好机会,从他给英国国王的回信,便可看出这个"圣明皇帝"的视野、胸襟与格局。

奉天承运,皇帝敕谕,英吉利国王知悉:

咨尔国王,远在重洋,倾心向化,特遣使恭赍表章,航海来廷,叩祝万寿,并备进方物,用将忱悃。朕披阅表文,词意肫恳,具见国王恭顺之诚,深为嘉许。所有赍到表贡之正副使臣,念其奉使远涉,推恩加礼……

至尔国王表内恳请派一尔国之人住居天朝,照管尔国买卖一节,此则与天朝体制不合,断不可行……

若云仰慕天朝,欲其观习教化,则天朝自有天朝礼法,与尔国各不相同。尔国所留之人即能习学,尔国自有风俗制度,亦断不能效法中国,即学会亦属无用。

天朝扶有四海,惟励精图治,办理政务,奇珍异宝,并不贵重。尔国王此次赍进各物,念其诚心远献,特谕该管衙门收纳……

尔国王惟当善体朕意,益励款诚,永矢恭顺,以保乂尔有邦,共享太平之福……特此敕谕。(《敕英吉利国王谕》)

乾隆皇帝绝没想到,此一无知、自负与固守,毋庸置疑为半个多世纪以后的第一次鸦片战争埋下了可怕的伏笔。道光年间的1840年,中英第一次鸦片战争爆发。据传说,英国高层在为对大清帝国开战与不开战、战而能否取胜纠结时,一位叫托马斯的上院议员力主开战。这位托马斯·斯当东先生正是当年访华的马戛尔尼伯爵使团的副使乔·斯当东男爵的儿子。当时随父使华的他才13岁,他用一个少年难以磨灭的记忆断言即将到来的战争必胜,可见托马斯·斯当东所见所闻的大清帝国给他的印象有多么糟糕!

为了禁止和截断东南沿海的抗清势力与据守台湾的"国姓爷"郑成功部的联系,清廷入关之后就开始海禁了,曾于顺治十二年、十三年,康熙元年、五年明文禁止人民出海贸易。康熙八年曾一度开放海禁,广东一省对外贸易骤涨。但锁国禁海的基本国策没变。康熙曾口谕大臣们:"除东洋外不许与他国贸易""海外如西洋等国,千百年后中国恐受其累,此朕逆料之言"(《清圣祖实录》)。公元1757

年,乾隆皇帝颁布禁海令,直到 1840 年鸦片战争失败,被迫开放海禁。

除禁止海上贸易以外,清代还强制沿海人民迁界,划定一个濒海范围,从 30 里到 300 里不等,设立界碑,甚至修建界墙,强制处在这个范围内的沿海居民内迁,有敢不迁移者,杀无赦! 有敢越界者,杀无赦! 使中国在 20 多年时间内,整个沿海地区成为一个无人区。从江浙到广东福建,沿海数千里肥沃的土地全部变成了荒野,长满蓬蒿。

乾隆执政 60 年,文治武功,很是辉煌,但黄河也没能达到岁岁安澜,却离海洋越来越远。

据统计,顺治帝当朝 18 年,黄河决口 17 次;康熙帝当朝 61 年,黄河决口 38 次;雍正帝当朝 13 年,黄河决口 10 次;乾隆帝当朝 60 年,黄河决口 32 次;嘉庆帝当朝 25 年,黄河决口 21 次;道光帝当朝 30 年,黄河决口 7 次;咸丰帝当朝 11 年,黄河决口 4 次;同治帝当朝 14 年,黄河决口 7 次;光绪帝当朝 33 年,黄河决口 35 次;末代皇帝宣统当朝 3 年,黄河决口 1 次。

另有统计,从清初至鸦片战争的近 200 年间,黄河决口就达 361 次(据《人民黄河》杂志)。两项统计数字差异很大,大概是对一次洪水过程决一次口还是决几处口的统计方法不同所造成的区别。

清中叶以后,黄河形势日渐恶化,提议改道的人也越来越多。魏源在其《筹河篇》中分析了当时的河道形势及下游地理状况后认为,明清故道已不可能维持多久,大改道已成必然趋势,结果,黄河在咸丰五年,即公元 1855 年在铜瓦厢最终改道了。自此,这条运行了 737 年的河道完成了它的历史使命。

十五　衣冠南渡

1624 年 8 月 26 日,郑成功出生在日本九州平户岛。传说郑母在海边捡拾贝壳时突然临盆,遂分娩于一块巨石之上,所以平户的一个景区至今还有"儿诞石"供人瞻仰。

郑成功在平户度过童年岁月,以后再没有到过日本,然而对于平户民众来说,奉祀郑成功已成为一种信仰。而郑成功为什么会在日本拥有这么多的粉丝呢? 有观点认为郑成功作为明朝最后的捍卫者,代表了华夏衣冠的传承,而日人尊郑则反映了一直以来日本民族对华夏衣冠的眷恋和仰慕。

古代中国既称"礼仪之邦",又叫"衣冠之国",它反映了衣冠与礼仪、礼仪与文明之间的关系,体现的是文化价值和文明特征。

西晋永嘉年间,中原战乱蜂起,被称为蛮夷的周边民族向黄河流域迅速扩张,建立了各种走马灯式的割据政权。建兴四年(316年),匈奴王刘曜攻陷长安,西晋亡。建武元年(317 年)晋元帝司马睿南徙到建康建立东晋,中原士族臣民相随南逃,所谓"永嘉之乱,衣冠南渡"自此开始。这是中原汉人第一次整建制南迁。自永嘉二年(308 年)起,中原人开始大规模进入福建,主要大姓大概有八姓,即林、陈、黄、郑、詹、邱、何、胡,史称"衣冠南渡,八姓入闽"。

　　这个八姓之一的郑姓,其中就有郑成功的祖先。在今天的河南荥阳世界郑氏发祥地,建有郑成功纪念馆;在河南省固始县汪棚乡,至今还留有郑氏宗亲的遗迹。

　　"永嘉之乱"中南渡的汉人多定居在福州地区,是北方汉人与土著闽人的一次大融合。他们带来的中原文化和先进的生产技术,促进了福州地区文明程度的提高以及社会经济的发展。唐刘知几《史通·邑里》说:"异哉,晋氏之有天下也!自雒阳荡覆,衣冠南渡,江左侨立州县,不存桑梓。"

　　400多年后,发生在天宝十四年的"安史之乱",造成了中原人民第二次大量南移。"天下衣冠士庶,避地东吴,永嘉南迁,未盛于此",史称第二次衣冠南渡。黄河中下游地区"人烟断绝,千里萧条""名都空而不居,百城绝而无民者,不可胜数"。官方人口统计只剩约1700万人,总数不到"安史之乱"前的三分之一。这次战乱虽仅持续七年,但南迁的人流并没有因战乱的终止而停下脚步。直至唐末和五代十国时,南迁移民仍相望于道。经过"安史之乱"后,南方、北方人口的比例首次出现平衡。

　　相似的历史只要发生,就难以逆转。北宋末年的"靖康之难",使黄河文明第三次遭受重创。宋高宗率领百官渡过长江,建都临安,再次引发黄河中下游人民南迁,其规模之大,持续时间之长,堪与历史上的"永嘉之乱""安史之乱"相伯仲,结果使南方人口第一次超过北方,最终完成了中国人口、经济、文化重心从黄河流域向长江流域的转移,从此中国的古都由东西向横移变为南北向竖迻;另外,也标志着黄河文明通过人口大迁徙而成为覆盖全国的统一文化形态,这是第三次衣冠南渡。

　　所谓"中原乱,簪缨散,几时收? 试倩悲风吹泪,过扬州"(周敦儒《相见欢》),正是一拨又一拨并非情愿的"衣冠南渡",使黄河文明跨过黄河,跨过长江,跨过珠江,最终跨过台湾海峡,站在了美丽的台湾岛上。

黄河与真正的海洋文明握手,不是在黄河夺淮入海的黄海云梯关,也不是在黄河夺大清河入海的渤海莱州湾,而是在"诗与远方"的台湾海峡。有了这种握手,才能够解释为什么会发生郑氏家族的三代开拓、一意孤守以及万种悲情、无尽缠绵。

台湾东临太平洋,西隔台湾海峡与中国大陆隔海相望,秦汉时代被称为"岛夷""东夷"或"夷洲",隋代以后又被称作"流求"。早在元世祖至元年间,元王朝就在台湾群岛的澎湖列岛设立了巡检司,隶属福建省同安县,这是中国政府首次在台湾地区设置官署。而台湾之为台湾,始于明代。当时大陆对台湾有"大员""台员""台窝湾"等多种称呼。万历年间,官方正式启用"台湾"一词,1563 年,明政府重设澎湖巡检司,并布置兵力以防御倭寇。

随着环球新航线的发现,欧洲船队开始出现在世界各大洋的海域上,台湾也必然地进入了西方的视野,黄河文明开始面临一种新的国际规则的挑战。

自 14 世纪中叶以来,明政府一直实行海禁政策,禁止私人赴海外经商,也限制海外商人到中国进行贸易。这是古老的河流文明面临海洋文明挑战时最本能的应激反应。当 1433 年郑和的船队完成第七次远航后,中国的大型海船便从大洋上渐渐消失了。而世界则由于哥伦布船队对美洲的发现和达·伽马对非洲好望角的发现而进入了"大航海时代"。

最先频繁穿越台湾海峡的是葡萄牙人。他们在从明朝手中租借到澳门之后,频频进出台湾海峡前往日本贸易。葡萄牙人对于路过的翡翠般的台湾岛由衷赞叹:"岛,美丽。"于是"福尔摩沙"这个名称就此传开,意思是"美丽岛"。但葡萄牙人却并不曾登上这座美丽岛,闯入这片土地的是被称为"海上马车夫"的荷兰人。

1594 年,依赖新航线和贸易扩张迅速暴富的荷兰人占领了爪哇,于 1602 年将 14 家以东方贸易为重点的公司合并组成联合东印度公司,赋予其雇佣士兵、发行货币的职能,并有权与他国交战并缔结条约,事后由本国政府承认,所以联合东印度公司本质上是一个具有准国家性质的商业与战争综合体。

而被那些外来者称作"福尔摩沙"的台湾,一直是他们觊觎的对象。那里有茂密的森林和各种野生动物,也有一望无际的稻田和甘蔗田,有丰富的海产以及沿海滩涂地带的晒盐业。

1622 年,联合东印度公司出动 17 艘船只登陆澎湖,随后与明朝军队断断续续交战了八个月,在一度胶着的局面下,有一个名叫李旦的日本华商头目、绰号"中国船长"的神秘男赶来调停。

关键是李旦还带来一名通译,一位通晓中文、葡萄牙语和日本语的年轻人,他叫郑一官,后来改名为郑芝龙。

来自黄河中下游的闽南人坚守着祖宗的传统,凡男子间彼此互称"大官人",因为郑芝龙是长男,所以称为"一官",这是郑芝龙第一次出现于外交事务中,这对于他日后游刃有余地周旋于两种不同文明体系之间,从而建立称霸东南广大海域的走私贸易集团至关重要。

经过谈判,荷兰人答应退出澎湖。

但事实是荷兰人退中有进,于 1624 年夏天在台南登陆了。此时的明王朝内外交困,对东南海防和孤悬海外的台湾岛已经力不从心。

为永久占据台湾,自踏上这片土地的那一刻起,荷兰人便开始在台江西侧修筑规模宏大的"热兰遮城"作为立足点,历时近 20 年方告竣工。1653 年,于台江内海东侧又兴建了普罗民遮城堡。

以这两个坚固的城堡为据点,荷兰人一方面对进出口货物课以重税;另一方面将鹿皮与砂糖源源不断地从台湾运往日本销售,每年运走的鹿皮高达四五万张。而无论是自中国大陆迁徙而来的汉人,还是被称为"蕃胞"的台湾原住民,他们对于荷兰殖民统治的反抗从未停息。

17 世纪是海权激烈竞争的时代,在东亚海面,西班牙占据吕宋,葡萄牙盘踞澳门,荷兰占据爪哇并进而据有台湾,与此同时,中国却失去了对东亚海域的制海权。

在这样的形势下,有一个远祖来自中原、对中原王朝始终抱有热望的海上枭雄开始登上历史舞台。这个人就是曾经担任明王朝与联合东印度公司外交谈判翻译职务的郑芝龙。

郑芝龙出生的福建泉州南安石井镇,距离金门岛仅数海里之遥,山多田少,孕育了无数到海上追求财富的冒险家。1621 年,17 岁的郑芝龙来到澳门投靠舅舅并从事走私贸易,并很快学会了一口流利的葡萄牙语。为了投靠当时整个东亚海域名头最响的走私巨头李旦,他又来到日本九州岛西北端的贸易港平户。

郑芝龙羽翼渐丰,娶妻生子。这个出生于平户的中日混血儿,就是日后名头更响、也更成功的郑成功。

在平户期间,郑芝龙还结识了另一位华商头领颜思齐。颜思齐对幕府统治深怀不满,密谋起事,由于事情败露,被迫率郑芝龙等人亡命海上,登陆台湾"笨港"。

这一年正好是荷兰人进占台湾的元年,也是郑成功的诞辰年。在"笨港",颜思齐率众构筑寨寨,并派人赴漳州、泉州招募移民,进行拓垦。当荷兰人在台南建造城堡开展国际贸易时,汉人移民则在台湾中部展开大规模的垦殖。随着一批又一批大陆移民渡海而来,农田也从"笨港"拓展到了彰化。

颜思齐携郑芝龙拓垦台湾非同小可,这是源于中原的农耕文明越过海峡向台湾及其海域快速传输,由此奠定了未来开发与建设台湾的根基,也奠定了日后一位更强大的报国者从荷兰殖民者手中收复台湾的基础。

然而,就在大规模垦荒的第二年,1625年秋天,年仅37岁的颜思齐因病去世,同年海外华人大佬李旦也告病故。这给野心勃勃的郑芝龙造成了乘势崛起的良机。郑带领手下迅速接管了他们的产业和部属,一举成为当时华人海上贸易集团的最高领袖,并陆续购置洋船洋炮,大量招募海员和雇佣兵,组建起一个拥有400多艘舰船和数万名水手的武装海运集团。

郑芝龙"所资者皆夷舰,所用者皆夷炮",这使明朝官员坐卧难安。在意识到无法武力剿平的情况下,朝廷决定招抚他,而这一点正是郑芝龙所希望的,他希望官府给予他一个合法身份,以更牢固地控制海疆。

泉州的地方官员也希望借助郑芝龙去维持海上秩序,因为海上贸易物品的输出使民间获利,社会安定,政府也有了税收。

郑芝龙接受了朝廷授予的水师游击这一官职,如虎添翼,迅速垄断了中国东南沿海与海外诸国的贸易。史载,郑芝龙"自就抚后,凡海舶不得郑氏令旗者,不能往来,每舶例入三千金,岁入千万计,芝龙以此富可敌国"。而据荷兰人推测,郑氏集团每年的收入相当于东印度公司的三至四倍,显然郑芝龙已经成为荷兰人在东方进行贸易扩张最强劲的对手,这促使荷兰人下决心与郑芝龙摊牌。

1633年10月22日,一场空前的海战在金门岛南部的料罗湾爆发了。荷兰主师是联合东印度公司驻台湾的新任长官普特曼斯,迎击他们的是明朝水师主将郑芝龙。普特曼斯认为他的舰队足以迫

使中国人"遵从我们的意思行事",但不曾想到的是他所纠集的 50
艘海盗武装帆船几乎全军覆没,9 艘荷兰战舰也只有 5 艘逃了出来。

这是中国人第一次在海上击败西方势力。此时的荷兰,尽管称
霸欧洲,但在东太平洋却甘拜下风,往北无法通过台湾海峡抵近日
本,往南到不了菲律宾。郑芝龙在奏报中写道:该战"似足以扬中国
之威,而落狡夷之魄矣"。明政府称此战为"海上数十年之奇捷"。
在郑和船队退出南中国海 200 年后,中国再度夺回东亚海面的主导
权,使这一海域的战略平衡维持到了中英鸦片战争。

由于料罗湾海战的胜利,郑芝龙被朝廷由水师游击擢升为福建
总兵,成为拥兵一方的地方实力人物和重要的经济贸易力量,控制
了从东海一直到包括越南在内的南海水域,以至于史料称"八闽以
郑氏为长城"(清·李天根《爝火录》)。

但好景不长,一个天翻地覆的时代逆转开始了。

1644 年,李自成农民军攻入北京内城,崇祯帝自缢煤山,宣告明
王朝在中原的统治覆亡,满人建立的清朝则策马南下,突破山海关,
进逼北京。

故主难忘,故国难失。1645 年,即清顺治二年,郑芝龙凭借实力
联合一批明朝遗臣,在福州拥立唐王朱聿键称帝,建立南明隆武政
权。隆武帝视郑为国之干臣,先后晋封他为平虏侯、平国公。然而
这位被朝野所仰仗的人物,却很快背叛了南明朝廷。1646 年 9 月,
多罗贝勒爱新觉罗·博洛大军攻占福州,隆武帝朱聿键被捕,绝食
而亡。博洛致信郑芝龙,许以闽粤总督的条件来招降。

对于郑芝龙来说,虽然从小读的是孔孟圣贤之书,深知公然叛
明降清属于"屈节污身",不过他毕竟还是长年与海盗和走私集团打
交道的巨商。出于对家乡和现实利益的考量,使他下定决心归降清
王朝。

然而郑芝龙的变节并没有保住家乡泉州,甚至也未能保全自己的性命。就在郑芝龙投降后不久,清军洗劫了泉州。而他则被清军留置北京,最终于1661年11月被清王朝斩首。

郑芝龙的结局令人扼腕。然而,在他被害的同一年,也即中荷料罗湾海战28年后,这片海湾还将拉开另一出历史大戏的序幕,而那场戏的主角,正是郑芝龙的长子郑成功。

1661年4月30日,一个雾气弥漫的清晨,当荷兰传令兵发出"国姓爷"来了的紧急情报时,荷兰殖民者的命运将在这个清晨被改变。

郑成功的舰队之所以横渡台湾海峡,与明清之际的动荡时局有关。

自7岁从日本平户返回故乡福建晋江安平后,郑成功一直在那里接受传统儒家教育,14岁考取了秀才,随后来到中国南方的学术中心南京,入国子监太学,投师于著名诗人钱谦益门下。钱谦益评论他的弟子所做诗文"声调清越,不染俗气,少年得此,诚天才也"。郑成功本名郑森,钱谦益给他取了个"大木"的字号,寓意"大木扶危厦",因为这一年入主中原的清王朝开始以狂飙之势自北向南席卷中国。郑成功对风雨飘摇中依然沉醉的弘光小朝廷深感失望。1645年6月,清军攻破南京,弘光政权覆灭,郑成功逃回了福建。

随后南明隆武政权的建立,又让郑成功看到了希望。这年秋天,父亲带郑成功见到了即位不久的隆武帝朱聿键。朱聿键对这位风姿英武的青年叹息说:"惜无一女配卿,卿当忠吾家,勿相忘也。"

朱聿键授予郑成功明朝的国姓"朱",为他改名"成功";隆武帝还赐给他一枚印信,上刻"招讨大将军"字样。郑成功"国姓成功"的名号就此传开,民间尊称他为"国姓爷"。

　　从此郑成功弃文从武,分兵据守延平,也就是今天的福建南平。在这里,他给朝廷呈递了一个至关重要的条陈,史称"延平条陈",其主题概括为"据险控扼,拣将进取。航船合攻,通洋裕国"。

　　郑成功父子经过两代人的海上经营,深知海外贸易与富国强兵的关系,同时他又有中原正统世代不断的家学渊源,所以忠君爱国、光复道统是他始终不渝的政治信念。在为流亡中的中原小朝廷擘画了军事方略之后,这位"大明招讨大将军、国姓爷"紧接着提出了"通洋裕国"的观点。这种观点在当时可以说是惊世骇俗的,对于后来几百年也是足资借鉴。这是黄河文明对海洋文化和国际贸易规则唯一可行的选择,甚至不妨理解为改革开放、强国富民思想的先声。不妨设想,无论明朝还是清朝,如果在合适的时机采纳实行了郑成功的"延平条陈",200多年后的中国,何至于竟由西方的坚船利炮来打开国门呢?

　　然而,正当郑成功立志据闽抗清之时,福州失陷,隆武帝被俘,紧接着,又听到父亲即将降清的传闻。他急忙致信父亲,劝阻说:"父教子忠,不闻以贰,且北朝何信之有?"

　　然而父亲的答复是:"丧乱之天,一彼一此,谁能常之?"

　　郑芝龙不仅自己投降,还劝儿子投降。

　　自古忠孝难两全,郑成功选择了忠君。在一首诗中,他这样描述自己矛盾痛苦的心情:"天以艰危付吾俦,一心一德赋同仇,最怜忠孝两难尽,每忆庭闱涕泗流。"(《清史稿·郑成功传》)

　　1646年冬,继续南下的清军攻陷泉州。乱军之中,郑成功的生母蒙羞自杀。

　　身负家仇国恨的郑成功,誓言"惟有血战,直渡黄龙痛饮"。此时虽然郑芝龙已被掳北上,但他所开创的体制与海洋贸易格局仍在,这些无疑为郑成功以中国东南沿海为根据地的反清大业奠定了根基。

郑成功在短短的两年之内迅速整顿旧部,建立财务机关、教育机关,训练人才,体恤遗孤,建立了一个庞大的军政商联合体。

此后岁月中,郑成功高举反清复明大旗,历经十余年南征北讨,甚至一度进入长江,兵临南京城,但最终均告失利。

尤其 1659 年北伐南京的失败,使他遭受重挫,只能退守厦门、金门等几个孤岛。此时,南明朝廷大势已去,继隆武政权之后而起的永历政权,不过苟延残喘,甚至连永历皇帝本人也逃入缅甸。郑成功只是一支孤旅,他忧虑重重,遥望海域天风,海天的尽头,那座父亲当年开拓过的海岛突然跃入眼底。

对,北上反攻独木难支,那跨海东征呢? 此时的台湾,彰化、嘉义以及北部的基隆、淡水,已形成一个个以垦殖为主的华人聚落。但岛屿的控制权,却仍然掌握在以城堡为中心向外扩展的荷兰人手中。

他决心赶走荷兰人,收复台湾,光复故土,为痛失中原的大明夺回一块蓝绿相间的宝地,进而恢复父辈曾经掌控的海疆。

终于,在 1661 年 4 月 21 日这天,飘扬着"大明招讨大将军"旗帜的庞大舰队从金门料罗湾扬帆起航,驶向了波涛汹涌的台湾海峡,驶向了胜利的彼岸。

1661 年 4 月 29 日,郑成功的舰队成功抵达台湾岛西南方的大员湾。

几公里外,热兰遮城的荷兰人透过望远镜,眼睁睁看着"国姓爷"的战船向普罗民遮城疾驰而去,担任联合东印度公司驻台湾长官的揆一慌忙派出三艘战舰进行尾追拦截。赫克特号是三艘荷兰战舰中最大的一艘,却被中国舰队的火炮击中,另外两艘战舰见状仓皇撤出战斗。仅仅四天后,普罗民遮城便升起白旗。总共有 270

名荷兰人向郑成功的军队投降。接下来,他将指挥舰队进攻荷兰人在台湾的另一个殖民堡垒,热兰遮城。

热兰遮城建造得非常坚固,郑成功率领的20万大军在城外就地屯垦,只用两条土堤就把荷兰人围困了九个月。

1662年1月25日,郑成功的军队开始用大炮猛轰热兰遮城。两天之后,荷兰人彻底丧失了抵抗意志,揆一向郑成功发出求和信。

在一封用荷兰文写成的信函中,郑成功用严正的声明回复说:

"然台湾者,中国之土地也,久为贵国所踞。今余既来索,则地当归我。"(郑成功《与荷兰守将书》)

几个回合下来,双方终于坐下谈判。这些谈判的信函,至今仍保存在荷兰海牙国家档案馆。当纪录片《闽南望族》的导演王葆春辗转接到来自荷兰的珍贵信函影印件时,这位深入台湾社会拍摄纪录片已达100多天的大陆导演不禁潸然泪下,刹那间他似乎看见了一身麻袍淡定坐在谈判桌后面那位"国姓爷",就因为这个"国姓",因为大厦已倾之际亡命天涯的国君一个委托,为了一个实际上已不存在的王朝,他鏖战海天,孤悬海外……

郑成功永久性收复了被荷兰人盘踞了38年的台湾,标志着黄河文明从内陆迈向海洋,迈向不失道统的契约文明。

中国人的海上力量从此奠定,一直延续到近200年之后的鸦片战争爆发之前。

"为天地立心,为生民立命,为往圣继绝学,为万世开太平。"宋代巨儒张载为中国古代知识分子树立的目标,怎么看都像是为郑成功量身定制。

接下来,郑成功废除荷兰人的殖民体制和机构,继续奉南明永历政权为正统,改赤崁城为东都明京,设一府两县,府为承天府,县为天兴县与万年县,寓兵于农,大兴军屯,建立起与中国大陆同构的府系政体以及一脉相承的文化联系。而今在台湾,很多地方都有类似下营、官田这样的地名,使人想起郑成功的开拓之功。

然而就在台湾业已回归、宏图即将大展之际,1662 年 6 月 23 日,郑成功却因病逝世,年仅 39 岁。

传说康熙皇帝得悉郑成功去世,亲撰挽联:

四镇多二心,两岛屯师,敢向东南争半壁;

诸王无寸土,一隅抗志,方知海外有孤忠。

在康熙帝看来,至死都忠于明皇室的郑成功,恰恰显示了其忠贞不贰的人格;而这位英年早逝的风云人物,亦足以引发他的英雄相惜之情。

郑成功逝世后,其长子郑经承袭了南明永历政权赐予郑家的延平王爵位,聘请他的老师陈永华以咨议参军的身份辅佐国政,继续经营台湾。

陈永华辅政期间,一是立孔庙、建学校,全台设立国子监,各府县建立府学、县学,以科举取士,激励和培育人才,大大推动了华夏文明在台湾的传播;接下来,他在经济方面大力发展农业生产,发展制糖业、晒盐业,后来台湾能够成为一个发达的农业经济区,陈永华功不可没。

但同样是天不假年,陈永华 46 岁时病逝。

陈永华死后第二年,郑经也以 40 岁的壮年遽然离世,由郑成功开创的台湾中兴局面戛然而止。而随着厦门、金门等地相继被清军拿下,清王朝对郑氏的压力也在日益增强。

此时的清王朝刚刚进入所谓康乾盛世初期。1681 年,康熙平定了持续 8 年之久的"三藩之乱"后,接下来收复台湾已成为不可逆转的历史趋势。1683 年 6 月 17 日,康熙下令以施琅为福建水师提督,出兵攻台。

1683年9月3日,施琅从当年郑成功收复台湾的鹿耳门进入台南受降,统治台湾22年的明郑政权就此终结。

1684年4月,清王朝在福建省建制下设置台湾府。从此,台湾正式纳入一个统一的多民族国家。随后,康熙帝下诏:"朱成功系明世之遗臣,非朕之乱臣贼子,敕遣官护送成功及子经两柩,归葬南安,置守冢,建祠祀之。"(摘自福建南安发现的清代圣旨手抄件)清王朝遂将郑成功、郑经父子灵柩迁回大陆故里泉州南安覆船山安葬。

在清朝治理台湾时期,汉人移民和屯垦有了更大规模的进展。至1895年甲午战争前夕,台湾中原籍人口由20余万增至300万人。

1663年,也就是郑成功去世的第二年,台湾就出现了一尊神,叫作开台圣王。至今,全台祭祀"开台圣王"郑成功的寺庙祠堂有120多座。在台湾人心目中,郑成功始终都是他们的保护神。

岁月悠悠,400年对于宇宙只是眨眼间,人世却已沧桑。据王葆春导演说,当年荷兰人侵台、郑成功入台的卡口水域都已成了鱼塘与稻田,而"国姓爷"的香火却是越发盛大。

台南的延平郡王祠,一副晚清重臣沈葆桢所作的楹联赫然入目:

开万古得未曾有之奇,洪荒留此山川,作遗民世界;

极一生无可如何之遇,缺憾还诸天地,是创格完人。

十六　孤鹜落霞

　　1841年（道光二十一年），即中英鸦片战争第二年，因禁烟抗英而获罪的两广原总督、钦差大臣林则徐被革职查办，从广东发配新疆伊犁充军。

　　林则徐与同时代启蒙思想家魏源一样，主张"睁开眼睛看世界"，曾多次上书，指陈鸦片的危害和海防的重要性，却屡屡遭到朝廷的漠视甚至训斥。

　　在没有飞机、火车、汽车的年代，从广东到新疆，这是一个何等漫长苦涩的充军之旅。

　　这一年的中国不太平。爆发于头年6月的中英鸦片战争由短暂相持进入第二阶段。1841年1月7日，英军突然攻占虎门大角、沙角炮台，清守军拼死抵抗，在死伤700余人、战船沉毁10多艘之后，接替林则徐的两广总督琦善被迫与英方驻华总监义律签订了《穿鼻草约》，条约第一款就是将香港岛租让给英国。

　　这一年的黄河不太平。当年6月，黄河从河南开封府城西北祥符汛31堡漫堤决口，以汹涌之势冲垮护城堤，泛滥开封城。适逢淫雨，水势日涨，开封城墙坍塌十六段一百二十余丈，街市水深数尺或丈余，"横流所过成荒沙"，"水面浮尸如乱麻"，"城中万户皆哭声"，

"是时在官同震惊",(清·朱琦《河决行》)一些文武官员甚至集议放弃开封,迁省会于洛阳,完全罔顾下游万千民命。一片哀号声中,滚滚洪流一泻千里,河南开封、商丘、淮阳,安徽凤阳、太和、五河等六府二十三州县顿成泽国。清廷震恐,不得不派重臣王鼎前去主持抗汛堵口。而王鼎恰与贬放新疆途中的林则徐素为好友,深知林不仅刚毅,擅长理政,治河理水的经验也十分丰富。

说起来林则徐与黄河,也真的是老相识了。黄河河务历来是清王朝的一大政务,拨专款,选能臣,专门设立了主管黄河事务的河东河道总督(也称东河河道总督或东河总督,驻节山东济宁),总辖河南、山东两省境内的黄河事务。但多年来河官们利用河务中饱私囊,因循苟且,久已形成顽疾,每年徒费大量公帑,还没断了水患。至道光十一年,朝廷终于痛下决心,决定整治,千挑万选,选中了"出膺外任已历十年,品学俱优,办事细心可靠"的林则徐,特授其为东河总督。林则徐在不到半年的时间里,不仅在治理黄河堤防,而且在整饬吏治、扭转风气等方面都成效显著,深得皇帝好评:"向来河工……从未有如此认真者","动则如此勤劳,弊自绝矣。作官皆当如此,河工尤当如是。吁! 若是者鲜矣"。

林则徐初到任的时候正值隆冬,下车伊始,他就立即投入河务。一面督修运河,一面敕令豫、鲁两省黄河地段各道厅加意慎防,不许稍涉松懈,以防河道中的积冰冲击堤岸,对于所遇到的积存冰块,要随时敲打,使之顺流东注除去壅遏之患。同时,又及时把年内为河堤增培土工所需的银两依所涉之道按次发放。等到立春过后,河冰渐解,豫、鲁黄河安然无恙。

道光十二年春节未已,林则徐便前往河南东部察看黄河两岸各防厅的料垛情况。根据修防的需要,料垛必须放在工段附近,这样一来与从河中挖出的冰块、冻土及其他兴工杂料混合相间,再加上兵夫住宿的堡房,狭窄的河堤就显得十分拥挤。但也正因为如此,河吏们得到了贪污作弊的机会。多年来,他们为此玩出了许多花样。如把形象工程"门垛"下面架井虚空,或用腐烂的秸秆充塞,曰之"滩垛""底厂",更有理旧翻新名曰"并垛",以旧盖新名曰"戴帽"。如此,则关乎无数百姓生命的河工第一要务就变成了修防第一弊端。林则徐在出发前就已经知道"堆料积弊,更仆难终",通过细查勘验,进一步认识到它们对河防的隐患之巨,于是决心革除流弊。他亲自从黄河北岸的曹考厅查起,一直往西到黄沁厅,然后问渡而南顺流东查,再从归河渡过北岸,查验下游的曹河、粮河两厅,计时一月有余。"豫东黄河多至十数厅,所储岁料数千垛,皆徒步抽验其虚实。"在河南兰仪厅蔡家楼查验出霉烂短斤的垛底掺杂潮湿物料时,林则徐立即决定将该厅同知撤职,并勒令其赔偿损失。大规模的全面检查结束后,林则徐专门上了一道《查验豫东各厅料垛完竣折》,详细陈述河工诸弊及其整顿的情况,"以仰圣慰"。从现有史料看,作为黄河东河总督,他曾先后上奏二十六折。3月,林则徐进一步勘查了河南境内黄河南岸睢宁厅、商虞厅虞城上汛、上南和厅荥泽汛、兰仪厅兰阳汛等地,每到一处,都要亲自步入滩头堤上,"谆嘱各道预筹防守大汛事宜,以免临时周章"。

林则徐身为河督,任上虽然只有近半年的时间,却颇多建树,博得了河兵和两岸居民的啧啧称赞,以至于他每到一地兵夫居民观者如堵。

林则徐从政向来清正,"驭左右严"。早在做江南道监察御史的时候,林则徐为官第一次接触黄河事务,就依法查处了河南黄河工事舞弊案。那是嘉庆二十五年,黄河在武陟马营口决口,后又在河南兰考南岸决口,泛滥成灾,清廷出重帑予以整修,但绩效并不明显。一个重要原因就是当时因河务失职已经被褫去河南巡抚职务仅以主事衔留办河工的琦善仍然措置无方,致使料贩乘机囤积居奇,河工待料迟延,终于招致洪水再度肆虐。林则徐经过调查核实真情后,愤然上奏予以揭露,并建议敕令地方官吏"严密查封,平价收买,以济工需"。该建议得嘉庆帝允许而实施,保质保量完成了任务。林授任河督之后,更是坚持依法办事,对渎职失职人员依法查处,严惩不贷,任河督期间先后处理多名惩责官员、吏属与兵丁。林则徐"以防意者防川,以纠心者纠吏"的严法治黄,给河吏们以极大震动,以至东河之吏属官员"闻公至,皆悚励惧,旦夕严劲",先自警惕起来,想腐不敢腐,敢腐不能腐;也使"工员难以藏掩","群吏公牍,不能以虚词进,风气为之一变"。

林则徐治理黄河与以往的另一个重大区别是不墨守成规,注重调查研究,不断总结经验教训,摸索新方法、新路子。如,他总结出了用碎石抢险的经验和边施工边起净"泥龙"以提高工速的办法。以前,每当河水湍急冲击堤岸时,人们往往束手无策,后来想出来用碎石自堤上往下倾倒,大力加固堤坝的方法,而且实践证明因此使堤坝不至于溃塌,功效甚著。林则徐虽未亲身经历,但面对人言凿凿、异口同声,便在埽前有碎石的地方,细加测量,悉心揣度,"缘埽工势成陡立,溜行迅急,每易淘深,是以埽前之水辄至数丈,而碎石斜分入水,铺作坦坡,既以偎护埽根,并可纡回溜势"。(《皇朝经世文续编》)

林则徐经过实地考察,对河工形势有了较多了解之后,在治属寓所墙壁上绘制了黄河形势图作为指挥施工的依据,"孰夷孰险,一览而得",大大增强了管理的科学性。

另外,对于黄河防洪过程中多少年屡决屡堵、屡堵屡决的周期性循环作业,林则徐也念念在心。他用心研究历史上的黄河流路,初步形成了后来由魏源提出的改黄河由千乘即利津河入海的一揽子构想。但是因为不久林则徐即奉调任江苏巡抚,更因为这种治河方案是个"非常之议",既可能引起黎民恐慌,也为风水之说、流言蜚语所阻,最终林则徐未能把它直接上书给朝廷。

想到林则徐治河的种种不俗业绩,王鼎立即给朝廷上书,力荐流放途中刚到扬州的林大人转道河东前来襄办河工。眼看河势严峻到了不可收拾的地步,道光皇帝不得已允准了王鼎的奏折,发上谕命林则徐"免遣戍,襄办东河河工"。

开封士绅和民众听说林则徐将来,无不大喜,奔走相告。十六日,林则徐戴罪来到祥符工地,但见黄水滔滔,他顾不得途程疲惫和贬谪屈辱的心情,即刻驻扎祥符六堡,参与指挥堵口工程。

他首先建议王鼎趁秋季少雨时节,立即组织两岸受灾民众赶造挑水大坝。之后,"追随星使(王鼎),朝夕驻坝",昼夜勤劳,"日夜坐与士卒同奋锸",但终因疲劳过度多病并发。9月,又抱病在河工工地核查灾情,丈量地段长三百零三丈,勘明下游六府二十三州县受灾人数。然而令人痛心的是,就在这样的非常时刻,一些被查出猫腻的贪官污吏见林则徐如此卖力,竟制造出种种流言对林进行中伤。面对"苛刻催促之名,已纷然传播"的情势,林则徐不退让、不躲避,抱定"肝胆披沥通幽明,亿兆命重身家轻"的信念,继续早出晚归,辛劳奔波。

9月之后,黄河大溜日渐松缓,水情趋于稳定,很少会发生大的涨水,加上经过前三个阶段的城池"沿城厢埽"防护,洪水已被逼而远离开封西、北、东三门,东西两股渐成河形,实际上起着引洪分泄作用,故开封城池渐趋稳定。林则徐工作重点逐步转移到以堵塞黄河大堤决口为中心。9月1日,筹备堵口工程。10月20日,西坝开工。11月2日,东坝开工。道光二十二年正月初四合龙时,由于引河水流不畅,故合而复开,大溜仍拥逼口门,直到2月8日寅时才完成合龙。

今日开封黄河南大堤从马头至小马圈一段北上就是当时林则徐主持堵塞黄河决口而新筑的黄河大堤。因当时决口的口门较大,堵塞困难,遂在马头和小马圈分别筑西坝、东坝,最后在柳园口附近合龙。

然而在朝廷看来,林则徐惹的祸实在是太大了,此时英军风头正劲,"主和派"在朝廷中居压倒之势,认为即便黄河堵口大功告成,罪臣依然是功不抵过。很快,道光帝旨意火速传到祥符,命林则徐:"于合龙后,着仍往伊犁。"开封百姓闻之,无不扼腕叹息,更有潸然泣下者默守于道,目送林大人未及揩尽身上泥浆,即走上漫漫流放路。

王鼎回到北京后,向道光皇帝痛陈割让香港签订协议对国家民族的长久危害,怒斥"主和派"首领、首席军机大臣穆彰阿为当代秦桧、严嵩。由于道光皇帝妥协求和主意已定,王鼎在廷谏、哭谏均告失败之后,决心以"尸谏回天听"。1842 年 6 月 8 日深夜,怀揣"条约不可轻许,恶例不可轻开,穆不可任,林(林则徐)不可弃也"的遗疏,自缢于圆明园。

王鼎死谏后 81 天,《中英南京条约》签订,第一次鸦片战争以大清朝完败落幕。

作为政治活动的重要组成部分,林则徐治理黄河断断续续前后共计 23 年,集中在河南布政使任上,河东河道总督时期和广州禁烟革职西戍留河襄工期间。林则徐在致友人的信中曾对自己的治河体会做了概括:"工次之事,总以勤、慎、廉、和四字处之。"然而正所谓"才自清明志自高,生于末世运偏消",大厦将倾,林则徐、王鼎虽殚精竭虑,然累代所积颓势实难挽回。回顾戴罪于河南襄办河工这段经历,林则徐不无痛心地说:"中州河事,旧腊本可合龙,所以迟回反复者,只由于在工文武,心力难齐,譬如外科之治疡疽,未必肯令一药而愈。迨局势屡变,几成大险之症,而向之明知易愈而不愿其遽愈者,至此亦坐视而莫知所措,言之可谓寒心。"(以上引自《林则徐全集》)

1850 年初冬,65 岁的禁烟英雄、治河名臣林则徐被朝廷重新起用为钦差大臣外任广西。当一行人路经广东普宁时,林则徐突然暴病身亡。

林则徐死后两年,魏源在其《筹河篇》中延展林氏改革思想,疾呼黄河人工改道。结果,黄河于咸丰五年,即公元 1855 年在铜瓦厢如预言般地改道了。

河与海的变迁,预示了清王朝的没落与三千年未有之大变局的到来。百年孤独、百年挣扎之后,一个被黄河所困扰和鞭策的民族必将像黄河一样怒吼,并冲破束缚,光复未来!

至今,在开封柳园口"林公堤",每年还有络绎不绝的市民和各地游客慕名而来,拜谒先贤。抚今追昔,他们也许看见的还不光是林则徐如远古大禹治水般的矫健身姿,还依稀看见了这位曾经的大河官、士大夫、钦差大臣,吟诵着"苟利国家生死以,岂因祸福避趋之"的诗句,沿黄河一路西去的背影,蹒跚而踟蹰,步步惊心。

十七　古都沉浮

　　按照《二十四史》记载的朝代，从三皇五帝、夏、商、两周、秦、两汉、两晋、隋、唐、两宋、元、明到清朝，都被认为是正统的中原王朝。它们相对应的都城主要有：洛阳、郑州、安阳、咸阳、西安、开封、杭州、南京、北京。

　　"天下黄河九十九道湾，湾湾都有金銮殿。"中国古都多数建在黄河流域，黄河及其支流供水保证率以及安澜与否是维系社稷江山所必须考虑的。比如明朝移都北京，跨越黄河的大运河，成为当时国家最重要的漕运交通大动脉。黄河宁则运河宁，运河宁则朝廷无虑、天下无忧。因此，明朝从朱棣开始，谁也没敢忽视过黄河。清朝入关，定都北京，对黄河的治理更是历代王朝投入人力物力最多的。

　　一部古都变迁史，大半部中华文明史。

　　三皇五帝时期，先民们已走出山林，走到河边，所谓"陶河滨""治五气，艺五种，抚万民，度四方"（《史记·五帝本纪》）。古书记载"黄帝造五城"，城不仅仅是防御工事和贸易集市，有了城，才有了行政管理中心和国家治理体系，才有了文明的繁衍。

　　"三皇五帝"之后，就到了"夏商周断代工程"所要面对的第一个王朝——夏。

夏朝的国都在哪里?

传统上一直认为河南禹州是夏都,理由是据《三家注史记》引《帝王纪》:"禹受封为夏伯,在《禹贡》豫州外方之南,今河南阳翟(禹州)是也。"据《竹书纪年》记载:"帝(启)即位于夏邑,大飨诸侯于钧台。"《水经注》载:"颍水自竭东径阳翟县故城北,夏禹始封于此,为夏国。"钧台遗址,现位于禹州北城区;另有传说禹州城西北康城村即夏代少康中兴之城,直到1980年代,这个残破的城垣还屹立在颍河北岸的田野上。因为年代久远,当地百姓又称此城为"鬼修城"。

从田野考古发掘来看,全国文物保护单位瓦店遗址也是夏代早期的一个大型聚落。它位于禹州市瓦店村东部和西北部的台地上,主要包含有龙山文化的早、中、晚期遗存,并以晚期遗存为主。遗址内最重要的发现是大型夯土建筑基址,还在夯土中发现了用于奠基的人牲遗骸数具以及以精美陶酒器、玉鸟、玉璧、玉铲和大卜骨为代表的遗存,都表明此遗址在河南龙山文化晚期的规格是很高的。

除河南禹州外,山西夏县也被认为是夏都之一。山西夏县政府网站这样介绍夏县的由来:夏县,古称安邑,是中华民族的发祥地之一,因我国奴隶制社会第一个王朝——夏朝在此建都而得名,号称"华夏第一都"。

山西夏县为"华夏第一都",除地名支持外,还有历史传承、地理环境因素的支撑。山西是"三皇五帝"中后二帝尧、舜部族活动的主要区域,与夏县一河之隔的河南省渑池县仰韶村是中华文明考古学源头——仰韶文化的命名地。距夏县不远的襄汾陶寺村发现了具有龙山文化晚期都邑性质的人类聚落遗址。根据发掘出的城址、大型墓葬、公共设施、石器、骨器、陶器、木器以及鼓、特磬、陶铃、铜铃、陶埙等成系列乐器的分析研究,有专家学者认为陶寺遗址就是帝尧都城所在,是较早的"中国"。

河南登封王城岗一带历来是盛产传说的地方。由于先后发现了战国时代的阳城遗址以及龙山文化晚期的小城、大城,所以人们开始把它和"禹都阳城"或"鲧作城"联系起来。最新的解读是,王城岗小城有可能为"鲧作城",而大城才是"禹都阳城"。

根据田野调查发现的登封地区龙山文化晚期聚落基本情况,很可能王城岗城址建设工程,是动员了以王城岗为中心的整个聚落群的力量来共同完成的。由如此广大地域的社会动员能力来推论,有学者认为可以断定阳城应属于夏王朝的一个都城。

关于夏都的认定,近年来全国重点文物保护单位——河南偃师二里头遗址的发现是一个很大的挑战,二里头遗址也是中华文明探源工程确认的首批重点六大都邑之一。

根据众多史料记载,夏都斟鄩的位置大致在伊洛平原。《竹书纪年》记载:"帝(太康)即位,居斟鄩,畋于洛表。羿入居斟鄩。""帝(仲康)即位,据斟鄩。""帝(癸,即桀)即位,据斟鄩。"《史记正义》引《汲冢古文》云:"太康居斟鄩,羿亦居之,桀又居之。"《括地志》云:"故鄩城在洛州巩县西南五十八里,盖桀所居也。"羿即后羿,相传为东方夷族的一个首领,他乘太康怠政而入居斟鄩,并乘太康畋猎而拒太康于外。太康卒,扶仲康即王位,仍居斟鄩。《史记·孙子吴起列传》载:"夏桀之居,左河济,右泰华,伊阙在其南,羊肠在其北。"《国语·周语上》载:"昔伊、洛竭,而夏亡。"

二里头遗址位于洛阳盆地东部的偃师市境内,背靠黄河,南临古洛河,北依邙山,共 3.7 平方公里,所在区位与典籍所说的斟鄩大体一致。根据碳十四测年结果,二里头遗址年代分布约为公元前1750 年至公元前 1500 年。1950 年代末至 1990 年代,考古人员对该遗址进行了长时期分阶段的发掘调查,发现了大型宫殿、居民区、制陶作坊、铸铜作坊、窖穴、墓葬等遗迹,出土大量陶器、青铜器、玉器、漆器、象牙器、绿松石器等。其中的青铜爵是目前所知中国最早的青铜器。于是众多考古学家认为,二里头文化遗址就是夏代都城遗址,即夏斟鄩的所在地。

这一庞大的中心城市最终在二里岗文化晚期沦为一般聚落,遗存仅见小型房址、灰坑、墓葬等,它们叠压或打破了二里头文化的宫殿基址。此后,聚落彻底废毁。

二里头遗址的宫城,是迄今可确认的中国较早的宫城遗迹。它上承郑州西山古城遗址,巩义双槐树河洛古国遗址,下接郑州商王城遗址,规划缜密、布局严整,其设计思路和建筑格局开中国古代都城规制之先河,对后世都城建筑思想影响极大。

扑朔迷离的夏都王冠,究竟花落何方? 经过长期考证研究,著名考古学家李伯谦认为,史传"禹都阳城"登封王城岗应该是早期夏都,偃师二里头则是少康中兴之后的末代夏都。从阳城到二里头,即从禹到夏桀,也就是著名的所谓"其兴也勃焉,其亡也忽焉"(《左传·庄公十一年》)历史周期。

还有更多关于夏都的观点,都有各自的地望和证据支撑。事实上,4000 年之前的夏都也不可能只在一处一待就是 400 多年。从今天的认识来看,大禹因水系而划分九州也是一个区块链思维,从洪水管理到国家治理,九州之治代表了从治水到治国的一个完整体系。在大禹改制后,夏代经历了太康失国,后羿僭主,寒浞、浇之变,少康中兴等重大历史动荡,这些都会影响王都去留。只要没有后来新兴的"天子"革了它的命,王都可以在它的疆域的中心区域任意腾挪,而不必在意东都还是西都、南城还是北城。

然而,中国历史上没有任何一个王朝是可以"万岁"的。史载公元前 1600 年夏朝被商朝所灭,开始了一个新的历史周期。

　　继夏代之后,商代是中国历史上第二个世袭制王朝。商人自始祖契至成汤已延续共 14 世,到成汤时终于羽翼丰满。汤以亳为都,推行德治和宽民政策,建立起根深蒂固的政治中心。这时,夏王桀的统治出现了危机。成汤乘机先征服邻近的夏属葛国,再采取一一翦除夏朝羽翼的策略,对位于夏、商之间的豕韦、顾国、昆吾等属国实施各个击破,大大孤立了夏王朝的统治。

　　大约在公元前 1600 年,商汤正式兴兵伐夏,作《汤誓》,申明“有夏多罪,天命殛之”“时日曷丧? 予及汝皆亡。夏德若兹,今朕必往”。这番誓师,极大地振奋了士气。接着,商汤率战车 70 乘、敢死队 6000 人猛攻夏都。夏桀仓促率王师与商军接战于鸣条,结果夏军大败。商汤回师西亳,召开“景亳之命”大会,自此取得了天下共主的地位。

　　20 世纪初,自从发现了商代晚期都城安阳殷墟之后,考古学界就被一个世纪难题困扰着:下一步,该去哪里寻找那个早期的商都呢? 古代文献中屡屡提及的亳都究竟在何方?

　　关于商代早期都城的发现,还要从上世纪 50 年代初说起。那是一个普通的黄昏,一位叫韩维周的小学教师在郑州二里岗散步。突然,一片破碎的古瓷片呈现在他的眼前。做梦也想不到的是,他竟无意中撩开了 3600 年前一个神秘王朝的面纱。重构历史,一个惊人的世纪考古大发现从此起步。

　　郑州处于古黄河冲积扇顶点以及黄土高原向华北平原过渡的关键节点,历来都是兵家必争之地。2004 年 11 月 5 日,长达半个多世纪的郑州商城考古发掘尘埃落定。根据国家“夏商周断代工程”最新考古成果,郑州以早期商都的身份正式加盟“中国八大古都”和“世界历史都市联盟”。

　　郑州商城在中国文明史上的地位从此确立,郑州身世大白天下。

呈现在一代又一代考古学家面前的,是一座占地25平方公里的古城,由外城、内城、宫城和护城河组成。其中内城城垣长达7公里,历经3600年风雨,至今仍然挺立在城市中心。在内城和外城之间发掘出的青铜器杜岭方鼎是中国年代最早、体量最大、铸造完美、保存较完整的"国之重器"。

商朝的建立,使古代文明的进步获得转机。"汤十一征而无敌于天下"。这一时期,以郑州商城为中心的青铜文明大规模向四周传播,从北方地区到长江流域,从甘肃、青海地区到东海之滨都出现了中原青铜文明的轨迹。青铜文明的强有力扩展,不仅使商王朝的领域空前延伸,而且带动更为广阔的疆域迈入了青铜时代。在世界范围内,中国成为享有盛名的青铜文明古国。

商朝王都照例迁徙频繁,自先商到晚商共14次迁都。至盘庚迁殷(即今天的河南安阳)后,王都才稳定下来,因此商朝又被后世称为"殷"或"殷商"。

安阳位于黄河冲积平原西北端,背山面水,在当时的环境下,是建城立都的好地方。历史上,先后有商朝、曹魏、后赵、冉魏、前燕、东魏、北齐等在安阳建都。然而,王朝气数毕竟有限,盘庚迁殷273年之后,到了商纣王时代,帝都大限还是到来了。

商朝末年,世代经营于渭水流域的周部族迅速崛起,引起商王朝的警觉。商王文丁设计软禁了周部族首领季历,使其死于狱中;后来,商纣王又将西伯姬昌囚禁于羑里,致使商周之间的矛盾进一步激化。此时,周邦属地在大商疆域上已是"三分天下有其二",形成对商王朝的压倒性优势。姬昌在翦商大业完成前夕猝然病故,其子姬发继位。据利簋(又名"武王征商簋")铭文记载:"武王征商,唯甲子朝,岁鼎,克昏夙有商。"雄才大略的周武王经过孟津会盟各路诸侯,作《泰誓》:"今殷王纣乃用其妇人之言,自绝于天,毁坏其三正,离逷其王父母弟,乃断弃其先祖之乐,乃为淫声,用变乱正声,怡说妇人。故今予发维共行天罚。勉哉夫子,不可再,不可三!"

周武王以商纣王自绝于天、三观不正为理由,誓师伐纣。据说大军渡过黄河后,路过覃怀,因武王豪情满满,祈望武运长久,将此地更名为"武陟"。又途经宁邑境时,遇暴雨三日而不能行,就地驻扎休整,修兵练武,后改宁邑为"修武"。武王北伐军士气高昂,势如破竹,昼夜之间就将商朝倾覆,在岁星当空的甲子日早晨,讨纣联军一举占领了朝歌。回师途中,周武王路过伊洛河畔,一时兴起,筑城为志,取名偃师,意即"息偃戎师",祈愿自此天下太平。

周朝建都于镐,位处渭河支流。镐京得秦岭山水之利,依靠关中渭河,进退中原占尽地利之便。自此开始,在长达两千余年的华夏王朝更替中,王都始终在渭河下游—黄河中下游之间呈东西向轮换变更。

在周平王迁都洛邑建立东周之前,洛邑已经是一座颇有名气的城市了。西周青铜器何尊的铭文中有周成王营建成周(洛阳)的记载,其中"宅兹中国"是"中国"一词迄今发现的最早来源。然而,东周时期的春秋战国也是华夏文明史上著名的乱世。盛世有道,乱世亦有道。汉字被广泛使用的时代正是东周中前期。伴随周室动荡,历来作为皇室独有的用来祭祀、占卜和记事的文字(金文)大量流传至民间,并进一步传播到各国后,于春秋中期形成了泛中原的汉文字体系。

进入战国时代之后,周天子对于列国的实际统治已经越来越微弱。战国末期,秦孝公任用商鞅进行变法,秦国迅速强盛起来。此后数十年间,秦国出关东、合六国,最终由秦始皇完成了中华民族第一次大一统。为了有利于掌控天下,秦始皇把他的国都从雍城(今陕西宝鸡凤翔县境内,秦国在雍城建都长达294年)迁到咸阳,大修宫室,"六王毕,四海一,蜀山兀,阿房出",极尽奢华。然而,"眼看他起朱楼,眼看他宴宾客,眼看他楼塌了"(《桃花扇》),秦帝国在完成统一大业之后,焚书坑儒,暴虐百姓,仅仅15年就"坑灰未冷山东乱"(唐·章碣《焚书坑》),被"不读书"的项羽一把火烧了帝都鳞次栉比的豪华宫殿群。

项羽火烧咸阳,也差不多让自己走上了末路。楚汉争霸,汉高祖刘邦得胜,建立汉朝,定都长安。汉武帝时,司马相如以"荡荡乎八川分流,相背而异态"描绘长安的生态之美。此后,"八水绕长安"就成为这个千古帝都的地标性称谓,泾、渭、灞、浐、涝、潏、沣、滈,诗情画意,一个都不能少。

公元前109年,汉武帝刘彻率领文武百官来到濮阳。这一年,他已在皇位上30年了,西域凿开了,河西走廊打通了,文治武功攒了一大堆。唯一的心病,就是眼前这条决了23年口子的黄河。濮阳位于黄河冲积扇的中心地带,黄河从这里决口泛滥,冲巨野,泛江淮,淹十六郡,等于在他庞大的帝国腹部捅了一刀。

于是,从泰山封禅回来,汉武帝亲临河工现场,指挥瓠子堵口。白马玉璧抛进了洪流之中,皇帝念念有词,祭祀河神。接着,他命令大将军以下百官亲自动手,参加堵口劳动。堵口需要薪柴,汉武帝一声令下,将百里之外的淇园竹林砍了个精光。

尽管瓠子堵口最终合龙,水患平息,但汉武帝惊魂未定,作《瓠子歌》纪事抒怀,大放悲声:瓠子决兮将奈何,浩浩瀚瀚兮闾殚为河!殚为河兮地不得宁,功无已时兮吾山平……为我谓河伯兮何不仁,泛滥不止兮愁吾人……

汉武帝的悲悯之歌激起了将士们怎样的抗洪救灾激情,《史记》没有记载,但多年后太史公司马迁在《史记》中追忆道:"甚哉!水之为利害也。余从负薪塞宣房,悲《瓠子》之诗而作《河渠书》。"在此次抗洪救灾中,司马迁不仅背负柴薪填塞宣房决口,还因亲耳聆听到汉武大帝的《瓠子歌》悲从心起,在《史记》中开创性地写下《河渠书》以铭记水事的利与害。

位于河南省濮阳县新习乡焦二寨村北约 1500 米处的宣房宫,虽是当年为汉武帝所建行宫的旧址,但它已经不再是汉家宅院。留下的,只有汉代的一头石狮子。汉武帝是泰山封禅后顺路视察瓠子口工地的,这在《瓠子歌》中说得很清楚:"不封禅兮安知外!"但到了百姓的口中,这段历史又有了新的诠释:封禅,雌性是不能参与的,所以宣房宫前只能放一头公狮子把门。

西汉时,黄河大堤进一步修葺完善。一些重要的险工段改为石工,并出现了挑流、护岸等河工工程。汉堤起自今郑州,下游几乎抵达入海口,形成干流堤防工程体系,至今遗迹犹存。有堤防保护的土地被垦殖为肥沃的农田,黄河下游两岸成为人口稠密、百业繁荣的重要经济区。同时由于河道被约束,黄河主河槽淤积加快,地上"悬河"逐渐形成。汉文帝十二年,黄河自周定王时期宿胥口决口之后再次决口,此后逐渐频繁。自汉武帝开始,治黄和水利活动成为国家的要务,"用事者争言水利"(《史记·河渠书》)。

在汉武帝统治的 50 余年中,先后在关中地区修建一系列大型水利工程,使这里迅速发展成为当时全国著名的经济区。据史书记载,关中在土地仅占全国 1/3,人口仅占全国 3/10 的情况下,创造的财政收入则占全国的 60%。这一成果不仅巩固了京都长安在全国的政治经济中心地位,也显著提升了汉代综合国力,为汉王朝开拓西域提供了坚强的物质保证。

罢黜百家,独尊儒术。黄河文明在霍去病的马背上翻越乌鞘岭、远征戈壁滩,扩展到河西走廊乃至以西广大地区。儒家"刚健有为"的理念取代了汉初"清静无为"的"黄老之学",成为国家意识形态。

王莽篡汉后,建立新朝。光武帝刘秀兴复汉室,迁都洛阳,开启了东汉王朝。左思一篇《三都赋》,曾使"洛阳纸贵""汉魏文章半洛阳",揽尽天下文华。

西安——洛阳,黄河牵手渭水、洛水,发轫关中、铸鼎中原,直至官渡之战后,曹操统一北方,三足鼎立,演绎出叱咤风云的三国大戏。

在浩荡奔流的黄河见证下,华夏一次又一次走向统一,打碎,统一,再打碎,再统一。隋代开凿了世界著名的隋唐大运河,沟通南北、连贯东西,为随之而来的大唐盛世奠定了国力基础。

唐朝疆域极其辽阔,极盛时东起日本海、南据安南、西抵咸海、北逾贝加尔湖,向其朝贡之国多达300余个,是中国自秦以来第一个未修拒胡长城而实现强国的大一统王朝。唐太宗被四夷各族尊为天可汗。唐朝通过遣唐使等制度向亚欧国家开放国门,输出黄河文明与中原文化,使日本、南诏、新罗、渤海等藩属国纷纷派送留学生前往大唐进行研习与交流,促使大唐社会经济、文化、艺术等领域呈现出多元化、开放性等特点,诗、书、画、乐等方面涌现出大量文化巨人,如诗仙李白、诗圣杜甫、"口语诗"代表人物白居易,书法家颜真卿,画圣吴道子,音乐家李龟年等。史称"盛唐气象"。

公元960年的一天,黄河下游北岸封丘的陈桥驿突然喊声大作,声震原野,校尉们把备好的黄袍披在后周大将赵匡胤身上。在场的人一齐下跪,高呼"万岁"。

其实,这正是赵匡胤们早已谋划好的"陈桥兵变"。从这一天开始,就像周而复始地循环着的黄河一样,一个新的历史周期启动了。那天早晨,赵匡胤将坐骑稳稳地系在一棵古槐树上,后人称之为"系马槐"。直到1000多年后,即上世纪80年代,这棵历尽沧桑的古槐树才寿终正寝。

黄袍加身的大将军很快班师回朝,废了后周皇帝柴宗训,开创了统一的宋王朝。政权更迭势如破竹,又未诉诸暴力,赵匡胤们上演了一场中国特色的、成本最小、效益又极好的"光荣革命"。只是"革命"之后并未产生一个分权的中央政府,所以只能加引号以与后来他国的光荣革命相区别。但从安民的角度,从唐代"安史之乱"到五代十国,中原历经200多年的藩镇割据,至此终于画了一个句号,黄河文明以及华夏民族共同体至此步入一个修复创伤、生肌长肉的新时期,甚至频频爆出亮点,细思也是与这个政权易手方式有一种隐秘联系。宋代的开创者因这场不流血的"光荣革命",创造了不究前朝不站队、不划敌友不折腾的政治范例。为了表示对于前朝下野方式的尊重,据宋人笔记记载,赵匡胤在太庙寝殿的夹室里,镌立了一块七八尺高的"誓碑"。每逢春秋庙祭及新天子即位,参拜列祖列宗后,礼官照例要奏请皇帝恭读誓词。新帝恭诵誓词时,身边只留一名不识字的小黄门官,因而除了皇帝谁也不知道起誓的内容。直到金兵攻占开封以后,太庙遭到洗劫,三条碑文才流传于世,其中第一条即前朝柴氏子孙,有罪不得处以刑罚,纵然犯谋逆大罪,只可于狱中赐其自尽,不得在市曹刑戮,亦不得连坐支属。第二条,不得杀害士大夫,上书言事者无罪。第三条,不加田赋。

开封古称老丘、汴京,位于黄河冲积扇的南翼,是世界上唯一一座城市中轴线从未变动的都城,号称七朝古都。战国时期的魏,五代时期的后梁、后晋、后汉、后周以及北宋和金均在此建都。特别是北宋,这里历经9帝167年,繁荣兴旺达到鼎盛,人物荟萃,城郭恢弘,人口逾百万,富丽甲天下,不仅是全国政治、经济、文化的中心,也是当时世界上最繁华的大都市之一。史书曾以"八荒争凑,万国咸通"来描述当时北宋东京的盛况。直到公元 1126 年"靖康之变"后,金兵越过黄河攻克汴京,北宋灭亡。康王赵构在应天府登基为帝,延续宋统,南渡后迁都临安,史称"南宋"。之后蒙元占领中原。江南地区取代黄河流域成为了华夏文明新的政治、经济、文化中心。从这时上溯至夏代,华夏建都总在黄河支流的长安、洛阳之间上下挪移,左右迁徙,长达三千多年。接下来,中原王朝开始在南北大运河轴线上迁徙与发展,经历又一轮世事沧桑。

十八 轩辕崛起

1855年7月,太平天国运动爆发的第四年,黄河洪水猛涨,河南开封、兰阳、封丘、长垣一带水位急剧飙升。7月30日夜晚,大雨滂沱,水势更加汹涌,北堤封丘一些堤段洪水开始漫顶。31日,兰阳铜瓦厢(一说封丘铜瓦厢)三堡以下的堤段"登时决三四丈"。8月1日,该段堤防全部撕裂,大溜顺北岸低洼处一路东北而去。自此,黄河掉头离开过流737年的徐淮故道,向东北穿越运河,湧夺大清河槽,从山东利津泻入渤海莱州湾,开始了一个新一轮的淤积抬升——决口改道——再淤积抬升的多泥沙河流生命周期。

据黄河水利委员会研究员侯全亮考证,铜瓦厢初名铜牙城,是古代武将驻军的城池。明代在铜瓦厢设管理黄河厅,当时是一处有名的黄河渡口和繁华的集镇,如今已完全沉入黄河泥沙深处。自1855年8月大决口之日起,铜瓦厢东南数百公里的黄河河道自此终结,原本流经山东曹县、单县;安徽砀山、萧县;江苏丰县、沛县、徐州、邳县、睢宁、宿迁、泗阳、淮阴、涟水、阜宁、滨海云梯关汇入黄海的大河迅即化为遗迹。这是黄河距今最近的一次自然决口改道。河决之后,黄水将口门刷宽达七八十丈,一夜之间,黄水北泻,豫、鲁、直三省许多地区顿被波及。而清政府采取"暂行缓堵"的放任态度,无疑进一步加剧了洪灾。一时间黄水浩瀚奔腾,水面横宽数十里甚至数百里不等。由于铜瓦厢地处河南东部,改道之后黄水北徙,流向直隶和山东,"泛滥所至,一片汪洋。远近村落,半露树梢屋脊,即渐有涸出者,亦俱稀泥嫩滩,人马不能驻足"(《再续行水金鉴》)。直隶的开州(今河南濮阳)、长垣(今属河南)、东明(今属山东)等州县,也被汪洋所浸泡。

对于清王朝来说,这是一个十分糟糕的年代。一方面接连两次鸦片战争爆发,使传统农业文明的东方帝国在面对经过启蒙运动、产业革命后的现代工业文明的挑战时显得捉襟见肘,不堪一击;另一方面,持续经年的太平天国运动也使帝国内部危机四伏。

天朝的厄运还不仅仅在于人祸。据统计,清初至鸦片战争近200年间,黄河决口达361次,平均半年一次,与明代平均约7个月决口一次相比,河情每况愈下,越淤越决,越决越淤,朝野上下一时陷入"塞于南难保不溃于北,塞于下难保不溃于上,塞于今岁难保不溃于来岁","竭天下之财赋以事河,古今有此漏卮填壑之政乎?"(《魏源集·筹河篇》)

与第一次鸦片战争相重叠,黄河下游连年发生洪水溃决。就溃决的原因而言,除有历史调查以来1843年最大洪水以外,下游河道淤升、入海口排水不畅是最主要的原因。这是一个危险的信号,预兆着黄河已经到了大改道的前夜。

内忧深重,外患迭起,天灾频仍,一下子将古老的黄河文明推向"数千年未有之变局"。主张"睁开眼睛看世界"的清末著名启蒙思想家、改革家魏源高瞻远瞩,在遵照林则徐遗嘱出版《海国图志》之后,又著惊世骇俗的《筹河篇》,预言黄河必将改道北流。"今则无岁不溃,无药可治,人力纵不改,河亦必自改之"。"由今之河,无变今之道,虽神禹复生不能治,断非改道不为功。人力予改之者,上也,否则待天意自改之,虽非下士所敢议,而亦乌忍不议!"与此同时,魏源大声疾呼西学中用,强烈主张"自强","师夷长技以制夷",并极力将这种思想付诸实践,"吁,国家大利大害,当改者岂惟一河;当改而不改者,亦岂惟一河!"(《魏源集》)

是的,国难当头,岂止黄河要弃旧图新,一个古老的民族更要革故鼎新,睁开眼睛看世界、扑下身子学先进,方能不被急遽变化的世界潮流所抛弃。从13世纪英国"大宪章运动"开始,"法在王上"的宪法原理、人民革命的实质正义、贸易开放等就成为世界文明的基本原则;从15世纪开始,中世纪欧洲至高无上的神权地位就开始被质疑,人的个性、价值与尊严开始被承认、肯定与张扬,以人为中心的人文主义逐步成为普世价值观;从17世纪开始,以伏尔泰、孟德斯鸠、卢梭以及狄德罗为代表的"百科全书派"就以理性精神、法的精神以及契约精神为旗帜,开启了人类的"启蒙时代";从18世纪开始,以蒸汽机为标志的科学技术发明就促成了从英国席卷欧洲乃至世界的工业革命,促成了从工场手工业向大机器生产转折的关键阶段的到来;而从15世纪开始,以哥伦布、麦哲伦为代表的探险家团队由于对新航路开辟而带来的地理大发现,极大地扩展了欧洲人已知世界的边界,人类社会自此由封闭或零星的交流进入一个全球化的新时期。

在世界整体化的趋势下,中国古老的大门被来自海洋彼岸的坚船利炮无情轰开。在黄河频繁决口与外国炮舰轰然作响的可怕交响中,古老文明的应对显得异常艰难,但是答卷却毫不含糊,它就是筚路蓝缕、以启山林达30多年的洋务运动,风风火火而又猝然而死的"百日维新"以及以驱除鞑虏、光复中华为旨归的辛亥革命。

1861年1月11日,清恭亲王奕䜣会同桂良、文祥上奏《通筹夷务全局酌拟章程六条》,宣布推行一项以富国强兵为目标的国家战略,史称洋务运动。这一年安庆内军械所建立,标志着洋务运动落地实施。10 月,"辛酉政变"以后,铲除了朝廷保守势力的慈禧登上了大清统治的高位,为了能够坐稳统治地位,她对洋务派采取了扶植政策,促使洋务派占据了清朝政治舞台的中心,开始大规模引进西方先进的科学技术,兴办近代化军事工业和民用企业,中国近代化历程迅速推进。

洋务运动前期,洋务派以改革先驱魏源首倡的"自强"为旗号,采用西方先进生产技术,创办了一批近代军事工业。在李鸿章等人主持下,江南机器制造总局、金陵制造局、福州船政局、天津机器局等一批大型近代化军工企业相继问世。短短几年,中国就已经具备了铸铁、炼钢以及机器生产各种军工产品的能力,包括大炮、枪械、弹药、水雷和蒸汽轮船等开始陆续装备一些部队,他们还开办了天津北洋水师学堂、广州鱼雷学堂、威海水师学堂、南洋水师学堂、旅顺鱼雷学堂、江南陆军学堂、上海操炮学堂等一批军事院校,走上了与世界先进军事体系接轨的近代化军备道路。

随着军事工业渐成气候,洋务派逐渐认识到,发展民族经济、提升整体国力才是强大国防的基础,能源、钢铁等工业实力要与近代化国防相匹配,要与洋人"商战""争利"。于是,他们在"自强"之后,又提出了"求富"的口号,民用工业和新式交通运输业全面起步。1872 年,李鸿章在上海建立了轮船招商局。这是洋务派创办的第一个民用企业,开办仅三年时间,就为清政府回收了 1300 多万两银子,还将业务发展到外国,打破了外国航运公司长期垄断海运的局面。

改革之轮一旦启动,即一发而不可收,这一时期中国近代矿业、电报业、邮政、铁路等行业相继诞生,轻工业也得到大力发展。1880年,左宗棠创办兰州织呢局,成为中国近代纺织工业的鼻祖。中国近代纺织业、自来水厂、发电厂、机器缫丝、轧花、造纸、印刷、制药、玻璃制造等,都是在 19 世纪七八十年代如雨后春笋般生长起来并一举奠定了中国近代工业的基础。

北洋水师的建立,是洋务运动在军事领域的最高成果,其装备的先进性在世界海军史上都占据了一席之地,号称亚洲第一、世界第九强舰队,并且在培养北洋水师的过程中,还带动了一系列近代企事业的兴起。

然而,1894 年 9 月 17 日,黄海大东沟海域烽烟骤起,随着北洋水师舰队"致远号""经远号""超勇号""扬威号""广甲号"等五艘军舰相继被炸沉或撤离战场,战后清政府被迫签订《马关条约》,宣告了甲午海战以中国失败告终,也宣告了洋务运动最终失败。日本借甲午战争占据了朝鲜、台湾、澎湖列岛和辽东半岛,并获得了 2.315 亿两白银的巨额赔款。清政府苦心经营的亚洲第一大舰队被葬送在波涛之中,标志着清朝海军实力完全丧失,中国半殖民地化程度进一步加深,也给持续 35 年的洋务运动画上了一个句号。

甲午海战的失败固然有中方军力、士兵训练、战场指挥略弱于日本等原因,但根本原因还在于清廷专制政治的腐败,就在战争爆发前夕,慈禧太后还在以海军的名义大肆筹款用来修缮颐和园,就是一例。

多难兴邦!改良与救亡,革命与复兴,成为新时期华夏文明的主旋律。

1898 年(农历戊戌年),为了应对日益深重的国难和政治危机,以康有为、梁启超为首的改良主义者通过光绪皇帝发布"诏书"的方式发动了变法改革运动,"戊戌变法"从 1898 年 6 月 11 日开始实施。其主要内容有:改革政府机构,裁撤冗官,任用维新人士;鼓励私人兴办工矿企业;开办新式学堂吸引人才,翻译西方书籍,传播新思想;创办报刊,开放言论;训练新式陆军海军。同时规定,科举考试废除八股文,取消多余的衙门和无用的官职。

变法内容触及统治集团根本利益,遭到了慈禧为首的守旧派的武力镇压,谭嗣同等"戊戌六君子"惨遭杀害。历时仅 103 天的"戊戌变法"(又称"百日维新")是中华文明应对现代性危机的一次自我调整。由于运动失败,中国失去了一批倾向于在原有体制内实行改革的精英和支持者,代之而起的是主张激烈变革、推翻原有制度和政府的职业革命家。

甲午战争爆发前三个月,1894 年 6 月下旬,行医出身的孙中山关闭了自家的诊所和药房,信心满满北上天津,找到当朝汉族第一高官——直隶总督兼北洋大臣李鸿章,希望能够在李的幕府中谋得一个职务。为此,孙中山精心撰写了一篇建议书,提出了富国强兵的四大纲领,即人能尽其才,地能尽其利,物能尽其用,货能畅其流。孙中山对这次上书看得很重,在某种意义上说,那简直就是背水一战,他将所有的希望都押在了李鸿章身上。但在李鸿章看来,这只是一个初出茅庐的年轻人一次普通的求见,这四点建议也显得很小儿科。于是李鸿章责成手下人递给了求见的陌生小伙儿一本出国护照,意思是小伙子前程远大,不妨出国深造,学成后再论国是。然后推托自己太忙,拒绝了约见的请求。

令李鸿章万万想不到的是,被他无意中拒见的这位青年才俊,从此成为天朝最可怕的敌人。他此后的所有人生目标,集中到一点,那就是唤醒民众,推翻清朝,重建以汉人为主体的现代多民族国家。

1894 年 11 月,孙中山在檀香山组织兴中会,确立"驱除鞑虏,恢复中华,创立合众政府"的政治目标。翌年 2 月,又在香港成立兴中会,策划了一系列震惊海内外的武装起义。

与此同时,清廷也没闲着,为了给传说中的万世江山配置更多的权力合法性资源,在内外压力促动下,清廷在无情镇压"百日维新"之后,竟也开始启动维新派以生命为代价发动的政治改革,实业、商业、报业、政治协商、新式军事等新气象一时舆论高涨,落地有声。

史家评论说这是一场改良与革命的世纪赛跑,细察时局,此言甚是。

上世纪初的鲁迅,正在日本东京留学。彼时中国,庚子乱后,国势日衰;彼时黄河,虽引进西学,测水文,架铁桥,兴河务,但河患并未稍减,难民依然流徙于四野,哀号于田畴。一向以反传统、拒中医、兴新学标榜于世的青年鲁迅,却于公元1903年,写了一首热血澎湃的"荐轩辕",诗曰:

灵台无计逃神矢,风雨如磐暗故园。寄意寒星荃不察,我以我血荐轩辕。

鲁迅这一年23岁,自比为希腊神话中那位中了爱神之箭的少年,他想到了风雨如磐的祖国,他发誓要把满腔青春热血,奉献给那个使他爱到不能自拔的爱人,他即是轩辕,也是祖国。

"黄帝者,少典之子,姓公孙,名曰轩辕。"这是司马迁《史记·五帝本纪》的开场白。接着太史公讲了一个荡气回肠的黄帝故事:"轩辕之时,神农氏世衰。诸侯相侵伐,暴虐百姓,而神农氏弗能征。于是轩辕乃习用干戈,以征不享,诸侯咸来宾从。而蚩尤最为暴,莫能伐。炎帝欲侵陵诸侯,诸侯咸归轩辕。轩辕乃修德振兵,治五气,艺五种,抚万民,度四方,教熊罴貔貅貙虎,以与炎帝战于阪泉之野。三战,然后得其志。蚩尤作乱,不用帝命。于是帝乃征师诸侯,与蚩尤战于涿鹿之野,遂擒杀蚩尤。而诸侯咸尊轩辕为天子,代神农氏,是为黄帝。"

对,这就是中华文明始祖轩辕黄帝,首先他是一位后起之秀。作为政坛黑马,成功击败了"世衰"、对"诸侯相侵伐"制止不力的前老大炎帝,又制服了凶暴无比的蚩尤,于是江山易色,万国和合;然后他还是一位发明家和良种技术的创新者,有了这些,才有资格"抚万民,度四方"。总之他是一位伟大的开创者,这样才能为万民景仰,成就万世文明始祖。

这就是鲁迅乃至梁启超、孙中山一代人把轩辕黄帝作为民族情感寄托、社会动员旗帜、中华文化符号的原因。

在古代,黄帝作为始祖,并不是普罗大众之祖,而是从尧舜禹夏商周一脉相承的统治王朝专属祖源,为了取得统治的血缘合法性,甚至入主中原的拓跋氏鲜卑族元首也宣称自己为"黄帝子孙"。

进入20世纪之后,轩辕黄帝突然从云端下沉到了基层,下沉到了辽阔的神州大地,从一姓之祖变身为百姓之根,官式的黄帝论述结构,出现了充分满足革命和复兴需要的普世化倾向。

黄帝虽然依旧维持其固有的先祖地位,却已不再是一朝一姓专属的祖源,而变成了中华民族的共同始祖;换言之,黄帝作为一项认同符号,殆已脱离旧有之帝王世系的皇统脉络,转而被纳入新起之民族传承的国统脉络。

《白虎通义》释黄帝之义曰:黄者,中和之色,自然之性,万世不易。黄帝始作制度,得其中和,万世常存,故称黄帝。其所显示的,正不外乎是一种弥赛亚式的时间图式。鲁迅血荐轩辕,其所真正关怀的,却是与他同时并存,同在一块土地上游憩生息、休戚相关的无数同胞;联系着鲁迅与这些没有具体形象之无名大众的,正是一种同质的、空洞的时间,一种国族的时间。因此,我们或许可以说,在晚清,以黄帝符号为中介,一种崭新的意识——国族意识,确实正在中国知识分子群中酝酿、扩散,终至彻底改变了近代中国对于政治社群既有的想象方式。

1900年,梁启超在《少年中国说》一文中说道:

> 我中国畴昔岂尝有国家哉?不过有朝廷耳。我黄帝子孙聚族而居,立于此地球之上者既数千年,而问其国之为何名?则无有也。夫所谓唐虞、夏、商、周、秦、汉、魏、晋、宋、齐、梁、陈、隋、唐、宋、元、明、清者,则皆朝名耳。朝也者,一家之私产也;国也者,人民之公产也……然则吾中国者,前此尚未出现于世界,而今乃始萌芽云尔。

1904年,梁启超应亚雅音乐会之请,撰作《黄帝乐》曲四章,其第三章词曰:

> 巍巍我祖名轩辕,明德一何远。手辟亚洲第一国,布地金盈寸。山河锦绣烂其明,处处皆遗念。嗟我子孙! 保持勿坠乃祖之光荣。

就在梁任公"和平雄壮深可听"的颂赞声中,"黄帝"符号发生了一次重大转型。围绕"黄帝"这一公认的文明始祖,现代民族国家的核心意象和叙事架构终于孕育成形。在上海,革命志士黄藻编纂出版了宣布现代民族、民主思想的书刊《黄帝魂》;在海外,陈天华创作《黄帝魂》杂剧,在留学华人中倾情上演。

为了表达民族复兴的决心,激励推翻清朝专制统治的革命斗志,光绪三十四年重阳节,被誉为"西北革命巨柱"的中国同盟会陕西分会支部长井勿幕秘密联络各省分会代表,从四面八方赶往陕西省中部县,聚集在黄帝陵前,庄严宣誓:

> 维黄帝纪元四千六百零五年九月重阳日,玄曾孙某某等仅以香花清酒牲肴之仪,敬献于我皇祖轩辕黄帝之墓前而泣告曰:惟我皇祖,承天御世,钟奇孕灵。乃圣乃神,允文允武,举修六府,章明百物。颛蚩尤于涿鹿,战炎帝于阪泉。挥斥八埏,疆理万国。用是奠基中夏,绥服九州,声教罩敷,讫于四海。凡有

血气,莫不尊亲。自是以后,圣子神孙,历世相承,尧舜以禅让缉熙,汤武以征诛定乱。洎乎秦皇、汉武、明祖、唐宗,皆能仰承遗绪,奋厥声威,镇抚百蛮,光宅九土。其间偶逢衰替,暂堕纲维,秽丑跳梁,蛮夷猾夏,然皆历时未几;族伏厥辜,弃彼毡裘,袭我冠服。我民族屡蹶屡振,既仆复兴,卒能重整金瓯,澄清玉宇者,莫非我皇祖在天之灵,有以默相而佑启之也。迨至前明甲申之岁,国运凌迟。建州虏夷,乘我丧乱,驱其胡骑,入我燕京,盗据我神器,变乱我衣冠,侵占我版图,奴役我民众。神州到处,遍染腥膻,文化同胞,备受压迫。剃发令下,虽圣裔犹莫逃;旗兵驻防,遍禹迹而皆满。又无论扬州十日,嘉定三屠,二百年之惨痛犹存,十八省奇耻未湔已也。且近年以来,欧美民族,对我环伺,各欲脔割大好河山,而满清政府恣其荒淫,不恤国耻,殷忧之士,义愤填膺,近有执义帜而起者,粤东如陆皓东、郑士良、孙逸仙,湘越如马福益、黄克强,湖南如唐常才,均矢志盟天,力图恢复。某等生逢艰巨,何敢后人,乃集合同志,密筹方略,誓共驱除鞑虏,光复故物,扫除专制政权,建立共和国体,共赴国难,艰巨不辞,决不自私利禄,决不陷害同人;本众志成城之古训,建九州复仇之义师。伏望我皇祖在天之灵,鉴此愚衷,威神扶佑,以纾民生之苦,以复汉族之业。某等不自量力,竭诚奉告,不胜惶愧煎灼,郁结悲祷之至。尚飨。

祭典仪式隆重而朴素,与祭者本着"祭如在"的精神,跪伏黄帝陵墓之前,向祖先上香。献酒完毕,恭读祭文时,至伤感之处,不仅执祭人泪流满面,各省代表亦大恸不已,有的呜咽流涕,有的竟失声痛哭。祭后各人面容悲戚,均似有无限心事。与祭者得出这样一个结论:"文字动人,不若仪式之有声有色,深刻有效。"从此,同盟会决定:每年农历二月初二祭扫民族祖先一次。每年祭扫时,必须有"告墓文"，后改称为"誓墓文"，其主要内容是向祖先奉告一年中的活动情况，以表现"驱除鞑虏，恢复中华"的精神，表示决心保证完成未来的任务。此外，还定出戒律："不准陷害同人"，"不准自私利禄"，违者应跽伏祖先灵位之前，受主祭人"当头三棒"之罚。由于大家遵守甚严，历年没有发现违反戒律的人，所以"戒棒"也就没用上。

三年之后，1911 年 10 月 10 日，黄历四千六百零八年，武昌首义，辛亥革命爆发。这一年，以井勿幕为首的会党组织以及革命志士经长期密谋与训练，相约于中秋节起义，拟一举推翻陕境清朝统治，却因多年不遇的华西秋雨连绵不绝，备好的炸药竟悉数浸泡，难以举事，若无此偶然气候影响，改变中国的辛亥第一枪，或果于长安城头打响。

1912 年 3 月，在孙中山宣布就任中华民国临时大总统不久，隆重派出一个十五人组成的祭祖代表团专程赴黄帝陵致祭，孙中山亲自撰写三十二字祭黄帝文：

中华开国五千年，神州轩辕自古传。

创造指南车，平定蚩尤乱。

世界文明，唯有我先。

这年 1 月，山东泰安设立黄河流域第一个雨量站，当月开始测量降水量；7 月，黄河下游濮州葵丘堌堆民埝发生伏汛漏洞决口，口门冲宽至 600 米，次年堵合。

十九　铁血洪流

　　每年进入六月，就快到花园口抗战纪念日了。之所以叫花园口，是因为黄河；之所以纪念，还是因为黄河。这两个"因为"之于今天所以成为问题，并非因为说不清道不明，而是因为中原文化过于厚重和温良，简朴的道理到了中原，有时候会复杂到让你喘不过气来。

　　为了还原一个系统而不仅仅是局部的真相，1993 年，本书作者查阅了大量历史资料，并多次拜访黄河水利委员会著名专家徐福龄、王法星等老先生，发表了揭秘长文《1938 年黄河花园口大决河真相》(《黄河报》1994 年 1 月 31 日)；1998 年，为了纪念黄泛抗战六十周年，作者与河南广电、《黄河黄土黄种人》杂志社同仁组成采访团深入豫皖苏黄泛区故地实地考察，发表了抚今追昔的纪实文学《打捞 1938》(《黄河黄土黄种人》杂志 1998 年第 8 期)。

　　转眼又是 20 多年，距离那个撕心裂肺的年代 80 多年了，黄河还是那条黄河，花园口已不是那个花园口了。让我们试着走回 82 年前那个惊魂的六月。是的，对于中原腹地郑州的普通市民来说，那是一段睡到半夜常常就要被吓尿的岁月。

　　春末夏初，从东南方向一路爆响的重型武器声越来越近了。陇海铁路两侧,日本华北方面军正以强大的机械化部队由东向西逼近,企图在攻占陇海、平汉铁路枢纽郑州以后,垂直南下,与日军华中派遣军呼应,"以两军强大主力自北向南席卷中国抗战大本营——武汉"。

1938 年 6 月 6 日凌晨,在日军 14、16 两师团合力攻击下,号称七朝古都的河南省府开封失守。

6 月 7 日,日军土肥原贤二 14 师团千余步骑兵在坦克、装甲车掩护下疯狂西犯,距战略要地郑州仅 38 公里……

石破天惊:抗战史上最惨烈的日子,黄河又一次大改道。

举世无双的悬河起始段。在郑州北 20 多公里一个叫作花园口的堤防河段,河床升出地面差不多三米。一群赤膊汉子挥锹抢铲,于光天化日之下加紧开挖河堤,夜以继日。

供夜间照明的卡车引擎轰隆隆响着,又一个不眠之夜。一个贯通堤内外的巨大缺口在黎明的晨雾中渐次显出轮廓。

中国军队两个步兵团,一个工兵连和数十名富有经验的民夫编队分组,两小时轮换作业一次,已经苦干两个昼夜了。大战在即,从东、南两个方向传来的激烈枪响和爆炸声使掘河工地充满了紧张和不祥。

执行任务的国民党军第一战区新八师,原是黄河铁桥南北两岸的守桥部队。1938 年 2 月 16 日—19 日,北岸新乡战事吃紧,新八师奉命将建于光绪年间的郑州黄河铁桥炸掉,切断了日本华北方面军从北方渡河南下的铁路通道。

新八师师长蒋在珍、副师长朱振民裹着披风伫立在熹微之中,眼看缺口就要挖穿,朱振民却无端怦怦心跳起来。

是的,炸黄河铁桥于前,掘黄河堤防于后,本师实集破坏之大成啊,朱副师长本想对蒋师长说些什么,可是瞅瞅蒋师长的脸色,话到嘴边又咽了回去。

他想起刘和鼎军长传达的蒋委员长的指示:这次决口有关国家民族命运,没有小的牺牲,哪有大的成就? 在这紧要关头,切戒妇人之仁,必须打消一切顾虑,克竟成功。

掘堤作业原是从 6 月 4 日晨在中牟县境内赵口开始的,因土质疏松坍塌,方法无当,屡掘屡败。蒋介石及军委会闻之"异常焦灼,日必三四次询问决口情况"。这才有了蒋在珍建议在郑州花园口另作第三道决口。看来,这决河抗战之功,又要落在"破坏专家"蒋师长的身上了。

上午 6 时,一向桀骜不驯的黄河水终于破堤而出,哗哗的水声在这个注定要载入史册的清晨显得异常惊心动魄。

蒋在珍眼前一亮,抓起指挥所的电话,向第一战区第一兵团总司令薛岳将军告捷,并请求运来平射炮把口门炸宽,以加大泄量。

"轰隆……轰隆……"一连 67 发炮弹抛射出去,高大的水柱次第激起,口门一下子撕宽几十米,河水居高临下,汹涌而出。

正值上游第一次洪峰到来,几天内堤口冲开 1400 多米。滔滔黄河水从此掉头南下,夺路索须河,泛入贾鲁河,接下来与中牟赵口出水相汇入淮,泛滥豫、皖、苏三省 44 县达 8 年之久,死亡人数 40 多万,受灾人口 500 多万。

在花园口、赵口大规模决口后的第三天,即 1938 年 6 月 11 日,国内各新闻机构即以显著位置向世人披露了这一骇人听闻的消息:

中央社的消息是这样说的:"6 月 9 日,黄河被暴敌决口";

《大公报》报道:"敌军于九日猛攻中牟附近我军阵地时,因我左翼依据黄河坚决抵抗,敌遂以飞机大炮猛烈轰炸,将该处黄河堤轰毁一段,致成决口,水势泛滥,甚行严重";然后《大公报》又转发中央社 12 日电："敌机三十余架,十二日晨飞南岸赵口一带大肆轰炸,共投弹数十枚,炸毁村庄数座,死伤难民无数,更在黄河决口处扩大轰炸,致水势猛涨,无法挽救。"

当时国内舆论包括中共在武汉刊行的《新华日报》几乎众口一词,声讨日寇,报道灾情,激励士气。尽管国民党军政机关在组织中外记者去花园口察看时,现场露出不少破绽,但新闻界依然保持了战时舆论的高度一致性,像是心照不宣,又像是故意不去深究……

1938 年 6 月 9 日,抗日战争史上又一个悲壮惨烈的日子!

据考证,这是自公元前五世纪(周定王时代)以来黄河第 20 余次大改道。82 年过去了,因那一年河决而死亡的数十万中原父老乡亲湮没在深深的黄土之下,他们绝大多数连名字也没能留下来。在当年黄河决口处两侧,一座座现代化公路桥、城际铁路桥、公铁两用桥凌空跨越南北;南岸大堤淤背处,由"花园口扒口纪念碑"和"花园口决堤纪事广场"组成的历史景区受疫情影响,游客寥寥无几。几头数十吨重供人欣赏的巨大雕塑——黄河古象孤独地屹立在黄河堤岸上。

这是一个明媚的星期天,作者躺在"黄河象"的肚子下面,远望春水平流,沃野无涯,恍惚间眼前仿佛升起一座 40 万架死难者骷髅构筑而成的怪异的纪念碑……骷髅没有笑,也没有问,作者意识到只是自己在拷问良心:一切真的就这么过去了吗? 如果着眼于黄河决口的目的和作用,着眼于黄河之于抗日战争,之于中华民族伟大复兴的巨大贡献,是否应更名为"花园口抗战广场"更能贴近历史、还原真相,更能激发海内外华人的民族情怀? 为什么 80 多年都过去了,"抗战"之于黄河、之于花园口,竟然还是个问题? 后来的人们该到哪里去寻找这巨大民族牺牲的价值?

兰封失守,归德沦陷,日军机械化部队千里突进,兵薄开封、郑州。　1938年5月20日,合围徐州的日本南北六路大军,付出死亡3万多人的代价,占领了徐州空城,一度集结在徐州战场的李宗仁第五战区中国军队64个师又3个旅共60多万人梦一般地消失在日军涡河封锁线之外,日军通过决战一举歼灭国民党军主力的战略企图破灭。

日本天皇和陆军部恼羞成怒,迅速调整部署,决心集中兵力打一场规模空前的华中大战,其战略方针是:华北、华中日军,在追击从徐州突围的中国军主力时,在行进中转进并展开为武汉会战。即华中派遣军以一个军兵力沿长江由东向西佯攻武汉;华中派遣军主力沿淮河向西推进;华北方面军在攻占战略要地郑州后转锋南下,与华中派遣军主力合攻武汉。

此举对于日本大本营来说具有孤注一掷的意味,是中日战争,也是日本在二战中使用兵力最多的一次战役,华中派遣军总司令烟俊六大将根据大本营的战略意图,以一部兵力配合海军舰队,从长江水陆进攻,另一部兵力(参加徐州会战的日军南路兵团)尾随从徐州突围的中国军队,向皖省淮河流域的蚌埠地区追击,华北方面军主力第二军则从徐州附近掉转头来,沿陇海铁路南侧向郑州方面猛扑,同时支援自黄河北岸南渡的14师团和16师团。

1938年5月12日,日军土肥原14师团从濮阳董口强渡黄河;仅仅两天以后的14日深夜,就以强大火力迫使国民党23师退出鲁西南重镇菏泽城。撤离前,23师师长李必蕃悲愤地在军事地图上写下绝命遗书:"误国之罪,虽死犹轻;愿我同胞,努力杀贼!"随后饮弹自尽。占领菏泽后,在战斗机群的掩护下,土肥原指挥的14师团两万余人,分乘数百辆战车、汽车和大炮牵引车,几天之内连陷仪封、野鸡岗、楚庄砦等国民党军据点,兵临兰封城下。

日军此举，原本为配合徐州会战，堵截徐州中国军队之向西退路和阻击国军第一战区军队增援，却不料酿成与第一战区的一场空前大战，并迅速转变为武汉会战的前奏。

战局如多米诺骨牌一样难以抑制。5月22日，国民党88师师长龙慕韩擅自下令撤离兰封，兰封陷入敌手。

兰封即今日河南省兰考县，原本只是陇海铁路线上一个小站，只因距河南省府开封仅40多公里，故在地缘上就有了开封东大门的战略意义。

兰封失守，开封、中牟、郑州危在旦夕。

所以，兰封弃守的噩耗传来，正在郑州督战的蒋介石坐不住了，命侍卫长立即通知第一战区司令长官部副参谋长晏勋甫，直通通地说：我要到开封前线去指挥战斗。

5月24日晚间，71军军长宋希濂接到前敌总司令薛岳将军的命令：反攻兰封。

25日晨，蒋介石的电话命令传到各军：88师擅自弃城，贻误战机，着将师长龙慕韩革职查办，押送武汉军法从事，88师暂归宋希濂指挥。

其时宋希濂将军正亲率各师旅团长在兰封城前线视察地形，布置作战任务。

战斗伊始，宋希濂亲自指挥88师进攻兰封城西南端。

两日激战下来，宋希濂军终于在城墙上获得三个立足点。

27日凌晨3点左右，城垣上突然枪声大作，手榴弹爆炸声尤为猛烈，直到天色微明枪声才稀落下来，反攻部队发现兰封城空空如也。

原来日军守城部队主力已向东部撤出，掩护部队的20多人全部战死。

5 月 27 日中国军队克复战略要地兰封,陇海路归德(今日商丘)以西全线畅通,同一天,罗王车站也被 64 军克复。

这时与中国军队已周旋十几天的土肥原 14 师团主力正盘踞在靠近黄河的三个据点:三义寨、曲兴集、罗王寨,胡宗南、李汉魂、邱清泉、俞济时等部队将这三点团团围住,但久攻不克。

战场风云瞬息万变,在土肥原与中国军队苦战的胶着状态中,从徐州外围开过来的日本华北方面军第二军主力正挺锋西上,5 月 18 日攻陷丰县,23 日先后攻占牛堤圈、韩道口、黄口、砀山,26 日晨攻入虞城,是日夜兵临归德城下,并一举突破我军一线阵地。

东线形势急转直下。

归德,今商丘,陇海线重要站点,豫东南门户,豫、皖、苏三省要冲。此门一开,源源不断的日军后续部队直扑西北,可援救疲惫的土肥原师团;进西南可攻陷柘城、太康、许昌,从而形成对郑州、开封、兰封间中国军主力的反包围。

28 日,归德守军第八军军长黄杰临阵脱逃,擅自率部脱离战场,退至柳河、开封方向,仅命 187 师独力守城。

29 日凌晨,日军第一旅团攻占归德。

第一战区全线告急!

6 月 2 日,正转战民权一线的宋希濂部突然接到军事委员会的命令:为避免与西犯之敌决战,并保持尔后机动战力之目的,除掩护部队外,全军向平汉线以西撤退。

同时收到命令的还有:胡宗南军团,李汉魂 64 军、27 军、8 军,俞济时的 74 军等。

很快,88 师师长龙慕韩以擅自弃城罪在武汉执行死刑,这是自韩复榘以来,被国民政府枪毙的又一将领。桂永清、黄杰两位军长亦因弃城失地而被革职。

6月6日,开封失守,日本侵略军司令部占领了古色古香的民国五大名校之一的河南大学(原河南大学堂)校园,一直盘踞七年之久。这一时期,日本东亚研究所第二调查委员会对黄河进行了航拍与查勘,编写了《黄河治水调查报告》。

蒋介石对豫东会战的结果极为不满,下令训斥各军军长:指挥无方,行动复懦,以致士气不振,畏缩不前,遂致战局迁延。

仿佛从遥远的地方传来黄河的咆哮之声……蒋介石面临痛苦抉择,他被自己的念头吓出一身冷汗。6月上旬。武昌,国民政府军委会办公室,蒋介石从河南战场返回大本营,独自面对巨大的军事地图,陷入苦苦的思索。

战局骤变,唇亡齿寒,武汉一下子暴露在各路强敌面前。

东路:华中日军正沿长江水路杀来,船坚炮利,芜湖、安庆守军接连失利,防务缺口很大。

北路:归德、开封既失,郑州、许昌危若累卵,鲁西、豫东千里平原,极利于敌机械化部队高速运动。郑州一失,武汉以北一马平川,已无险可守,按照日军现在的进攻速度,几天或十几天之内就可进抵信阳,威胁武汉。而且日军占据郑州铁路枢纽,可于攻陷武汉后随时西犯洛阳、西安,由西安掠取汉中,进而窥视西南大后方,到那时,中国之大,将再也找不到一块可以驻扎抗战大本营的稳定后方了。

好大的胃口,好险恶呀! 蒋介石禁不住惊出一身冷汗。

蒋介石深知武汉不能不守,也不可死守。武汉之战必须打,而且要狠打,要空前消耗敌军主力,以给日本速战决心一个彻底的摧毁。但是要从战略上打赢这场战争谈何容易,目前我军已经处在一个十分被动的地位,如果没有奇迹发生,他这位最高统帅就只有两条路可走：

1.被迫应战。在北方席卷而来的日本兵团的猛烈攻击下,他的疲惫不堪的精锐部队立足未稳就仓促上阵,结果被敌军一鼓而歼之,长江正面战场将无力再战,也再没有军队可用了,等待他的是作为战败国领袖走向敌国投降的命运。

2.匆忙避战。在日军锋锐到达之前,迅速将武汉地区主力部队向西南转移,结果将是华中大片锦绣河山沦入敌手;敌人兵不血刃占领武汉,气焰会越发高涨,会凭其勇威,乘胜追击,我军仍然难以摆脱溃退的命运和最终战败的危险,这当然也是一种耻辱的选择。

那么他老蒋就没有第三条路可走了?

时间,时间这时候显得多么宝贵啊!"给我三个月,不,两个月就够了,我的部队要喘口气,稍稍恢复一下体力,千里运兵,部队要进行必要的调整、部署,还有,"蒋介石想,"需要时间对民众进行动员和做好后勤保障的储备。"

对,时间,他最需要时间,在这紧要关头,谁能给他时间呢?

蒋介石从军事地图前面离开,"唰"地拉开厚重的窗帘。

啊,长江! 看见浩浩长江,他猛然倒抽了一口凉气:对! 水,让洪水,让黄河给我时间。基督徒和自称孔孟信徒的蒋介石被自己的可怕念头吓了一跳,这得以多少老百姓的性命为代价呀,可是他还能有别的办法吗? 没有了。

"以水代兵",此念一生,一切都变得顺理成章,似乎洪水本来就是战争之利器。蒋介石熟读古书,早知道战国以下,诸侯竟筑堤防,壅防百川,各以自利,于是有"东周欲为稻,西周不下水"的记载。而自从知伯引汾水灌晋阳,首开恶例以后,列国兵争,更常引黄河之水为武器,以陷敌于汪洋之中。

"哗……哗……"仿佛从遥远的地方传来黄河的咆哮之声,蒋介

石的思绪又回到战局上,是的,以空间的损失换取时间的延续,争取
持久战局面的真正形成,值!

主意一定,心情反倒平静下来,蒋介石吩咐文官从档案里取出
数月来收到的所有掘河方略。从陈果夫案到罗仁卿案,从豫西师管
区司令部刘仲元案到姚宗、何成璞、长江案……面对这些来自党、
政、军各界的电报和函件,蒋介石稳稳地坐在办公桌前,开始细细检
阅。

多少年以后,作为当年第一战区司令长官部副参谋长的晏勋甫
这样回顾当时的情形:这次我军围攻土肥原师团,先后十数余日,其
间在战斗中和受敌军轰炸、扫射的损伤是相当大的,又仓促从前线
撤退和在转移时所受天气的影响,兵力极度疲困,因此,各部队即另
有略事整顿的时间,也无法可供继续使用。何况汴郑密迩,敌人在
较短的时间内即可逼进,实不允许我有从容徘徊之余地,在这样的
情况下,我们以后究竟怎么办? 这是我们当前迫切需要解决的一个
严重问题。

当 1938 年初我在武汉行营任职时,曾经拟过两个腹案:

(一)必要时将郑州付之一炬,使敌人到郑州后无可利用;

(二)挖掘黄河堤。

最后认定掘堤有两利:1.可以使敌人隔绝在豫东;2.掘堤后郑州
可以保全。我和参谋长张谞行以此计划向程潜请求。商量结果认
为只有实行掘堤才可渡过此种难关……

我们将挖掘黄河决口的任务,令东北军万福麟去执行,万派部
队到花园口后,因见黄河水枯,似无较大把握。次日万部他调。我
们改派原在黄河南岸邙山头的蒋在珍新八师和由长官部控制的某
工兵团一个营(该营交蒋在珍指挥)去执行任务。

这样蒋在珍就作为名副其实的"破坏专家"而"名垂青史"了,一

些对黄泛深恶痛绝的人,每每提到这段惨痛历史,在臭骂老蒋的同时,也忘不了把这位小蒋捎带上几句。其实,掘河阻敌,在最高当局那里已经形成共识,岂是一位小蒋所能做得了主的。据资料,包括陈诚、白崇禧、冯玉祥等人在内的许多"重量级"人物都力挺决河观点,于是,尽管出现了孔祥榕这样不愿做"扒河委员"的黄河水利委员会委员长,出现了刘和鼎这样对扒口作犹豫状的将军,但作为一种军事行动,决河还是于1938年6月4日及6月7日在中牟赵口和郑州花园口两地分别实施了。

花园口掘河为武汉保卫战赢得了近三个月的部署时间……日本陆军元气大伤,武汉会战因此成为抗日战争的伟大转折点。中国真能做出来,中国终于掘堤了,中国终于放出黄河这条大龙,让它横亘在侵略者前进的道路上了。

真是功亏一篑呀!面对呼啸奔腾的一片汪洋,日本向西的攻势一下子陷入泥潭,从平汉路向南席卷汉口的战略企图失败。

先看14师团:【汉口1938年6月12日美联社电】据华军方面报告,中牟区域沦于水中者,计两百方英里,淹没村庄数百处,白沙水深十英尺,堤岸被毁之处长四英里,据闻白沙以西有土肥原部队七百名,因大水截断道路,接济宣告断绝,业已全部被华军歼灭。

再看16师团。据近年出版的抗日战争正面战场史书记载:尉氏、朱仙镇、南北曹附近第16师团一部3000余人亦被洪水围困,皆退至尉氏附近会合。尉氏一带水宽30余公里,日军纷纷征集门板及其他渡河工具,准备东逃。由于洪水泛滥,日军不得不中止向郑州西进。17、18两日,日军由陇海铁路两侧撤离1万余人,由柳园口、陈桥口北渡黄河的部队达7000人。同时,日军以火车数列运载汽艇、船只、弹药、给养向西开去,援助被困部队,其空军"在十六日至二十四日之间,给两个师团投下补给粮秣、卫生材料等,合计约六十一吨半"。刘和鼎军、张自忠军等部乘机向中牟、尉氏被困之敌不断攻击。22 日,公秉藩第 34 师克复中牟,日军一部被歼,一部乘船向韩庄撤退。张测民第 20 师、李英第 24 师亦不断由平汉路向尉氏进攻。26 日,尉氏日军一部 2000 余人在城东北七里头搜集民船百只,企图东逃,一部 1000 余人在县城及西郊顽抗。张师以两个团攻城,由南、北门突入,日军纷纷缒城东逃,被张师半途截击,毙敌百余名。同时,张师另以两个团向七里头之敌猛攻,毙敌数百名。

由于黄泛,日军战略部署全盘打乱,进攻郑州的日本第二军主力不得不掉过头来,6 月 28 日,日军撤销归德战斗司令所,将兵员调回徐州。29 日,在徐州召开联合追悼会,第二军战死并溺毙者 7452 人。日军不得不沿着漫长的黄泛区东北面艰难绕行,向合肥地区集结,然后于 8 月底才从黄泛区南面(淮河南岸)进攻河南固始、信阳防线,这一过程,使日军最后进攻武汉的时间推迟了三个月。

中国各路抗日部队在这三个月中得以完成战略整合与部署,各种后备战略资源得以安全撤离交战区,向西南大后方转移。中方一度濒临危机的抗战形势得以缓解。

武汉会战爆发!

中日双方军队在纵横千里的战线上总共激战五个多月,日本投入陆军 40 万兵员,作战飞机 500 架,舰艇 120 余艘,会战期间又补充五六次后备部队,几乎是倾其国力、军力,到了会战后期,日军大本营已无力再向武汉增兵。

蒋介石也豁出去了,凡能动用的兵力全部调往武汉,总计 50 个军,129 个师,110 余万兵力。轰炸机 100 余架,海军仅有的 40 余艘战舰全部投入会战。

1938 年 10 月 25 日凌晨 4 点，武昌。蒋介石的座机再一次加油，腾入天空。与此同时，日本先头部队攻入武昌城。

武汉会战成为抗日战争从防御到相持阶段的关键转折点，歼灭日军 20 多万，另有 15 万日军病倒。日本陆军元气大伤，战略进攻势头自此大大衰减，整体转入战略相持。

二十　终极防线

"风在吼,马在叫,黄河在咆哮!"1939 年 3 月 11 日夜,月光映照着延河边一个宽敞的窑洞。青年诗人光未然正在为朋友们朗诵他的新作《黄河大合唱》。"怒吼吧,黄河! 掀起你的怒涛,发出你的狂叫! 向着全世界的人民,发出战斗的警号!""中华民族的儿女啊,谁愿意像猪羊一般任人宰割? 人们抱定必死的决心,保卫家乡,保卫黄河! 保卫华北! 保卫全中国!"

这是百年中国最为危急的日子。1937 年 7 月 7 日抗日战争全面爆发,不到一年时间京、津、冀、鲁纷纷沦陷;1937 年 11 月—12 月,上海、南京先后陷入敌手。民国政府首都不得不仓皇转移至长江中游大都会武汉。1938 年 10 月,武汉沦陷。

武汉沦陷后,诗人光未然带领抗敌演剧三队从壶口附近东渡黄河,转战吕梁。途中,诗人亲眼目睹了黄河的急流怒涛,亲身感受了黄河船夫们在风浪中搏命的情景。触景生情,诗人心灵受到极大震撼,从黄河和船夫的互动关系里,他似乎感受到了中华民族强劲的脉动。到了延安,在激昂与悲愤的情绪中,荡气回肠的《黄河大合唱》一气呵成。接着,仅用 20 天时间,作曲家冼星海就为这部 400 多行的长诗谱好了曲子。

1939年4月13日晚上，抗演三队在陕北公学礼堂向延安各界军民正式演出这部史无前例的诗剧交响乐《黄河大合唱》，宣告了铸就一代国魂的伟大史诗诞生。国都沦陷，山河破碎，一组悲壮的《黄河大合唱》，却成为连接重庆与延安、后方与前线的共同旋律，成为超越所有党派的精神旗帜，动员起抗日救亡的巨大力量。从那排山倒海般的旋律中，人们不仅听到了嘹亮的战斗号角，也触摸到了黄河文明不屈的灵魂。

对于叫嚣"三个月解决中国问题"的侵略者来说，全面侵华八年，除第一年山东黄河防线被"逃跑将军"韩复榘丢弃外，黄河始终像是他们的致命克星。由于国共两党迅速结成统一战线，形成从上游、中游到下游的漫长黄河防线，经过潼关阻击战役、花园口决口战役、禹门口阻击战、五原战役，日军在最有利的几个时间节点始终未能越过黄河，问鼎中原的侵略梦想终究碎了一地。

悲壮的《黄河大合唱》就是在这一时期唱出延安，唱响神州大地。

在黄河中游，首先爆发的是潼关之战。潼关处于陕西、山西、河南三省交界处，山河表里，自古即兵家必争之地。1938年3月7日，日军占领了山西风陵渡，开始从黄河北岸向潼关凤凰山陇海铁路桥实施炮击。驻守华阴的国民党军陆军四十六军在军长樊崧甫率领下紧急驰援潼关。与此同时，十战区司令长官蒋鼎文再三请求上峰调派炮兵部队防守潼关。潼关保卫战就此打响。直到日本宣告投降的1945年8月15日，潼关顶住一次又一次狂轰滥炸，成了日寇无法逾越的钢铁防线。

花园口抗战之后刚好半年，位于潼关上游的禹门口战役爆发。日军占领晋南战略交通要地风陵渡后，妄图跨越黄河天险，包抄中国抗战大后方。潼关不克，又打上了禹门口的主意。此时驻守在河西的恰恰是国民党陆军新编第八师蒋在珍部。该师于 1938 年 6 月完成花园口决口阻敌后，奉命西进防守禹门口和东龙门山。

禹门位于黄河秦晋大峡谷南出口。据《水经注》引《魏土地记》曰：梁山北有龙门山，大禹所凿，通孟津河口，广八十步。岩际镌迹，遗功尚存。相传因大禹在此治水劈山而得名。"禹门三级浪，平地一声雷"；"黄河一线天上来，两山突兀屏风开"，惊涛骇浪，"惟神龙可越"。故又称龙门。"黄河西来决昆仑，咆哮万里触龙门"（李白《公无渡河》）。这里自古为军事要地，北魏正光五年，孝明皇帝拜薛循义为龙门将领；隋大业十三年，李渊起兵反隋，攻克绛郡，攻打龙门，直取长安；公元 619 年，秦王李世民自龙门渡河，屯兵柏堡。

1938 年 12 月 20 日，山西方面的日寇炮击陕西芝川镇我防御阵地以声东击西，新八师识破了敌军意图，立即下令禹门守军王树骥营严加戒备。

12 月 24 日，禹门口战斗打响。从 25 日至 30 日，河津方面日寇出动步骑炮兵四五千人，大炮二十余门，先以飞机轰炸，继以大炮轰击，鬼子兵身着白色伪装，在雪地上分两路进犯：一路从神前村欲攻占东禹门渡口。另一路以山顶云中寺观为攻击目标，猛攻龙门山，蜂拥而来。我守军居高临下，充分利用防御工事，处处设防阻击，打退敌人十多起进攻。国民党军云中寺、洞山、关帝庙阵地失而复得者三。王营官兵伤亡十之七八，其中，云中寺一个加强排与阵地共存亡，全排官兵壮烈牺牲。连长田兴武始终坚守阵地，在该连士兵伤亡惨重之际，射手阵亡，他接过机枪扫射来犯之敌，身中四弹，以身殉国；排长耿甲臣牺牲时，仍高举右手指向前方，直到流尽最后一滴血。

我云中寺及营部关帝庙一度失守，副师长朱振民命令第三团第三营冉云翘率领全营翻山越岭，日夜兼程，由师家滩渡过黄河实施增援,从龙门山侧面打击敌人。时届隆冬,东龙门山一带地冻天寒,山川树木,银装素裹,壮丽河山激励着全体官兵的爱国热情和守土抗敌的决心。经过五昼夜的连续激战,于12月30日收复龙门山阵地,进犯日寇受到沉重打击后,不得不弃尸千余、弃阵百里,仓皇逃回大本营。

几次隔河恶战下来,黄河无恙,大西北无恙,中国抗战大后方无恙。从鄂尔多斯高原托克托县的河口镇到陕西潼关,日本侵略者的铁蹄始终未能跨越晋陕大峡谷与黄河小北干流一步。

在黄河上游,1940年3月,绥远驻军傅作义部利用黄河凌汛展开"五原战役",放水淹没盘踞在包头的日本帝国主义侵略军,使沿黄主要公路两侧数十公里变成一片汪洋,日军的汽车、坦克纷纷陷于泥淖冰水之中。激战中,日军溃散于水围绝境,大部分被击毙、淹死。日皇族水川伊夫中将也被击毙。

在黄河下游,从花园口到周口,由黄河泛滥形成的横贯豫皖苏三省的数百公里"新黄河"完全改变了中日两国战争的格局。为防止黄水西泛,当年7月,第一战区司令长官汤恩伯命令黄委会会同各级地方政府,沿黄泛区西岸中牟、开封、尉氏、扶沟、商水、淮阳、项城至沈丘修筑了一条又名"军工堤"的"防泛新堤",而日军方面则沿泛道修筑了"防泛西堤",形成中日两军隔河对峙局面。直到日本发动打通大陆交通线的豫湘桂战役之前,日军始终未能从中牟、尉氏、西华、周口越过黄泛区西进,完成战略上的"得中原"。

于是,整个黄河干流,形同一条绵延数千公里抗击日寇深入中国腹地的铁血洪流。

时年25岁的徐福龄先生,曾防守在黄河下游这条水工、军工兼用的长堤上,任防泛新堤第三段段长。就因为与这段历史相关的原因,1957年徐福龄先生被打为"右派","文革"中更是惨遭迫害。然而直到百岁高龄,徐福龄先生言及黄河、民族、国家,依然深情款款。即便已经久远的一次河防工作会议,徐福龄先生也是记忆犹新。在他口述和撰著的《续河防笔谈》中,老人家回忆起 1942 年 12 月,作为三段段长,他曾受命前往安徽省临泉县参加鲁苏豫皖边区党政分会主任汤恩伯召集的堤防会议,研究解决泛水越过沙河南堤继续南泛。在这次由何柱国主持的河防会议上,汤恩伯高调提倡的"以黄制敌""河防即是国防、治河即是卫国"的著名观点给他留下深刻印象。

应该说,正是以国共两党合作为标志的抗日民族统一战线,通过正面战场和敌后游击战的全面展开,中华民族摇篮黄河才得以成为战时不可逾越的终极防线,也为中华民族伟大复兴赢得了宝贵的战略时空。所以,1948 年 3 月,毛泽东在结束陕北转战岁月、东渡黄河时,才意味深长地说:"你们可以藐视一切,但是不能藐视黄河。藐视黄河,就是藐视我们这个民族……"

这时候再来看花园口决河的意义,它显然是徐州会战之后豫东战役的尾声和武汉会战的前奏,中华民族以数十万人的悲壮牺牲,为世界战争史增添了惨烈的一页,为国际反法西斯战争做出了重大贡献。据悉,一些西方军事教材一直把黄河花园口决河列为"以弱胜强"的著名战例,甚至认为意义远大于 14 世纪荷兰掘开莱茵河阻击法国路易十四侵略军,以及 17 世纪俄罗斯以焦土抗战方式抗击拿破仑远征军。

那么该怎样估量豫、皖、苏三省人民的这笔惨重损失呢?从地图上看,从鲁西南、苏北的沂沭泗水系到河南、安徽的沙颍河水系,一马平川的淮河中下游平原如一块柔软的方糕,呈平行四边形横卧在中国腹地,而黄河南大堤恰恰是这块方糕最上端的一条安全屏障。黄河大堤稍有闪失，突涌而下的溃水必如锋锐利刃，将这块无辜方糕切割得支离破碎。

直到战后，为了联合国善后救济总署救济灾区的需要，国民政府行政院和国民政府黄河水利委员会才有机会做了一些应急性调查统计，得出结论：1938年黄河花园口决河造成死亡人数89万人，灾害涉及人口1250万人，洪水淹没面积13000平方公里。

1949年以后的出版物和宣传口径多沿用了这里的死亡和受灾人口数字，对于被淹没面积则出入较大，有7万平方公里、6万平方公里，还有5400平方公里的统计，显然这和统计方法不同有很大关系。

1980年代，黄河水利委员会史志专家王质彬先生经大量求证，对一向沿袭的结论提出质疑，于1985年发表了《1938年黄河决口夺淮略考》，他和他的研究团队的结论是：黄泛区面积约15000平方公里，受灾人口500万上下，死亡40万至50万人。

花园口决河抗战60年后，在河南省尉氏县永兴镇凌岗村，幸存的孙旺春老人这样开始了他的历史叙述：

五月二十七（农历），水从中牟那边过来了。头几天日本人骑着马到了西边那个庄，拽黄瓜吃，有人吆喝他们，叫翟海亮，日本人把他打死了。老百姓说这日子不能过了，拼吧。就拿着叉拿着棍嗷嗷吼着出来拼。老百姓是群胆，把日本马队撵跑了，有十几匹马，跑回了郇阁（地名）。日本人临走说，要从尉氏县城调来部队，把县东这一片老百姓全灭了。

日本人走后没几天，黄水来了，先是顺着地里垄沟，路上车辙印，还有低洼地，咕噜咕噜过来了。开始不知道是黄河扒口，后来才知道是中央队伍打不过日本人，只好把河扒开，挡住了日本人。日本人来报复俺这儿，骑着马，拉着小钢炮，马蹄陷到泥里拔不出来，就勒住马,回邸阁了。

孙旺春老人说到这里禁不住露出了一种天真的笑容。

到三天头上,水已淹到胸口,商量商量,跑吧。就做船,今天这家,明天那家,向西逃出去了。后来水涨到一丈多深,没逃出去的有的淹死,有的饿死,死的人多着呢。

我家那时八口人,回来的时候就剩下四口人了。

啊!40 万,不,50 万!因黄泛而被难的死者,你们的死难是无辜的,而你们的牺牲却应该刻入历史之碑,你们于无意之中,躺倒在巨龙的咆哮之野、再生之地……

啊!骷髅之碑,何时才能真切地矗立,昭示死难的价值;花园口,何时才能为你正名,让"抗战广场"光耀黄河,照亮历史的天空?让幸福无虑的人们看见、听见,永远铭记……

二十一　河源探秘

　　"黄河的源头在哪里?"在近代科学诞生之前,这对于建都于黄河中下游的历代中原王朝来说,是一个模糊而又神秘的概念。

　　专家们将黄河唐乃亥水文站以上地区统称为黄河源区,跨越青海、四川、甘肃三个省,包含藏、回、羌、土、汉等多个民族,涉及青海省玉树州曲麻莱县,果洛州玛多县、玛沁县、甘德县、达日县、久治县,海南州同德县、兴海县、贵南县、共和县,黄南州泽库县、河南蒙古族自治县,四川省阿坝州阿坝县、红原县、若尔盖县,甘肃省甘南藏族自治州的玛曲县,共计3省6州16个县,面积约12.2万平方公里。

　　黄河西望昆仑,从雅拉达泽山东坡流出,南受巴颜喀拉山阻隔,北被布青山和阿尼玛卿山约束,沿巴颜喀拉山北坡朝着东南奔腾而下,直抵岷山,又折向西北,与鄂拉山迎面相撞,环阿尼玛卿山北坡回流,在青藏高原北部的崇山峻岭中画了大大的一个"U"字,再折向东北流去,瞄准了大海的方向,虽千回百折而不改初心……

　　这是天眼俯瞰的角度。换个平视视角,可以看见黄河源第一眼涌泉缓步而行,接纳数不清的大小水泊、涓涓溪流,逐渐形成一条小河流入约古宗列盆地,穿过芒尕峡,进入星宿海,再过扎陵湖、鄂陵湖,流经黄河源头第一座县城——玛多县的治玛查理。藏语治玛查理翻译成汉语就是黄河沿。

这是难得的一方净土,广袤的草原,天高云淡,丘陵起伏,地广人稀。黄河继续向东南流去,进入多石峡,转向南流,纳入支流热曲;转北流,纳入东曲;转南流,纳入优尔曲、夏曲、柯曲;又向东南流,纳入达日曲,过达日县城吉迈。

黄河就这样一路穿峡谷、纳百流,接收支流吉迈河、东科河、久曲、沙柯河等进入玛曲,接纳了由四川红原、若尔盖流来的白河和黑河,来了个180度潇洒的大转弯,由东南折向西北,纳入西科河、泽曲、赛尔曲、切木曲、曲什安河、巴沟、大河坝河来到唐乃亥,就算做完了黄河源区的功课。

关于黄河源,古代志书《尚书·禹贡》有"导河积石"之说,认为黄河是从甘肃积石山方向流来的。《后汉书·西羌传》载:"滨于赐支,至于河首,绵地千里。"说明当时人们已正确地认识到,积石山以上千里外是黄河源头。

《山海经》的记载:"昆仑墟在西北,河水出其东北隅""出其东北隅者实惟河源"。西汉张骞出使西域,认为塔里木河东流入罗布泊,伏流地下数千里,流至积石山始出地面,此说曾在历史上流传甚广,但毕竟只是一种猜想,至7世纪上半叶,这种说法渐渐消失。

对于黄河源的地理发现一直是中国人的一个渴望。唐贞观九年,兵部尚书侯君集等奉命征讨吐谷浑,兵至星宿海、扎陵湖、鄂陵湖地区,曾登高远望,观览河源:"次星宿川,达柏海上,望积石山,览观河源。"(《新唐书·西域上》)显然,到了汉唐时代,随着黄河文明沿着河西走廊、丝绸之路一路西进,触角已至大河源区,对于黄河源的认知也较前朝更接地气了。

史料显示,真正以探察黄河河源为目的的实地考察,始于公元

1280 年。是年 11 月,元世祖忽必烈派人查勘河源,但仅至星宿海,即认为已至黄河源头:"有泉百余泓,沮洳散涣,弗可逼视,方可七八十里,履高山下瞰,灿若列星。"(《元史·地理志》)

清代,黄河中下游洪水多次泛滥,灾害频繁,朝廷将眼光投向了远方。康熙四十三年,康熙皇帝派二等侍卫拉锡携舒兰等人到黄河源告祭河神。一行从星宿海溯源而上跋涉了两天,发现星宿海之上有三座山,从三座山涌出三眼泉,三眼泉流成三条河,汇入星宿海,东流入扎陵湖。

古人对黄河源的全面勘察直到康熙末年才真正实现。为了编制《皇舆全览图》,朝廷于康熙五十六年再派喇嘛楚尔沁藏布等前往青海、西藏测绘我国西部山川地图,次年《皇舆全览图》制成,图上显示,楚尔沁藏布认定黄河河源是玛曲(约古宗列曲)。与近代科学引入后对黄河源的考察结果完全一致。

1952 年,黄河水利委员会河源综合考察队在查勘探寻河源的过程中,搜集到流传在巴颜喀拉山北麓的一首民歌:"马塞巴,雅达约古塞;约塞巴,雅合拉达合泽"(藏语),其意思是:"黄河的水哪里来,约古宗列;约古宗列的老家在哪里,雅合拉达合泽。"这是藏族原住民对黄河源的认知。雅合拉达合泽是藏语"万水之源"的意思,这座山本是长江、黄河、澜沧江、柴达木盆地的分水岭,现在已划为三江源国家自然保护区。

距雅合拉达合泽 270 公里,就是天下黄河第一站,也是黄河流域海拔最高的水文站——黄河沿水文站。1955 年 6 月,黄委会根据第二届全国人大二次会议通过的黄河综合规划精神,上中下游统筹,治标与治本兼顾,决定对黄河河源区开展水文观测,于是迎接古人所称"天上之水"的水文站应运而生。

黄河沿本来叫玛查理,是藏语"黄河沿"的意思,黄委会兰州水文总站派出的黄河沿水文站建站小组请教当地略通汉语的藏族朋友之后,就有了这个沿用至今的名称——"黄河沿水文站"。多少年来,黄河沿水文站不仅是水文勘测的基础设施,也是许多黄河研究者和探险者必经的重要驿站。

1985 年 7 月,一支由本书作者张真宇参加的黄河文化青年徒步考察团从黄河沿水文站来到了雅拉达泽峰下,在他们之前,中日联合考察队已经乘坐日方提供的越野车先行到达,"黄河源"碑书出自黄河水利委员会主任王化云之手,由他的秘书、治河专家徐乘就地临书而成。

此前,还有 20 世纪 50 年代初由黄委会西线勘测队在黄河源立碑。

至 1985 年 7 月 27 日,这支以文学为使命的队伍一路跋山涉水,已经徒步八个月之久。下面摘录其中一位队员的"河源日记":

到河源去!

一到青海省曲麻莱县麻多乡,我们这个愿望更强烈了。这里距黄河源头——玛曲曲果仅六十公里,似乎那里的泉声都依稀可闻。

7 月 27 日,从果洋大队的一个帐篷里动身,大家既兴奋又紧张。远方灰蒙蒙的天空一定潜伏着什么,又暗示着什么。刚刚下过雪,还会怎样呢? 神秘的雪线之上的黄河源,人人向往又人迹罕至的黄河源,即便是威胁吧,威胁也是刺激,也是召唤,我们还是走了。

向西! 向西!

黑牦牛年轻气盛,对我颇不服气……我咬着牙,发狠地拽它的颈鬃,用双脚踢它的两腿。

牛走了,还真是好样的,密密麻麻的沼泽被它庞大而笨重的身躯一次次跃过,真的令人惊叹!

毕竟是牛,而且是欺生的牛,慢腾腾的牛。再次下起雪来,夹着冰雹,茫茫草地,哪里是我们落脚的地方呢?

臀下磨出血来。腹泻。牛再也不愿往前走了,我们也发誓再也不骑它了。它怎么有我们已跋涉数千公里的双腿来得更便当呢?

风停了,雪停了,冰雹也停了,却没有晴,暮云低垂,我裹紧毡片,用几乎是最后一丝气力把固执的坐骑拴在果洋一队队长家的帐篷前。

这里距曲果五公里。

7月28日,最明媚的一天,最难忘的一天!

太阳从沉寂的地平线跃出,我也退烧了。钻出帐篷,钻出飘动着经幡、摇荡着法轮、回荡着低沉浑厚的经声的帐篷,所有的噩梦都像夜、像阴云一样退去了。

大家放弃了牦牛——那叫人哭笑不得的坐骑,迈开从悠远的黄河下游走来的长长的双腿,向河源挺进。

原来最值得依赖的——还是自己的双腿呀!

黄河在青海省境内是清河,藏民称它为"玛曲",意译"孔雀河",我们要去的地方,叫作"玛曲曲果",即"孔雀之河",通译"黄河源"。

雅拉达泽山皑皑的雪峰已经在望,曲果,曲果在哪儿呢?

找着了,终于找着了,在一个开阔、肥美、充满泥沼、向北剧烈倾斜的山谷,一个汩汩响着的泉眼雄踞众泉之上,旁边安放一对巨大的野牛角。

谷顶有三个小而清亮的湖泊,赤麻鸭旁若无人地浮在水面。这是举世闻名的巴颜喀拉山北麓,海拔4800米。

　　四周野花绚丽,几股细流向南……我们脚下的土地,正是黄河、长江的分水岭。

　　翻过东山坡的山谷里,竖有"黄河源"的木牌,白底红字,赫然在目,细看背面,是黄委会河源勘探队和《黄河》中日联合摄制组不久前才竖立起来的,上面有不少日本人的签名。

　　然而那里的水量、流程比我们找到的河源差多了。

　　权且把我们找到的称为"黄河极源"吧。

　　也许每个人都有自己的河源,它们不久就汇合在一起,被称为"黄河"。

　　我们历尽艰险,也许就是为了找到自己心中的源泉吧?

　　孔令更沉默良久,竟吟出一首绝句:

　　溯流探源信艰辛,

　　到此莫问第几人。

　　涓涓未敢分正副,

　　大树本来有繁根。

　　是的,探源的步履一旦走起,那就几乎是无止境的。越过前人确信无疑竖立的"黄河源"木牌,小分队继续西上,终于,一个更居上游的溪源呈现在眼前,从山坡上直接冒出来,汩汩响着向万里之外奔流而去。"那就叫黄河极源吧!"有人提议。于是一块不足两尺高的"黄河极源"立起来了,背面刻着"历久终得"。

　　这个关于黄河探源的小插曲讲述的是 1980 年代的青春故事。在那个崩塌而又重建的大时代,出于对黄河母题的强烈探索欲望,出于各种不同的机缘,一拨又一拨专业工作者、诗人、文学青年走在坎坷的路上,追波溯源,乃至无穷。而又过了十多年,到了上世纪末,当黄河下游频频发生断流的时候,人们再次把关注的目光移到上游,移到了黄河源区。2001 年夏,黄委水文局河源地区水文水资源及生态环境考察组在考察总结中认为:黄河源区径流量占全河径流量的36%,是典型的黄河水塔。在黄河流域水资源和生态环境问题上,要高瞻远瞩,综观全局,解决黄河水资源短缺的根本出路在于上游,在于黄河源区。

黄河源头湖泊众多,其中最负盛名的是扎陵湖和鄂陵湖。黄河流过星宿海,先进入扎陵湖,稍事回旋之后,就缓缓流入一条长约28公里,宽约300多米的高原河道,再进入鄂陵湖。

扎陵即藏语"查灵"的音译,是"白色长湖"的意思。扎陵湖湖面呈不规则三角形形状。湖底地形形似平底锅,最大水深达13米多,水深在10米以上的面积,占湖总面积的60%,湖面面积约526平方公里,湖水量约47亿立方米。

鄂陵即藏语"俄灵"的音译,是"青色长湖"的意思。鄂陵湖湖面则形似一只仰首吃奶的羊羔,羊羔坐西面东仰望母亲,憨态可掬。鄂陵湖面积约611平方公里,湖水量约108亿立方米,最大水深31米,湖底也似平底盆,水深在20米以上的湖面积占总湖面积的50%以上。一般来说,湖泊的水面面积、湖水量是一个相对稳定的数字,但随着气候变化以及人类的干预,一切也都在急剧变化之中。

黄河源区的水系发育程度较高,水资源较丰富,多年平均降水量为480多毫米,平均蒸发量在1000毫米左右,流域面积大于1000平方公里的支流有23条。

白河、黑河在若尔盖草原孕育形成。若尔盖草原南为巴颜喀拉山、东为岷山、北为西倾山、西为黄河,中间低洼平坦呈盆状,地质上称之为唐克湖盆。白、黑两河分水岭为不连续的低矮山丘及闭流湖泊沼泽,是黄河源区乃至黄河流域的多雨区之一,这里一片沼泽,同时也是一座天然水库,每年有近30亿立方米的水量供给黄河。

自上世纪末黄河下游发生断流,人们开始关注黄河源头地区的

冬天的壶口瀑布

摄影　黄宝林

在滚滚乌云之下，寄托藏人愿景的风马旗显得艳丽而夸张

摄影　黄宝林

白河，又称嘎曲，与黑河同属黄河上游大支流，两河无明显流域界，存在同谷异水的景观，并称"姊妹河"。流经川北若尔盖高原，在四川唐克镇北流入黄河

摄影　黄宝林

大通河晚霞

摄影　黄宝林

守望家园

摄影　黄宝林

济南黄河大桥

摄影　黄宝林

梵音缭绕扎陵湖（塔林）

摄影　黄宝林

晋陕峡谷湍急的河流

摄影　黄宝林

若尔盖草原

摄影　黄宝林

巴颜喀拉山一隅

摄影　黄宝林

壶口

摄影　黄宝林

玛多黄河桥

摄影　黄宝林

禹门口，黄河晋陕峡谷出口

摄影　李金河

黄河水车，摄于 1985 年

摄影　李金河

黄河中游与下游分界线

摄影　李金河

黄河远上白云间

摄影　黄宝林

2006 河南巩义

摄影　于德水

2020 河南长垣

摄影　于德水

2012 河南长垣

摄影 于德水

水生态环境。然而黄河源区还没有一个公认的标准界限。比如一个地区或一个流域，按照惯例，都有明确界限，可以用一条外包线圈定，黄河源区，至今没有一个公认的界限。说到黄河源区，人们会下意识想到龙羊峡，但各种科学文献实际使用的数据却是龙羊峡大坝上游 149 公里外的唐乃亥水文站。

准确描述河源区概况，首先要界定河源区起点，确定从什么位置以上区域为黄河河源区。从"共同抓好大保护"的角度，本书作者蔺生睿等人认为黄河源区是指唐乃亥以上的地区，介于东经 95°50′~103°30′、北纬 32°20′~36°10′，流域面积为 12.2 平方公里。这个范围比通常人们认为的黄河源区大了许多。有专家认为黄河源区是指位于多石峡主干河道以上的汇水区域（张志等）。这样划分，对于水文地质研究比较方便。程捷等认为黄河源区是指位于青藏高原东北部，其南、北界分别为巴颜喀拉山和布青山，西界为雅拉达泽山，形成以鄂陵湖和扎陵湖为汇水中心，黄河贯穿其中，并向东开口的盆地状谷地。

目前学者们在研究河源问题时，对黄河源区流域面积、水沙特点、气候环境等，均采用的是黄河唐乃亥水文站的多年基本观测数据，在描述行政范围时又包含了龙羊峡以上更大范围，而唐乃亥水文站断面与龙羊峡水库大坝之间河道距离长达 149 公里，区间又有数条支流加入，河道海拔由 2700 米（唐乃亥水文站）下降到 2600 米（龙羊峡坝首谷底），运用唐乃亥水文站资料，描述龙羊峡以上区域，相当于拿着张三的相貌，向别人介绍李四的形象，显然与事实相距甚远。

唐乃亥水文站断面有准确位置，水文站又有 60 多年的水文资料，且人类活动较少，很大程度上还保留着基本的原生态。所以，将唐乃亥水文站断面以上地区界定为黄河源区，适合于黄河源区水资源研究与水生态环境保护,符合大保护的理念。

而以龙羊峡水库(坝头)为界划分黄河源区,除了有一个固定的大坝外,其余的水文数据全来自唐乃亥水文站,而这149公里的河道,还有众多小沟、小溪汇入,严格讲,水沙特点是有所改变的。我们知道,黄河上游地区有一个"天下黄河第一湾",黄河绕弯又返回向河源方向流去,圈出的这一大片(含若尔盖草甸湿地区)区域,是整个黄河流域雨量最丰裕的;越往北,雨量递减。到唐乃亥之后,因唐乃亥与黄河源头基本处于一个纬线,黄河源头——黄河沿水文站——唐乃亥水文站,降水量基本在一个等值线上。来水量也很有特点,支流大多在右岸,这一区域就是一个大水葫芦,黄河绕一圈形成一个完整的自然闭合区。

起点确定之后,黄河源区概述就变得简单了。

经过测算,以唐乃亥水文站断面为基点,黄河源区范围介于东经95°53′36″~103°25′30″、北纬32°09′72″~36°06′30″之间。

基于此,"黄河源区概述"应该这样描述:

黄河源区地处青藏高原东北部,范围介于东经95°53′36″~103°25′30″、北纬32°09′72″~36°06′30″之间,具体指黄河唐乃亥水文站断面以上的广大地区。西望昆仑山,南界巴颜喀拉山,北为布青山和鄂拉山,东抵岷山,自然景观奇特。海拔5000米以上山脉分布有冰川,中心冰层厚达数十米。黄河源区为黄河流域最高区域,平均海拔在3000米以上,阿尼玛卿山被黄河环抱,其中玛卿岗日峰海拔6282米,山巅终年积雪,为黄河流域最高峰。黄河源区地势高峻,高山、河川、盆地、丘陵犬牙交错,形成这里独特的地形地貌。土壤多为寒漠土、黑黏土、沼泽土等。植物垂直分布层次清晰。高山之巅大多岩石裸露,白雪覆顶;而山坡却绿草如茵,鲜花四野,牛羊成群,相映成趣。

　　黄河源区多年平均径流量 210 亿立方米,占到全流域年平均径流量的 36.6%;从唐乃亥界面多年平均输沙量统计,仅为每年 135 万吨,占黄河多年平均泥沙量的 0.86%,显然是"水多沙少",与黄河中下游的"水少沙多"截然相反。这便是所谓"黄河水塔"的来历。

　　由于降水丰沛,蒸发量小,人类活动干预较少,可以说黄河源区是野生动物的伊甸园。常年工作、生活在这里的水文人有个总结:天空飞着吉祥鸟,满地跑的是国宝。与中下游相比,由于人类活动相对较少,这里物种繁多,有藏雪鸡、蓝马鸡、黑颈鹤、大天鹅、蓑羽鹤、鱼鸥、猎隼、秃鹫、草原雕、角百灵等珍稀鸟类 100 多种;藏羚羊、雪豹、盘羊、棕熊、白唇鹿、野牦牛、野驴、藏狐等濒危动物也有近百种;还有雪莲、冬虫夏草、佛手参等名贵药材数百种;野蘑菇、蕨菜类天然绿色食用植物遍地分布;水中游着水獭,以裸鲤为代表的高原鱼类也达到 50 余种。

二十二　河湟风水

　　700 多年前的一天,来自中亚撒马尔罕的尕勒莽和阿合莽兄弟俩率领同族的 18 个兄弟姐妹,牵了一峰白骆驼,驮着故乡的水土和《古兰经》,向东来到黄河上游一个风景秀丽的所在,就是今天的青海省循化撒拉族自治县境内。

　　原来,尕勒莽和阿合莽兄弟俩是中亚撒马尔罕一个小部落的头人,每每按照国王的旨意出征作战,每战必胜;带领部落族人做生意,总能发财,因此部族的日子越过越好,兄弟俩在众部落中威望也一天比一天高。国王却因之忌恨,与其他王公贵族设计欲置之于死地。

　　尕勒莽和阿合莽兄弟俩被迫率众流亡。相传他们涉过了 29 条汹涌的河流,穿越 29 片密林,跋涉 29 处荒漠,终于来到循化境内黄河岸边的乌土斯山下,这是他们将要翻越的第 30 座大山了。天将黑下来,他们忙着安营扎寨,生火做饭。突然,有人发现驮经的白骆驼不见了,忙点起火把四处寻找,寻到天亮,人们在街子东边沙坡下,遇见一片绿色的芦苇,芦苇丛中有一池泉水。在泉边找到了走失的白骆驼,但白骆驼已坐化于清泉边,变成一座洁白的石头骆驼。

　　众人不禁泪奔,只是远眺这一带山川,但见河两岸川道平坦,绿树成荫,紫气氤氲,金光闪闪的黄河水从不远处流过,触景生情,竟有几分熟稔,像是前世的轮回。他们拿出从故乡带来的水与泉水相比,一样的清亮,一样的甘醇。他们又取出故乡的土与河边的土相比较,土质看上去一样油润肥沃。他们转悲为喜,举起《古兰经》顶礼膜拜,欢呼雀跃。这里世居的藏民见了,也是心生感动,于是热情挽留远道而来的不速之客。尕勒莽和阿合莽兄弟认定这正是真主的旨意,这块黄河边的土地就是他们不辞数千里寻寻觅觅的乐土。

于是,撒马尔罕的子孙们便在这里安下了家。这个如今青海省循化撒拉族自治县积石镇西四公里的街子,就成了撒拉族的发祥地,而那个有名的骆驼泉,就成为撒拉人世代膜拜的圣泉。因为藏族是当地的原住民,世代下来,撒拉小伙子娶了藏族姑娘,藏民就成了撒拉族的"舅舅家",撒拉人为了进一步繁衍壮大,立规不许撒拉族姑娘嫁给藏族小伙儿。这又与汉族古俗相近,汉族婚俗是可以娶舅舅家的表妹,但姑姑家的表妹是不可嫁与舅家表哥的,因为那是"倒婚"。为什么中原汉人与撒拉族的古婚俗竟不约而同? 这个大概只有黄河说得清楚。

河湟谷地泛指黄河、湟水河、大通河之间的广阔地域,位于青藏高原东部,是喜马拉雅造山运动给人类造就的一方宝地。空中俯视,河湟谷地恰似镶嵌在青藏高原东部的一片肥硕的生命绿叶,黄河、湟水河、大通河就是它美丽的生命经络;又貌似一只藏风聚气、吸金纳银的聚宝盆。河湟谷地的面积只占青海省的2.2%,却拥有青海省55%的耕地面积,居住着占全省60%以上的人口。青海省会西宁市就坐落在河湟谷地的腹地,因为独特的区域气候与生态,使这里冬无严寒,夏无酷暑,被人们亲切地誉为"夏都"。

这是黄河上游一片独特神奇的文化板块。河湟地区西陲的日月山,便是黄土高原与青藏高原的分界线,跨过日月山继续向西,你

的胸间就慢慢有了一种牧人的苍凉；而向北翻过祁连山，便是黄河
文明堂而皇之向西输送的河西走廊，是连接欧亚大陆的丝绸之路的
核心地带。而祁连山，也是黄河流域与我国西部众多内陆河流的分
水岭。

　　现在你站在距西宁不远的日月山上的日月亭，你首先会想起以
一己之身联盟华夏、吐蕃两族的大唐文成公主，想起她在这里毅然
摔碎日月宝镜、只身远赴边陲的悲情故事。这是中华儿女耳熟能详
的政治联姻故事，也是不同路径的文明远征的故事。

　　河湟地区历史上也曾被称为"三河间"。九曲黄河，似乎有意识
地要牵手湟水、牵手大通河，在将要离开青藏高原的时候，突然掉过
头来，将湟水、大通河激情纳入怀中，于是造就了这里独特的三河共
生，物华天宝。

　　历史上，戎人、羌人、氐人、鲜卑、小月氏、鞑靼、吐谷浑、吐蕃等
古代世居民族，不仅从事高寒畜牧业，也兼顾从事农业、手工业，并
与周边民族之间进行商业与文化交流。比如鲜卑，其部族在今东北
辽宁地区就曾从事农牧业，后来人畜繁衍，便从东北逐渐进入漠北
高原，在阴山脚下放牧，一部分游牧到祁连山北麓，有的翻越祁连山
进入青藏高原，进入河湟谷地。而两千多年来，历代中原王朝持续
不断的戍边屯垦政策，使中原农耕文化逐渐渗入，成为整合各种文
化的强大力量；西亚的伊斯兰文化沿丝路古道相向而来，也逐渐融
为一体。汉族、藏族、回族、土族、撒拉族等多民族在这里世代交融，
各种异质文明融为一体，形成以黄河文明为主体的河湟文化，孕育
了瞿昙寺、隆务寺、塔尔寺、西宁东清真大寺等历史文化遗产以及独
特的盘绣、花儿、河湟皮影等著名的非物质文化遗产，发掘出了有着
"东方庞贝城"之称的"喇家遗址"等重大历史文化遗址。河湟地区
的柳湾遗址，是上世纪我国100项重大考古发现之一。出土的仰韶

文化马家窑半山类型、马厂类型、齐家文化类型、辛店文化类型等，从新石器到青铜器时代的墓葬共1700多座，出土文物器件4万余件，充分见证了黄河文明的整体性和多元一体的发展历程。

"山里高不过凤凰山，川儿里平不过大草原，花儿里俊不过红牡丹，人中美不过少年。"（《花儿与少年》）这是著名的国家级非物质文化遗产河湟情歌"花儿"里的一首，是游牧民族和农耕民族文化媾和的产物。居住在河湟谷地的人们，人无分汉、藏、回、土、撒拉，性别无论男女，地不分在田间耕作还是山野放牧，抑或外出打工干活、赶车跋涉，只要有闲暇时间，都要唱上几句悠扬的"花儿"（当地人叫漫花儿）。据考证，"花儿"最早起源于周朝，历代各具不同特色和流派。所谓"花儿"，男青年唱的叫"少年"，女青年唱的叫"花儿"，因此就有"花儿与少年"之说，"花儿"已经成为这一地区的一个曲牌，可以因情因景随时填词哼唱。青海大通县就是著名的"花儿之都"。

还有"西宁赋子"。"西宁赋子"是平弦坐唱艺术的主调，优雅宛转而又悠远，给人以余音绕梁之感，平弦坐唱艺术还有"十八杂腔"之说，唱调多以历史典故为主，口口相传，不但给人以艺术享受，还通过说唱，记录了这里的历史演变，是典型的中原农耕文化在河湟谷地辛勤培育、开枝散叶的成果。

盘绣是青海土族独有的一种绣法，是土族妇女一生的必修课。绣法复杂而又巧妙，显著受到汉民族的窗花、刺绣等工艺的影响，承载着古老土族文化与汉文化交流的丰富内涵。

河湟地区各民族的饮食习惯各不相同，又互相渗透，形成了这里以牛羊肉、面食为主的餐饮文化。最著名的青稞酒，其酿制工艺却用的是黄河中游杏花村汾酒工艺。相传，300多年前，生意涉足青海的晋商发现青稞是一种上好的酿酒原料，就从山西带来杏花村酿酒技术，将青稞与山西杏花村酿酒技术相结合，酿造出了青稞烧酒，此酒一出,如同高原上彪悍的风,迅速传播开来,很快便成为青藏地区民众最喜欢喝的日常用酒,成为藏汉饮者首推佳品。

历史上的河湟地区,农耕民族和游牧民族之间的交往十分频繁,形成了河湟文化内涵的多元性。有许多文化现象并非某一个民族所独有,例如羊图腾崇拜,本是羌人的习俗,后来被藏族、土族所接纳,但又依据本民族的信仰习惯,赋予新的内容。例如藏族牧人有饲养"长寿羊"习俗,而汉族则称之为"神羊",汉族牧羊人也有养"神羊"的习惯,俗语也叫"头羊"。即在一群羊中留一只羯羊,终生不宰杀。这种习俗与羌人事奉源羝(即盘羊)的习俗相似,共同坐实了古老的黄河文明对于生命的敬畏传统。

由于黄河的丰沛水源以及交通大通道的功能,引导各民族不断迁徙、融合、定居,使这里的文化更具融合性。不但各土著民族互相学习,西亚的伊斯兰民族也辗转于此,这就发生了撒马尔罕的孕勒莽和阿合莽兄弟奠基中国撒拉族的传奇故事。

二十三　水文先锋

　　河流是什么？在水文人看来,首先它是建立在基于观测、分析、运算、归纳、总结得出的一连串复杂数据基础上的自然综合体,然后才是生命家园、文明摇篮、美学隐喻等。对,水文观测正是认识河流最基本的办法之一。中国水文观测始于大禹治水时期,即司马迁《史记》所谓"左准绳、右规矩"。当然,那是一种最简单原始的水文测量。现代水文观测,是把一个地域单元、一条河流作为一个有机整体,用单向的雨量观测点、水位观测点及全项目的水文观测站这样一个模式,把一个地域单元、一条河流给"网格化",设立各种不同目的的水文观测站(点),对每个站点,依照国际、国家标准,依托一定的技术手段,观测提取各种水文要素,然后综合这些水文要素,为防汛抗旱提供实时水文情报,为防御大洪水发出精准的预警,甚至协助制订防洪预案;同时,对该地域单元及其河流做出全面水资源、水环境评价。

　　黄河流域第一个现代水文站是始建于1912年的泰安雨量观测站,那一年隆裕太后代表皇室向全国宣示退位诏,亚洲第一个共和国——中华民国自此成立,孙中山在南京宣誓就任中华民国临时大总统,《中华民国临时约法》颁布实行;1915年,黄河流域第一座综合水文站——大汶河水文站建成,那一年第一次世界大战进入第二年,民国政府与日本签订《二十一条》协定,引发民众抵制日货风潮,陈独秀创办《青年杂志》,传播民主与科学思想;国家《著作权法》颁布,袁世凯就任中华帝国洪宪皇帝,蔡锷在云南成立护国军,宣布讨袁;1919 年,山东济南泺口水文站与河南陕县水文站先后开始观测黄河水位,这是黄河干流上最早设立的水文站,这一年因巴黎和会上中国外交失败,引发"五四"爱国运动,《每周评论》刊载《共产党宣言》部分章节,李大钊在《新青年》发表《我的马克思主义观》;1933—1934 年,黄河水利委员会连续两年在黄河干支流陆续设立包括兰州水文站在内的 18 个水文站,年内国民政府与日本签订《塘沽协定》,国共两党"围剿"与"反围剿"战争进入尾声,中共中央临时政治局从上海转入瑞金革命根据地。

水利部原副部长、著名水利专家张含英认为:民国时期是我国由利用传统科学技术到利用近代科学技术治河的过渡时期,如果没有这个过渡阶段,没有近代水利人才的培育和有关资料的收集,是难以在新中国成立后立即大兴水利,并取得突飞猛进的成绩的。

中华人民共和国成立后,经过 70 多年的建设发展,黄河流域已布局拥有 133 个水文站、754 个雨量站的密集水文站网。从黄河源头到黄河入海口,黄河干流主要控制河段、重要支流都有水文观测和采样站点,形成黄河流域防汛抗旱的"千里眼""顺风耳"和前哨站,号称"天下黄河九十九道湾,湾湾都有水文站"。

黄河流域海拔最高的一个水文站是黄河沿水文站,平均海拔 4200 多米,空气含氧量仅有中下游的 60%,集水面积 20930 平方公里,水文站以上区域有著名的星宿海、扎陵湖、鄂陵湖和黄河源头。

1955 年,根据第二届全国人大二次会议通过的黄河综合规划精神,上中下游统筹,治标与治本兼顾,黄河水利委员会决定对黄河河源区开展水文观测,于是最上游的黄河沿水文站应运而生。

在黄河源头地区设立水文站与中下游完全不是一个概念,黄委会兰州水文总站组织了一个四人建站小组,每人配发了防身的枪支,一长一短,长的是清末建新军时开始进入中国的"七九式"步枪,短的是手枪。

1955年6月6日一大早,黄河沿建站小组由西宁出发,500公里的路程走了整整七天,12日傍晚到达青海省玛多县的玛查理,这是广袤的果洛草原上的一角,白雪皑皑,溪流潺潺。

在高寒的黄河源区建站,有很多"想不到"。第一个想不到的是"有心无力",在河边设立水尺,动一锨土就要付出很大力气,干不了几下就气喘吁吁,想着半天就可完成的安设水尺工程,就干了整整三天;第二个想不到的是"玩变脸"的气候,一会儿晴空万里,一会儿就狂风大作,雪花飘飘,冰雹霹雳,引测水尺高程这样简单的活儿,也得三番五次才能闭合;第三个想不到的是"内急",开水烧不到80摄氏度就沸腾,喝下去肚子就咕咕作响,一天下来要多次上厕所。

建站初期,玛多还没设县,一个连的驻军是当地的主要居民。后来解放军先在那里盖起了房子,水文站也在军营旁建起了住房。有兵站、雷达站、导航站。后来建县,又有了县政府和县中队。水文站大院里盖了五间房,"天上的水文人"也算有了自己的家。

1957年2月26日,20多岁的黄河沿水文站测工李创姓、王际元两人和往常一样,带着测具仪器和自卫用的"七九式"步枪,准时到达5华里外的黄河观测断面。正当他们聚精会神地观测时,被隐藏在附近山沟内的匪徒冷枪击中。王际元胸部中弹当即身亡,李创姓左胸中弹受伤,爬离断面10余米后,被追赶来的匪徒连刺两刀,也倒在冰血交融的黄河上。他们为黄河流尽了最后一滴血,在河滩上静静地躺了36个小时之后,遗体才被当地驻军发现。

对高寒缺氧毫无经验的黄河水文人,就这样建起了一个世界上海拔最高的水文站。一代又一代水文人在这里凿冰测流,照看水位,也创造着鲜为人知的水文故事。

1977年,黄河沿水文站迎来了一位专业学水文的中专生,他就是后来成为"全国五一劳动奖章"获得者的谢会贵。接下来他的藏族同学卡文明也来到了玛多,同在水文巡测分队工作。1980年代初,谢会贵与卡文明等人在黄委会兰州水文总站的统一安排下,驻扎在鄂陵湖边观测水情。有一年,眼看着到了大年三十,到西宁采购年货的同事却迟迟不见回站,其实是大雪封山了,同事根本进不来,他们谁都不愿说破这个事实。

太阳落山了,他们观测过18点的鄂陵湖水位,四目相对无言,拿出两只生羊腿,蘸着盐巴,就着烧酒吃了起来,直到喝得酩酊大醉。他们先是回忆美好的校园生活,然后开始怀念家人。继而竟索性互殴,他们互相咒骂着、撕打着,直到站上的藏獒狂吠劝架,两人才停下来,紧紧相拥,放声大哭,凄厉的北风席卷着粗犷的哭声在空寂的无人区里久久回荡。

然而,第二天一大早,两人水位照看,流量照测,仿佛什么事情都没有发生过一样。

黄河源头玛多地区气温很低,每年8个月烤火期,实际火炉常年不灭。这里除了低矮耐寒的野草外,什么植物也没有,栽不活树,种不成菜。水烧到80摄氏度便沸腾了,馍也难以蒸熟。

由于海拔高,空气稀薄,初上高原,就感觉呼吸困难,心跳得忒快且特别有力,似乎要蹦出胸膛来。就是这样的环境,谢会贵1977年到那里就再也没离开,一口气干到退休。

冬季测流是很费气力的。每次测流前打冰孔就需几个小时。用一根二米长、一二十斤重的冰镩,一下一下把一米多厚的冰层打透。由于高原缺氧,稍一出力就喘息不止,有力使不上。打冰孔本来很费力,在零下几十摄氏度的环境里,还要脱掉皮大衣,累得满头大汗。一次要打十几个冰孔,需要不停地工作两三个小时。回头去安装仪器时,冰孔中又冻结了一层冰,还要再打一遍,捞净冰块。下放流速仪前,需用热水把仪器的转子部分冲开,仪器才能正常运转。每次测流最少需两瓶热水,有时热水不够,就撒一泡热尿。

河上坚冰厚达一米五,铺天盖地的积雪也有一米多深,就在这种冰天雪地的恶劣环境中,谢会贵和他的同事硬是凿一个冰孔喘半天气地完成了冰期流量试验,谢会贵被同事称为"玛多打冰机",后来获得"全国五一劳动奖章"。

"狗咬水文人"是发生在黄河支流黑河大水水文站的故事。大水水文站位于四川若尔盖草原,就是当年红军长征过草地的地方。那里流出一条河叫黑河,是黄河重要水源之一,尾巴在四川,却一头扎进了玛曲的那段黄河,每年平均供给黄河 11 亿立方米的优质水,于是黄委会水文局就在这河口、荒无人烟的茫茫草原上设立了大水水文站。草原上有种类似狗的猛兽,叫藏獒。藏獒对主人忠诚无比,对误入其领地的不速之客却高度警觉,恨不得生吞活剥! 1988 年 10 月 28 日,黑河突然涨水。一早,水文观测员杨正吉就去县城发水情电报,返回途中,突遇六条野狗把他团团围住,撕扯住他的衣角,把他拖倒在地。待闻讯赶来的藏民朋友把野狗驱散时,杨正吉已是遍体鳞伤。他强忍剧痛,撕下衣角扎住伤口,一步步挪到站上,由于通信条件所限,他在站上坚持了近 10 天,直到轮换的人来了,才知道发生了这么可怕的事,人们称他是黑河"铁人"。

说到大水,还有魏云的故事。他是"水二代",也是"文二代",因为父亲魏志健曾在黄河沿水文站观测水位,写得一手好诗,在描写黄河源区水文生活的诗中,魏志健写道:

　　气压低,时时难呼吸,眉毛发际结白霜,地冻天寒怎可敌,路上行人稀。狂风啸,灰沙漫天黄,三步并作两步走,测流归来赶路忙,仪器肩上扛。回到家,大家乐哈哈,脱下皮袄洗过脸,牛粪炉前喝奶茶,再把羊肉抓。满天星,夜夜人不静,办公室里算盘响,资料计算精又精,默默献青春。夜深沉,一觉天将明,辗转反侧四下望,墙上冰霜亮晶晶,几番梦不成。

　　也许是遗传的原因,在大水水文站那样的环境里,魏云不但出色地完成了水文测报工作,而且成为甘南地区乃至黄河水文系统小有名气的水文作家。

　　大水水文站是魏云的人生第一站。

　　1990年8月的一天,魏云到大水站报到。空旷无垠的大草原,独独耸立着三间红砖瓦房。早上与同事晁代河从玛曲县城骑单车出发。途中,一群张牙舞爪的藏獒突然将他们包围,他们抢起自行车与这群猛兽大战了一场。魏云说,这是青藏高原给他的第一份见面礼。魏云的故事就从这里开始。他在日记中写道:"……独坐草地,遥望远远的公路,倘或发现有辆汽车经过,就痴痴地盯着,直至无影无踪……"

　　有一年冬天,魏云一人在站上值班,第十天了,魏云早早就将交班材料整理齐全,天下着大雪,在雪原上整整翘首等待了一天,怎么不见换班的人来?到了晚上,雪还下个不停,想必是大雪封路,同伴进不来,明天一定会来的……明日复明日,每天清晨就站在雪原上痴痴地等,呆呆地盼,往日偶尔还能望见山边一辆大卡车经过,现在所能看到的唯一风景就是白色,白得耀眼,白得不能用雪白来描述,因为满世界除了魏云就是雪。直到苦苦等待了23天,换班的同事才迎着风雪来了,这是魏云23天来见到的第一个人!

　　有一次,魏云上玛曲发报,返回途中不幸再次与一群藏獒遭遇,藏獒的战法是没有任何警告,直接扑上来。猝不及防,魏云和胯下坐骑——自行车一同倒地,求生的欲望使魏云蛮力爆发,顺势抢出打狗棒,在藏獒的惨叫声中,魏云站了起来,用尽全身力气,抢圆了打出去。说起草原上的打狗棒,实际不是棒而是一根长丈余的绳子,头上系一块圆木蛋或圆形铁疙瘩,平时系在腰中,用时抽出抢圆,猛兽自然退避三舍。魏云抢着打狗棒频频出击,眼看力不可支,还是藏胞一声口哨管用,众獒听到哨音,才悻悻散去。

　　后来有人问及魏云与藏獒鏖战的体会,魏云说:李广射虎的传说是真的!

　　接下来说说另一个同样传奇的水文站。

　　在兰州白塔山下的黄河上,有一座百年老桥,人们亲切地称其为中山铁桥;在黄河中山桥下,有一座同样饱经沧桑的水文站,那就是始建于 1934 年的兰州水文站。

　　兰州水文站近距离汇入两条较大支流,分别是湟水(大通河)、庄浪河。其中湟水是黄河重要支流之一。

　　兰州水文站断面上游右岸有支流雷坛河汇入,雷坛河流量对黄河来说属于"毛毛雨"级别的,然它却给兰州造出一大水上景观——鸳鸯河,就是当黄河干流不涨水时,雷坛河发生局部暴雨洪水,洪水入黄,使黄河呈现半河黄半河清的奇特景观,水文行话将其称为"鸳鸯河"。

　　兰州水文站断面低水时水势平稳,高水时水面起伏较大,并有少量漂浮物,不乏惊涛骇浪之势。大洪水主要来自龙羊峡以上,且多发生在 9 月份,洪峰形状矮胖,涨比落快,落水缓慢,历时长,最长可达 50~60 天。据统计,兰州水文站泥沙主要来自洮河和湟水,产沙与来洪不一个源区,水文行话将之称为"水沙异源""水沙关系不协调",是黄河难治的重要原因。

兰州水文站设站目的是为了掌控黄河上游兰州段以上区域径流、泥沙、洪水资料,为黄河防汛抗旱、规划设计、经济建设等目标服务。随着时代进步,水文观测手段的科技含量也越来越高。最早渡河测验,仅靠羊皮筏子。1955 年,兰州水文站请河南范县的木工打造了一条 11 米长木质双舟测船,并建起钢架跨河缆道,实现了过河缆吊船测流;1966 年新造钢板测船……今天的兰州站,新造了机吊两用测船,重新改建了新的水文缆道,水位自动采集,测流过程实现全自动控制,各项适时水文信息实现网络化。水情信息在半小时之内,即可到达中央防总、黄河防总以及沿黄各省区防办。

黄河穿兰州城而过,为兰州市撑起一道靓丽的风景线,同时历史上也时有洪水灾害发生,史籍曾有"登碑遥望,几成泽国,灾黎近万余"的记载。黄河兰州段自明代至今,共发生大洪水 25 次。其中 1949 年以来出现 3 次。

然而自兰州上游相继建起龙羊峡、李家峡、刘家峡等大型水库以来,兰州水文站水沙特性明显受水库调节影响,从兰州经过的洪水大小,基本上是由"人说了算"。上游一连串大水库下泄流量,导致兰州河道水温上升,兰州河道冬季冰情消失,当年黄河兰州段冬季两岸居民自由往来、冰上行走、车马相通的景观,成为老年人对年轻人津津乐道的往事。

对兰州市民来说,记忆犹新的是"1981·9"洪水,洪峰流量达到每秒 5600 立方米,水面与中山铁桥齐平。也许这是兰州市民有幸目睹的最后一次黄河惊涛骇浪。而随着上游不断建成的水库大坝,洪水景观或将永远消失。

黄河九曲回转,横越塞上,在内蒙古与山西接壤之地来了一个

· 黄河断流 ·

1995 年 6 月 4 日，附近农民在山东省梁山县孙口大桥下面干涸的河道里挖土

摄影　司毅民

1997 年 7 月 12 日，山东省齐河县黄河河道断流

摄影　司毅民

1996 年 3 月，滨州黄河大桥下黄河断流

摄影　司毅民

1972—1998 年，黄河连年断流。其中断流最严重的 1997 年，断流河段从黄河入海口一直上延到开封附近，并首次出现汛期断流。黄河断流不仅直接威胁着我国经济社会发展和国家生态安全，而且对中华民族文化心理产生严重影响（图由《黄河黄土黄种人》杂志社提供）

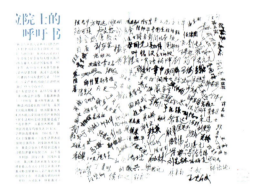

中华民族不能没有伟大的母亲河。黄河断流，举国震惊，全球瞩目。图为 1998 年 1 月，中国科学院、中国工程院张光斗、梁思礼、侯忍之、林秉南等 163 位院士在"拯救黄河呼吁书"上的联合签名

2012 年 7 月，黄河吴堡水文站测量洪水瞬间

水文职工奋战渭河滩（2011 年 9 月洪水）

2011 年 7 月，黄河夹河滩水文站，调水调沙
洪水测量过程

黄河上游唐乃亥水文站采取洪水水样

黄河利津水文站测流

黄河宁蒙河段凌情图

黄河宁蒙河道冰情巡测

黄河小浪底水文站职工测流瞬间

黄河水文职工正在使用 ADCP 测流

与洪水抗争——洪水中的水位计　　　　　　　　　一缆牵两省——黄河龙门水文站

黄河花园口水文站测报大楼

黄河河口利津站检修水位计

天下黄河贵德清——贵德水文站大门

黄河洪水通过兰州市中山桥

20 世纪 60 年代黄河龙门水文站

海拔 3300 米的黄河玛曲水文测流

矗立于黄河源区海拔 4300 多米鄂陵湖边的水位计塔

华丽转身,掉头南下,鬼斧神工,冲凿出数百公里的晋陕大峡谷,将世界上最大的黄土高原一分为二。闻名于世的壶口瀑布就是晋陕大峡谷的杰作。

沿河下行至峡谷出口,就是龙门,又称禹门口。相传大禹治水,曾在这里随山刊木,劈开龙门,疏水导流。1934年,在这里建成龙门水文站,控制黄河流域面积497552平方公里,在黄河防汛和流域经济建设中占有极其重要的基础地位。黄河中游洪峰编号也是依据龙门水文站测量的数据。

黄河流入龙门河段,两岸高山对峙,黄河无风三尺浪,险滩激流层出不穷,在水文站测流的河段,就有"三节浪""煮人锅"等险恶水势。闭塞的龙门大峡,山高水险,沿路荆棘遍布,路面布满碎石。风雨之时,山崖上常有险石坠落,让人防不胜防,由于地势非常险要,就连穿行敏捷的野兔也常常失足掉下山崖摔死。

1949年以来,黄河龙门水文站先后有5位职工因测洪而不幸坠河牺牲……

1977年7月6日下午,黄河洪水暴涨,龙门水文站洪峰流量达14500立方米每秒,这是一场较为罕见的历史性大洪水。从开封黄河水利学校毕业刚刚一年的杨顺义正在河岸上聚精会神地操作仪器观测浮标时,突然,一阵强劲的洪流将测流缆道循环钢索拉断。杨顺义疾步上前,双手紧拉钢索,没等卡子上紧,洪水猛然再次扯动钢索,刹那间将他拉翻在地,滚落到崖下波涛汹涌的洪流中……

领导和龙门水文站职工立即组织人员沿河搜寻,可数日过去,哪里见得着杨顺义的身影呢?人们开始默默地为他准备后事……

然而杨顺义却大难不死,当他远远被洪水冲出40多华里后,因洪水逐渐退去,被搁浅在山西万荣县裴庄乡寺后村的一片黄河落水后的滩地上。

第二天，黄河沿岸的村庄炊烟袅袅升腾起来，阳光照射在洪水退落后空旷无垠的黄河滩上，片片积水反射出鱼鳞般的光芒。当地村民有大水过后赶河拾柴、拾鱼的习俗，河滩上有了零零星星的人影儿。

上午9点多钟，两位去河边拾柴、捡鱼的村民发现了杨顺义，他们把杨顺义当成了一条被洪水搁浅在滩地的大鲤鱼。我的天哪！怎么是一个人！村民迅速将他拖出河滩背回家中，冲洗掉身上的泥浆，再灌上几口热水，杨顺义竟慢慢地苏醒了。

水利部部长、黄委会原主任李国英在视察龙门水文站时，握着杨顺义的手深情地说："我们向现在和曾经在龙门水文站工作过的职工致敬！我们向被洪水冲走、漂泊了20多公里大难不死的杨顺义同志致敬！我们向为黄河水文事业在龙门水文站献出宝贵生命的5位同志致敬！"

置身龙门，如果大禹再世，该是怎样一番情景？

黄河下游是一条游荡性河流，她的游荡范围是25万平方公里的黄淮海大平原。所以，黄河有多长，从她诞生之日起，就是一个变数。因为黄河始终遵循着"淤积——延伸——摆动——改道"的基本规律，每年携带大量泥沙填海造陆，使河口地区变化剧烈，仅1953年以后就改道3次。因此，研究黄河口入海演变规律，必须长期坚持水文要素观测。

1955年5月，黄河水利委员会根据治黄需要和三年河口查勘成果，决定在黄河入海口设立水文观测站，全面系统地掌握黄河口入海水文规律。

一批水文站和水位站在黄河口地区陆续建成。每一座水文站或水位站，都需要一个或几个人在那里长期工作生活，杨玉祥就是这群河口看水人的代表。他的岗位是黄河入海口的最后一处水位站,因此有人说,他是最后一个与黄河道别的人。

杨玉祥先后在四号桩、罗家屋子和钓口三个黄河口水位站观测水位。其中在罗家屋子水位站他一干就是近20年。

罗家屋子水位站位于黄河口三角洲的孤岛上,担负着向国家防总发报水情的任务。站在罗家屋子的屋顶上,远远可以看见大海。最初,水位站站房建在黄河大堤终端上,水小时,一面是水,一面是长满荆棘的盐碱滩,水漫上了滩,就成了三面环水。

由于水流冲刷,随着时间的推移,大堤渐渐坍塌退蚀,水位站站房随之坍塌。这样,麻烦紧随而来,站房就不得不随即搬移,因此,就将站房改成了木板房,木板房高一米五左右,进出都要猫起腰,远远看去,活似一只大木箱。一遇大堤坍塌,就拖动板房向后移动。

每到汛期,洪水上了滩地,坝体成了杨玉祥与外界联系的唯一通道,肆虐的洪水也许会瞬间吞掉坝头。土坝周围的水是深黄色的,风沙把蓝天染成了浅黄色,放眼望去,水天相连,一片昏黄。浑浊的洪水,漂浮着随波而下的庄稼和杂草,咆哮着。

每遇刮风天气,风沙从木板房缝隙钻进来,就像沙漏子,落得满地满床满锅灶都是黄沙。一次,送补给的同事来了,外面风沙打得人脸生痛,同事全身上下都附着厚厚一层沙土。杨玉祥听到汽车响声就出了门,亲切地跑上前,把他们往木屋里拉,边拉边说:“来得正好,饭刚做熟,你们进屋歇着,喝水吃饭,车上的东西我来卸。”同事们进屋了,杨玉祥把车上的粮食、土豆、白菜、水尺桩等全部卸下车,回到木屋,发现同事们正看着饭碗发愣,带队的技术员眼里噙满了眼泪:“老杨,你这饭里都是沙子!怎能咽下去呢?”

“你们没经验!盛饭时要一手拿锅盖在上面遮着,一手才能盛饭,然后拿着盘子遮着碗,用筷子夹菜,错了就得吃沙子,是你们不得要领,哈哈哈……"杨玉祥的解释,却让大家更多了几分酸楚。

冬季,最低温度在零下二十多摄氏度。小木屋里一个单人床,一个双抽屉办公桌,一个小火炉,一年四季,取暖做饭全靠它,原始人遗留下的最早的茅屋也不过如此。

在如此恶劣的环境里,杨玉祥一个人在这荒无人烟的罗家屋子观测水位,孤军作战,工作的艰苦和家中的困难从没听他说过。

后来杨玉祥调到钓口水位站,这处水位站条件不错,有一座砖混结构的平房。

杨玉祥依然坚守在黄河口观测冰凌变化。白天,看着南飞的大雁;夜间,周围冰凌的撞击声和孤雁寻伴的哀鸣声断断续续……

上世纪六七十年代,职工的工资都很低,而杨玉祥住在荒凉空旷的黄河盐碱滩,缺少蔬菜,自然粮食吃得就更多,单位送来的供应粮不够吃,还得购买高价粮。这样一来,每年能捎回去养家糊口的钱就更少了。苦了妻子,一个女人在家,要参加生产队劳动生产,还要照顾两个未成年的孩子。

妻子在家,得每天出工,挣工分,养活两个孩子,公婆身体不好,又住在兄弟家,无法帮助她照料孩子。她每天天不亮就得下地干活,太阳落山后才能回来,每天出工前,把两个孩子安抚好,中午回来,匆匆忙忙,伺候孩子吃饭后,又要赶着去干活。她怕孩子们乱跑,每次下地前只好把孩子锁在屋里,让兄弟俩在屋子里玩。

一天,妻子下地时,照旧把两个孩子锁在了家里。正当妻子忙着干活时,忽然有人上气不接下气地跑来报信:"快,你家着火了!"妻子一听,本能地丢下劳动工具,疯了一般地拼命往家里跑,回到家中,几间茅屋只剩下残垣断壁,两个孩子葬身火海,她顿时感到天旋地转,大脑一片空白,一声大哭,就栽倒在地,邻居们急忙把她扶起,她慢慢睁开迷茫的双眼,一边扑向倒塌的房屋,一边大声哭喊着,呼唤着孩子的名字！我的孩子呀！我可咋办呀！我的娘呀！我可咋活呀！我可咋向杨玉祥交代呀……

妻子想到了死，但她想，临死之前得见丈夫一面，也算最后有个交代。

一天傍晚，妻子独自一人，千里奔波，两手空空地赶到钓口水位站。她看见丈夫后，两眼直呆呆地盯着，半天说不出一句话，双臂不停地舞动，看着神志恍惚的妻子，丈夫感到惊讶："你怎么来了？孩子呢？"一听丈夫问，妻子猛然回过神来，反复念叨着一句话："我对不起你，我对不起你，没把孩子看好！孩子没了！家没了……"

杨玉祥这个一向坚强的男子汉不禁失声大哭。"这不怪你，是我对不起你们，该照顾家的是我呀！老天爷……"

1978 年，杨玉祥出席了黄委会"学大庆、学大寨"先进表彰大会，并作了典型发言，与会代表无不为之悲伤，无不为之潸然泪下。

光阴荏苒，如今对黄河口的水文观测以及对黄河入海后的浅海水文测量技术手段发生了质的飞跃，只一个"无人机航测航拍"就可以解决许多复杂问题；在黄河干流重要的控制站花园口水文站，传统的泥沙人工监测变成了振动式测沙仪自动测量，最快 3 秒钟就可以监测到一个泥沙数据；传统的人工测流变成了触摸屏控制台自动测算和无线传输以及 ADCP 渡河测验；传统的电台传递水情变成网络报汛自动传输；传统的雨量人工观测变成了网络雨量无线传输……

然而，作为执着的黄河守望者以及水文先锋，一代代水文人所形成的独特的行业精神依然在大河之上流淌，生生不息。

二十四　峡谷春秋

　　黄河经过 100 多万年的孕育,在华夏大地挥写出一个大大的"几"字,从大尺度上看,从上到下蜿蜒形成七段峡谷。峡中有峡,叫"峡"的河段共 24 处。最长的峡谷是晋陕峡谷,700 余公里;最短的峡谷是八盘峡,峡长不足 3 公里;最窄的峡谷是野狐峡,最窄处河宽只有 10 余米,相传因勇敢的狐狸曾一跃而过而得名;最险的峡谷是拉加峡,1986 年,洛阳黄漂队的几位勇士就在峡谷中不幸遇难。

　　在发展主义者的视野中,咆哮澎湃的河流大峡谷无疑是一个巨大的宝库。从 1936 年美国人在科罗拉多河布莱克峡谷上竖立起地球上第一座现代化的大坝——胡佛坝,仅仅不到百年,已经有上百万座横刀立马的大坝矗立在遍布世界各地的河谷中。急剧膨胀的农业灌区使河川径流量很快脱离河道,日进斗金的发电效益则使某些电力巨头为了保持发电水位而无视下游的用水权。大坝甚至被一些发展中国家视为现代化标志和"发展圣殿"。

　　1950 年代,中国大跃进式地由一个落后的农业大国向工业化初级阶段狂奔,作为这一超越时代的冲锋号角,在 1955 年 7 月第一届全国人大二次会议上,国务院副总理邓子恢代表国务院发布了《关于根治黄河水害和开发黄河水利的综合规划的报告》,响亮提出:

"现在我们不需要几百年，只需要几十年，就可以看到水土保持工作在整个黄土区域生效；并且只要六年，在三门峡水库完成以后，就可以看到几千年来人民所梦想的这一天——看到'黄河清'！在全国工人、农民、知识分子的一致支持下，在苏联的慷慨援助下，我们一定能够征服黄河，征服长江和其他河流，使它们为我国人民的利益服务，为我国人民的伟大的社会主义事业服务！"

在这样的时代背景和规划下，1957 年 4 月 13 日，天下黄河第一坝，又称新中国第一坝的三门峡水利枢纽工程开山炮轰然响起。

1958 年 11 月 25 日，在人门、神门、鬼门随风飘散，三门峡大坝成功截流的当天，《人民日报》社论豪情满怀地宣告："水利建设是一项改造自然的伟大斗争。在这场斗争中，亿万人民要从自然手里夺取主动权，使自己从自然的奴隶，变为自然的主人。"

激情燃烧的岁月，传承红色基因的诗人们心情当然也会倍加澎湃。著名诗人贺敬之的《三门峡组诗》傲睨千古，风行一时：望三门，门不在/明日要看水闸开/责令李白改诗句/黄河之水"手中"来！

然而，大坝合龙、水库建成，人们不仅没有看到梦想中的"黄河清"，反而不得不接受渭河河道被抬高的残酷现实。三门峡水库的总体设计是苏联专家组完成的，他们对黄河这条"世界多泥沙河流之王"究竟做了多少功课，无人知晓。令绝大多数中外专家想不到的是，三门峡水库自 1960 年 9 月蓄水运用，仅仅一年时间，库内淤积泥沙达13.62亿吨，并迅速向库区尾端的渭河流域发展，导致渭河河床急剧抬升，直接威胁关中平原安全，以前从无水患的渭河两岸不得不修起了防洪堤，耕地迅速出现盐碱化甚至沼泽化，渭河回水甚至一直倒灌至距离西安仅十余公里的草滩一带。

针对三门峡工程出现的危机，三门峡水利枢纽总设计师科洛略夫的师辈、苏联水利科学研究院原院长、著名泥沙专家康恰洛夫很直白地说:你们为治理黄河聘任专家,却找到电站工业部,派给你们一个水工专家。科洛略夫对河流一窍不通,仅就工程角度考虑,根本无法理解多泥沙河流。对于黄河这条世界上变化最剧烈的河,就算把我们这些老头儿全搬过去,也不是短时间能奏效的。

其实,早在日本投降之后不久的1946年12月,美国的大坝水电专家在对黄河中游峡谷进行了科学考察后,就明确提出,在三门峡修建高坝大库不妥,对潼关上游渭河平原淹没损失太大,建议在三门峡下游八里胡同建坝。

1964年春天,著名民主人士黄炎培之子、水利科学家黄万里上书国家副主席董必武,陈明三门峡水库淤积的严重性。1964年12月,周恩来总理亲自主持召开国务院治黄会议,就三门峡大坝废留问题请各路专家发表意见。出席会议的专家各持不同观点,众声喧哗,百家争鸣。为了实现"防洪为主,确保下游,确保西安"的目标,周恩来总理宣布"黄河的事情我挂帅",最终选了一个中间路线:改建!

漫长的三门峡改建工程就此启动。到了1968年,三门峡水库第一期改建刚刚结束,第二次改建又接踵而至。至此,所有的争论已经变得毫无意义。按照一些水利专家的看法,原指望带来"黄河清水长流"的三门峡工程,这时候已经变得河流不像河流,水库不像水库,电站不像电站,成了个"三不像"。

面对这一工程蜕变、水库移民颠沛流离的严重后果,没有人能体会到三门峡工程反对派黄万里的沉重心情。头顶被打入另类的"右派"帽子,他只能空怀绝技,长吁短叹,一次次求证,一次次上书,又一次次失望。三门峡水利枢纽经历着历史的拷问和漫长的"外科手术",这几乎是一个永远不能画上句号的工程。为了亡羊补牢,三门峡水利枢纽年年改造年年建,一切都被黄万里、温善章等少数派不幸言中。作为世界水利史上最具争议性的大坝之一，三门峡究竟功过几何，至今仍然众说纷纭。

到了 2003 年秋天，受华西秋汛天气影响，洪水出其不意地降临在黄河、渭河、北洛河上，还是把那块本来就没愈合的伤疤又给揭开了。洪水灾害损失严重的陕西渭南人再次把目光投向 100 多公里开外的黄河三门峡水库。

陕西省向中央的一份报告倾诉了压抑已久的郁闷："同在一个黄河流域，唯有陕西是历史因素的无辜受害者，而别的省份都是纯粹的受益者，他们在几十年安澜的同时，继续向黄河索取更大的利益。"

2004 年 2 月 3 日，包括陕西华县县长薛东江在内的 15 位陕西省人大代表向陕西省十届人大二次会议提交了《关于停止三门峡水库蓄水发电、尽快降低陕西潼关高程、彻底消除渭河下游水灾隐患的议案》。2004 年 3 月，陕西省政协主席安启元等人大代表和政协委员将问题摆到了全国"两会"的主席台上。他们提出"渭河 2003 年洪灾，主要责任在三门峡水库"，呼吁尽快停止三门峡水库蓄水发电以降低潼关高程，有人甚至再次要求炸掉三门峡大坝。

陕西的声音已经不止一次来到"两会"会场了。

1962 年 4 月，二届全国人大三次会议，陕西代表联名提出著名的 148 号议案：强烈呼吁三门峡敞泄运用，以减少淤积，泄流排沙，拯救关中。鉴于 2003 年渭河洪水灾害，甚至三门峡立项决策的坚定支持者、清华大学教授张光斗也顿生悔意，认为"三门峡水电站是个错误，三门峡水电站要废弃。放掉（水），不要（发电）了"。

但专家们的声音并不一致。原黄委会总工、高级工程师龙毓骞认为：上世纪 90 年代后，潼关高程再次抬升属于自然抬升，非渭河独有，也非潼关独有。潼关高程的升高与三门峡水库并无直接关系。

清华大学教援张红武认为:渭河是一条多泥沙河流,(渭河)即便没有三门峡,三十年淤高两米也是正常的。潼关高程的抬高,主要是由于三门峡水库蓄水初期造成的。而在三门峡改建之后,已基本对潼关高程不产生任何影响。渭河2003年洪灾是因为十多年来当地过度用水和不注重水土保持,从而导致渭河水少沙多、主槽萎缩,致使河床不断淤积抬高。

任何事物发展都不是线性和单向度的。就在三门峡一边修修补补,一边承受着来自渭河平原无休无止的抱怨的同时,它本身的业绩却也在积累和成长着:自水库建成以来抵御了七次以上可能造成全流域洪水的巨大洪峰,尤其在近年来"万家寨—三门峡—小浪底"三库接力调水调沙,进一步奠定了三门峡作为黄河下游防洪防凌体系中骨干工程的地位。三门峡工程的建设和运用经验使我国对黄河和多泥沙河流的认识产生了飞跃。没有三门峡就没有后来小浪底的成功实践。三门峡市是依水利枢纽建设而兴起的新兴城市。水库蓄水以来,形成了400平方公里的湿地、不低于3000平方公里的新型生态区,支撑着上百万人口城市的经济社会发展,而且也是每年上万只白天鹅以及几十种候鸟的栖息地,已形成新的天、地、人互洽的生态系统。

其实,在豫、陕两省再起争端之前,水利部黄委会就开始对三门峡水库进行低水位运行试验,来验证三门峡水库运用水位与潼关高程升高的关系。三门峡人算了一笔账:受水库低水位运行的影响,造成农村63万人吃水困难,市区居民生活用水出现紧张局面,三门峡市地方财政两年内损失超过了6亿元,黄河湿地面积减少近40%,生态环境和生物多样性受到严重影响。

黄委会副主任苏茂林的观点是,三门峡水电站作为径流电站,可以长期保持低水头发电,但作为黄河干流上一个重要的防汛基础设施,三门峡水库万万不可轻言放弃,那样我们的黄河防洪防凌以及调水调沙就少了一张王牌,已经结成一体的生态系统也会再次遭到重创,形成二次伤害。

2005 年,来自河南的全国人大代表也向全国人代会提交了一份议案,呼吁立即结束三门峡水库原型运行试验,让三门峡水库正常运行,让依托水库正常蓄水而自然形成的生态系统恢复平衡。

像是神话中逃出所罗门瓶子的膨胀的巨人,大坝从它横空出世的那一天起,就有了一种异己的力量。难怪,面对这不可预料的庞然大物,毛泽东也难以掩饰内心的挫折感和无名之火。1960 年代,当得知三门峡库区的黄河水倒灌关中平原以后,毛泽东愤愤地对周恩来说:不行就把三门峡炸了算了。当然这也只是一种情绪性的发泄而已。几十年过去了,经历一次又一次改建,三门峡大坝迎着凄风苦雨和唇枪舌剑,一直屹立在古老的峡谷之中。

尽管"天下黄河第一坝"教训惨痛,但大峡谷的黄金诱惑依然足以使人知难而进。对所有发展中国家来说,1950 年代的大坝热仅仅只是个开始。在三门峡水利枢纽开山炮隆隆作响的同时,龙羊峡、刘家峡、盐锅峡、八盘峡、青铜峡、晋陕峡谷和晋豫峡谷也没闲着,有的开始勘探,有的捷足先登。根据 1955 年《关于根治黄河水害和开发黄河水利的综合规划的报告》,在黄河上中游的四个河段将会修建不同条件不同任务的拦河坝 44 座,加上规划拟定的在黄河下游修建用于灌溉的另外两座拦河坝,将有 46 座大坝横空出世,将黄河切割成 46 个水库单元。

从西宁出发,翻越日月山,南行 146 公里,便是黄河上游第一座大型梯级电站——龙羊峡水电站。这里距黄河源头 1684 公里,坝高 178 米,为建坝时国内和亚洲第一大坝,可将黄河上游 12.2 万平方公里流域内的年径流量全部拦住,从而形成一座面积 380 平方公里、总库容 240 亿立方米的高原人工湖。龙羊峡水电站 1979 年底截流,1986 年 10 月下闸蓄水,1992 年全部竣工,总装机容量达到 128 万千瓦,年发电量 2360 亿千瓦时。龙羊峡水电站曾以海拔最高、大坝最高及单机容量最大而著称于世,号称黄河“龙头”电站。除发电之外,还具有防洪、防凌、灌溉、养殖等综合效益。

刘家峡,这是黄河干流规划中的第七座梯级水电站,《尚书·禹贡》记载大禹“导河积石”,积石山就在这里。刘家峡知名度没有三门峡高,开工时间却仅比三门峡晚一年,同样是国家“一五规划”中由苏联老大哥援建的重点项目。1955 年 3 月开始初步设计,1958 年 9 月 27 日动工兴建,1960 年元旦实现大河截流。后来由于中苏关系恶化以及国内经济困难,1961 年被叫停。1964 年,经过国民经济调整整顿,国家元气逐步恢复,刘家峡工程重新启动。1974 年 12 月,5 台机组全部投入运行,一度以单机和总装机容量最大、输电电压最高、输电线路最长在我国水电发展史上独领风骚,成为我国西北大电网的中心。1980 年代中期以来,龙羊峡、刘家峡联网运行,为西北地区经济社会的发展提供了强大动力。

万家寨水利枢纽,位于黄河托克托至龙口峡谷河段,是黄河中游规划开发梯级的第一级。枢纽的主要任务是供水、发电、防洪、防凌,曾经被视为三晋大地的救命工程;而电力部门则对它的发电功能十分看好,期望能改善华北电网的能源结构,优化电网运行系统。

1997 年 10 月 28 日,位于开封柳园口以上 188 公里的小浪底水利枢纽工地,人们正在举行盛大的大河截流仪式。按照规划,这座总工期长达 11 年的“巨无坝”控制流域面积达 69.4 万平方公里,占黄河流域面积的 92.3%。水库总库容 126.5 亿立方米,长期有效库容 51 亿立方米,防凌库容 20 亿立方米。工程建成后,可使黄河下游防洪标准由六十年一遇提高到千年一遇,基本解除黄河下游凌汛威胁;同时,总装机 180 万千瓦的小浪底电站,可创造年平均 51 亿千瓦时的发电效益。小浪底工程的开发目标是以防洪、防凌、减淤为主,兼顾供水、灌溉和发电。其 75.5 亿立方米的调沙库容可滞拦泥沙 78 亿吨,相当于 20 年下游河床不淤积抬高;工程每年可增加 20 亿立方米的供水量,大大改善了下游农业灌溉和城市供水条件。

的确,所有收益中的任何一项都足以令人欢欣鼓舞。但当人类兴高采烈地盘点着水库带来的进项时,河流却在发生着出人意料的变化。

一座又一座高坝大库的修建,使控制洪水的千年梦想变成了现实,流域经济社会由于源源不断的动力而快速发展。但上游水位壅高,下游河水减少,河道淤积增加,却也是不争的事实。通过库坝建设,人类已经控制了黄河 90% 以上的径流区,几十座不同类型拦河大坝使黄河成为一段一段的湖库型河流,总设计库容上千亿立方米,如果加上在建工程的预期库容,已经远远超过了黄河年均 580 亿立方米的径流量。黄河流域兴建的提引水工程达到 3.36 万处,全河干流设计引水能力超过每小时 6000 立方米,远远超过了黄河的正常流量。

“黄河百害,惟富一套。”这是 20 世纪 80 年代以前宁蒙灌区的真实写照。黄河从一连串峡谷中穿越,来到得天独厚的前后套,2000多年来这里尽享引黄灌溉之利,却从无洪涝淹没之灾。然而库容巨大的龙羊峡、刘家峡二库建成后,一切都在悄悄地变化。河槽浅了,河床高了,2000 多年来一直困扰下游的“悬河”在河套平原赫然现身,甚至黄河决口也发生了。原因其实很简单。黄河上游龙、刘两库的调度运用,从根本上改变了黄河的径流规律,需求迅速增加,来水不断减少,造成河流动力严重不足,河道输沙势能和动能大幅降低。1968 年至 1985 年,刘家峡水库建成以前,河口镇下泄水量 239 亿立方米,年淤积量 3800 万吨。刘家峡建库后,1986 年至 1996 年河口镇下泄水量由原来的 239 亿立方米减少为 174 亿立方米,造成了 1.13 亿吨的泥沙淤积,增加淤积 6500 万吨。悬河就这样由下游向上游迅速移动。

刘家峡、龙羊峡等水库大坝建成运用,黄河甘肃以上河段从此告别冬季结冰封河的历史,有史以来兰州市民徒步跨越黄河、冰河行走的景观也一去不复返。

与三门峡、刘家峡一样,宁夏青铜峡水利枢纽也是开发黄河的一期工程,1958 年动工兴建,1978 年全面竣工。设计库容 5.65 亿立方米,然而蓄水运用 4 年以后,实测库容仅 0.56 亿立方米,损失库容87%。

大坝对河流景观、生态系统乃至古老文化的有些损害甚至是不可修复的。河流是人类文明的摇篮,河谷地区通常是古老文化的精华区和天然博物馆。而伴随着一座座大坝的崛起,一些遗址、神庙和生活方式,不可再生、不可重复的文化瑰宝,都被淹没了。与此同时,库岸在年复一年地崩塌,自然峡谷永远消失了,洄游鱼类失去了它们的繁衍地和生命通道。

鉴于大坝已知或未知的危险后果,世界各地先后成立了各种反坝组织。一些危险的大坝拆除了,一些规划中的大坝被搁浅或放弃。从全世界范围来看,建坝的热潮似乎正在慢慢冷却。一些发展中国家后来居上,既为水电开发的前景所深深迷恋,又对即将失落的自然家园和传统文化难舍难分;而一些老牌工业国家则已经超越了对于河流的初级利用,跨入原生态保护和其自然功能的修复阶段。

　　事实是：无论在发达国家还是发展中国家，都有许许多多大坝矗立在幽深的河谷之中，代表着繁荣、增长和工业时代的辉煌梦想。建坝还是废坝？这是一个问题，需要更多的审慎和理性。同时，还需要更大跨度的想象力和人文关怀，既不能杀鸡取卵，也不能因噎废食。

　　解铃还须系铃人。对于黄河这样著名的"全世界多泥沙河流之王"来说，一种自然流态的恢复，恰恰需要充分利用水库群不可思议的能量储备，通过人造洪峰，回归河流以生命的狂放和勃勃生机。作为传统治黄向现代治黄转变的标志性技术，调水调沙应运而生。这不仅是河流的福音，也是水库的福音。在全世界针对高坝大库质疑的浪潮中，调水调沙对河流生命进行了创造性的补偿，也赋予了坝库以全新的内涵。

二十五　调水调沙

　　她与调水调沙同年同月同日生。2002 年 7 月 4 日,伴随首次黄河调水调沙试验的阵痛和惊喜,她诞生在这个充满风险,也充满希望的世界上。

　　出生时爸爸不在跟前。作为 15000 多名参战大军中的一员,爸爸正在前方守望着,守望那个神奇的人造洪峰。也许多少年以后她才能明白,它凝结了多少人的心血,寄托着多少代的梦想! 养育了一个古老民族的河流自然是古老的,调水调沙却那么年轻,像是一个血泊中的新生儿,它要为母亲河注入和见证一个新生命。为了它的到来,一代又一代人,经历了多少探索、挫折和艰辛!

　　自古至今,自从人们发现了源源不断的泥沙对下游河道的致命影响以后,关于泥沙的去留,就产生了不同的治河思想和治河体系。明代治河专家潘季驯在主持黄河河务期间,提出"以堤束水,以水攻沙"(《河防一览》)。束水攻沙的方略主要是通过缩窄河道横断面,增大流速,提高水流挟沙能力,体现了利用河流动力从水平方向将泥沙输送入海的思想。相反的路数是"宽河固堤",古已有之,但明确作为治黄方略是在新中国成立以后。王化云在《我的治河实践》中回顾说,从 1950 年起,根据下游河道的特点和堤防工程状况,采取了一系列工程措施和非工程措施,概括起来叫做"宽河固堤"。"宽河固堤"主张两岸堤防要远离主槽,保持较大的堤距,其战略出发点是让洪水漫滩,为泥沙的淤积留足空间。作为传统治河手段,无论"宽河固堤"还是"束水攻沙",都是前人留下的宝贵财富,至今仍然发挥着不容忽视的重要作用。然而,单一的"宽河固堤"忽视了河道的纵向输沙能力,客观上听任大河游荡摆动,横河、斜河频繁发生,最终难免决口厄运;而"束水攻沙"虽然充分评价了水流的挟沙能力,但在没有足够坚固的堤防和完善的河道整治工程的前提下,束水不仅不能攻沙,反而常常葬送了不堪重压的脆弱堤防。1952年,王化云提出"蓄水拦沙",即通过水土保持和大量修筑干支流水库,把泥沙和洪水拦截在高原上、沟壑中和水库里。这是现代坝库技术和大规模社会动员条件下的泥沙垂直运动。"节节蓄水,分段拦泥",目标不是大海,也不是下游广阔的河滩,而是上中游的千河万沟和深峡阔谷。但是,三门峡水库蓄水运行后发生的严重淤积和回水倒灌,向既定的技术路线提出了挑战。从形式上看,通过堵截的方法处理水沙,貌似又在重复4000年前鲧"埋堵治水"的古老悲剧。

沉痛的教训促使决策者反复选比,痛下决心,制定出一个立足于工程水利的治黄方针,"上拦下排、两岸分滞"用来处理洪水,"拦、排、放、调、挖"用来解决泥沙淤积。显然,上拦需要足够的库容,下排需要足够的河流动力。

真正引导流域管理的治河方略,既来自传承,也来自创新,既来自大胆假设,也来自小心求证,来自对于母亲河本体生命的深切关怀。当库容巨大、功能齐全的小浪底水利枢纽出现在黄河最后一个峡谷时,机遇来了,命运女神向黄河绽放出妩媚的笑容。所谓调水调沙,就是根据当年水情、雨情,统筹调度水库蓄水和上游来水,对来水来沙进行优化重组,塑造出合理的水沙比例和连续的泄洪动力,既将淤积在水库的泥沙排出库外,也使进入下游的洪峰对河道产生强烈冲刷,从而最大限度地延长水库使用寿命,促进河道良性发育,使河流生命由枯萎走向昂扬。

在许多人看来,这是一个带有幻想色彩的理想化方案。"拦、排、放、调、挖",尽管五字方针已明确写进了国务院批复的《黄河流域近期重点治理规划》(国函〔2002〕61 号),但惟独这一个"调"字始终蒙着神秘的面纱。由于空间尺度大,河情复杂,雨情、水情瞬息万变。长期以来,这几乎只是一个传说中的人造洪水过程,一个令人觉得是发疯的科学神话。

终于,在小"调水"出生的那一年,神话变成了现实。在小"调水"呱呱坠地的那一刻,在河南开封夹河滩,她的父亲看到了那个同样美丽的人造洪峰。这是世界上第一次在上千公里的河段上进行有效的原型试验。黄河苏醒了,战栗着,试探着恢复自己原始的野性。在 26 亿立方米洪水的盛情邀约下,已经在主河槽里安营扎寨的 6640 万吨泥沙一路携手,直奔渤海。

赞叹声中,也传来了质疑的声音:在一个极为缺水的流域,把无比珍贵的水资源就这样放进大海,值吗? 时任黄河水利委员会副主任徐乘告诉本书作者:第一,试验是在汛期举行的,参加试验的水量全部都在国家规定的汛限以上水位。按照《中华人民共和国防洪法》和小浪底水库运行原则,必须在主汛期到来之前把它们全部放入大海。第二,黄河下游河道已经恶化到了生死攸关的关头。通过人造洪峰冲刷下游河床,遏制主河槽萎缩的趋势,增大其行洪能力,维持河流生命的本体存在,是一个刻不容缓的神圣使命。

2003 年,黄河流域出现了近 20 年来未曾有过的强降雨。自 8月 25 日后,黄河中下游干流及主要支流渭河、洛河、伊河、沁河、大汶河相继发生 17 次洪水。渭河出现了首尾相连的六次洪水过程,其他支流的来水量、洪水位也达到或接近有实测记录以来的最大值。各大干支流水库水位居高不下。根据这一特点,黄河防汛抗旱总指挥部抓住有利时机决定实施第二次调水调沙试验,充分利用时间差和空间差,结合防洪调度,对三门峡、小浪底、陆浑和故县四大水库实施联合错峰调水,实现了减淤防灾、洪水资源化等多重目标。

早在1980年代,调水调沙就作为小浪底枢纽的主要功能纳入枢纽规划设计。作为世界上最复杂的水利工程之一,小浪底水利枢纽拥有由十座体量巨大的复杂进水塔组成的进水口系统,由三条明流洞、三条泄洪洞、三条排沙洞和一座正常溢洪道组成的出水口系统,由三个集中布置的消力塘组成的出水口建筑群。它们共同构成一个严密的泄洪排沙体系,各司其职而又紧密协作。在黄河连续实施的调水调沙中,小浪底与三门峡、万家寨、故县、陆浑等水库利用汛前泄洪的时机联合调度,控制和调节进入下游的水沙过程,塑造协调的水沙关系和人造洪峰、沙峰,排沙出库,刷河减淤,输沙入海,既保证防洪安全,又实现水库与河道减淤,有效遏制了河床抬高。历朝历代视为"猛兽"的洪水变成了冲沙减淤的强大河流动力,河流生命高潮不断呈现。

试验表明:汛前,当水库蓄水达到汛限水位时,实施调水调沙,控制花园口站流量大于2600立方米每秒,控制含沙量小于20公斤每立方米,洪水过程不少于九天;汛期,当上游来水及水库蓄水量转小时,花园口流量应控制在小于800立方米每秒以下运行。当上游来水及水库蓄水量达到汛限水位时,利用洪水继续调水调沙,花园口流量大于2600立方米每秒,或小于800立方米每秒时,可以保证山东河道冲刷或不淤积,同时避免河南河势发生剧烈变化。2002年以来,单库运行、多库联调、不同来源区水沙对接等调水调沙模式组合运用,使黄河下游河床比降连续下降,"二级悬河"发育的趋势得

到缓解,河道行洪排沙能力逐年修复,明显改善了黄河防洪的基础
条件。

2003年9月6日,小浪底排沙洞闸门徐徐开启,一个精心塑造
的洪水过程开始了。在这个举世瞩目的人造洪峰里,包含了2000立
方米每秒的流量、100公斤每立方米的含沙量及0.05毫米的泥沙颗
粒级配。如果没有接下来适当比例的清水补进,这股洪水里的大部
分泥沙将淤积在下游河床上。在此之前,位于伊洛河上的故县、陆
浑水库已经接到了开闸放水的命令。8月30日,故县水库准时开启
大坝底孔泄洪,流量逐渐增加到1000立方米每秒。8月31日早7
时,陆浑水库开始放水泄洪。

巩义黑石关水文站,伊洛河入黄口。清凌凌的伊洛河水与来自
黄土高原的滔滔浊流激情相拥,清浊一体,"清水背沙",来自伏牛山
的滚滚碧波成了大河减淤的搬运工。黄河干流水沙比例得到第一
次调整。三个小时以后,武陟水文站,花园口水文站,从太行山奔腾
而下的沁河在这里与人造洪峰准确对接,一种冲而不淤的理想的水
沙关系形成了。古老的河床上,流淌着一条新黄河。有人说,这哪
里是调水调沙,这是为黄河人工换血。

黄河水利委员会高级工程师尚宏琦告诉本书作者:黄河第二次
调水调沙试验的成功取决于三个因素:一是小浪底水库不同泄水孔
洞的优化组合,二是小浪底—花园口区间洪水、泥沙的准确预报,三
是干流和支流(黄河、伊洛河、沁河)水沙过程在花园口水文站的准
确对接。这样就实现了四库联调的三个目标:一是排出了小浪底水
库的淤积泥沙,二是伊洛河、沁河的"清水"不空载运行,三是黄河下
游河道发生了冲刷。黄河第二次调水调沙试验,使淤积在小浪底水
库和黄河下游河道内的1.207亿吨泥沙被输送入海。黄河下游河道
普遍刷深30~40厘米,各断面的同流量水位较试验前明显下降,过

流能力增大了 100~400 个流量。更重要的是,通过试验进一步深化
了对黄河水沙规律的认识,探索了人工调控黄河水沙关系的可行
性,为充分利用自然力量治理黄河寻找到了一条新的途径。

　　2004 年 6 月 19 日,随着黄河防汛抗旱总指挥部一声令下,小浪
底水库九个泄流孔洞同时打开,黄河第三次调水调沙试验拉开了帷
幕。和前两次试验相比,它的特点是三库接力调度、人工扰沙和人
工塑造异重流。试验的每一个阶段都充满了悬念。从 7 月 2 日 12
时开始,远在三门峡水库上游 1000 公里的万家寨水利枢纽正式开闸
放水,黄河第三次调水调沙试验进入第二阶段。7 月 7 日凌晨 2 时,
万家寨水库下泄的 1200 立方米每秒的水流,经过 5 天的行程,进入
三门峡水库。三门峡水库调度运用进入关键期。按照试验预案,三
门峡水库将和万家寨水库下泄的水量实现同步对接,两库泄洪形成
合力,向小浪底水库进发。调水调沙试验第三阶段开始了。黄河防
总向三门峡水库陆续发出一道又一道调度指令:"8 时 30 分起,出库
流量按 3000 立方米每秒均泄,底孔分流比不低于 70%。""10 时起,
出库流量按 3500 立方米每秒均泄,底孔分流比不低于 80%。""12 时
起,出库流量按 4000 立方米每秒均泄,底孔分流比不低于 80%。"
"14 时起,出库流量按 4500 立方米每秒均泄,所有底孔全部开
启……"短短几个小时内,三门峡水利枢纽 24 个深孔和底孔全部打
开,浑浊的激流裹挟着滚滚泥沙从泄流孔内喷涌而出。此时,由于
小浪底水库已进行了第一阶段的防洪预泄,库尾淤积三角洲暴露出
水面,在上游泄水的猛烈冲刷下,被启动的泥沙迅即变为高含沙水
流。小浪底、三门峡、万家寨——像是一个个巨大的心脏起搏器,为
河流机体鼓荡起生命的春风。

　　时任水利部部长汪恕诚在总结调水调沙经验时指出:过去在进
行水库调度的时候,较多的是注重水量调度,而对泥沙调度注意不

够。近年来,黄委会不仅调水,而且还调沙。只有把泥沙调度好了,黄河的问题才能解决好,才能真正认识到黄河客观规律。

7月8日14时30分,神出鬼没的异重流终于现身。水库异重流是一种特殊而罕见的水流现象。当高含沙洪水进入库区后,由于密度差而潜入清水之下形成暗流。如果后续动力跟上,这股暗流将一直向坝前潜行。20世纪60年代,人们曾经在三门峡水库首次发现这种现象;进入21世纪,小浪底水库先后两次出现异重流过程。是的,大自然的启示和提醒恰逢其时。水利科学家一直密切关注着异重流这一奇异现象的发生。是否可以利用异重流来减少多泥沙水库的淤积呢?水利部部长、时任黄河水利委员会主任李国英告诉本书作者:人工塑造异重流必须具备两个水量条件。一是要有一个相应的流量过程,经测算,要成功塑造异重流,三门峡水库需保持2000立方米每秒以上的流量。二是要有后续动力。人工塑造异重流是本次调水调沙试验的核心,也是衡量试验成功与否的主要标志之一,而三门峡、万家寨水库泄流过程和时机是优化调度的关键因素。

河南省渑池县南村乡,这里距小浪底大坝57公里,是“人造洪峰”和“人工异重流”的预定监测断面。水文监测显示,正在库区底部行进的人工异重流最大厚度12米以上,平均含沙量在100公斤每立方米以上。7月8日14时30分,千呼万唤的人工异重流成功抵达小浪底坝前,通过位于底部的两个排沙洞,滚滚浊流在阳光照射下五彩斑斓喷出坝外。据统计,在第三次调水调沙试验中,三门峡、小浪底水库淤积的1.6亿立方米泥沙被排放出库。为了充分利用人造洪峰的富余挟沙力,黄河人工扰沙清淤在下游两个卡口河段全面启动,冲淤扬沙,推波助澜,泥沙俱下,直奔大海,黄河下游河道恶化的趋势开始得到遏制。

这是河流的福音,是独一无二的河流狂欢节,是多泥沙河流上史无前例的生命复活节。从此,调水调沙将作为新时代黄河治理的关键技术转入常规运用。黄河生命,从此多了一个启动器和安全阀。从单库调度、四库联调,到三库接力调水、人工扰沙、小北干流放淤,不同的水情产生了不同的调度模式,却共同创造着河流生命的奇迹。

通过连续多年调水调沙运用和水沙年际调节,有效防范了小浪底水库拦沙库容过快、过早淤满。这部分珍贵的拦沙库容,为黄河下游防洪安全提供了保障,也为减少下游滩区淹没争取了主动,更为进一步完善黄河水沙调控体系赢得了时间。2020 年汛期,黄河小浪底水库排沙量达 3.35 亿吨,黄河下游主河槽过流能力提升至 5000 立方米每秒以上。作为黄河下游宽河道向窄河道过渡的著名"瓶颈",山东孙口顺利通过 5020 立方米每秒洪峰流量,为应对可能发生的超标洪水提供了更好的河道地理条件,进一步扩展了黄河下游防洪调度空间。

让我们继续回到小"调水"的故事。2004 年 7 月 4 日,河南开封,这是小"调水"两周岁的日子。过生日了,为了最后一次调水调沙试验,爸爸妈妈依然不能回到女儿的身边。孩子的爸爸——一位水文站的助理工程师特意提前订做了一个蛋糕。圆圆的蛋糕两边刻着两个心,一条黄色丝线曲曲弯弯紧紧联系着它们,在黄线中间有两只绿色的小蜡烛。孩子的奶奶亲自为"调水"点燃那两支小蜡烛,然后启动电脑,上网打开为"调水"精心设计的生日贺卡。伴随着"祝你生日快乐"背景音乐响起,一张三口之家的全家福照片出现在网页里,接着传来在远方的爸爸对女儿亲切的祝福:"亲爱的女儿,此时此刻爸爸多想和你在一起唱那首生日快乐歌,可是爸爸这次又让你失望了。每次回家你都不叫我爸爸,可走了以后打电话你却总叫个不停,难道你只认电话里的爸爸?这个蛋糕是爸爸、妈妈为你精心制作的,两个爱心代表着爸爸、妈妈恩恩爱爱,一条黄河牵动着我们的心。小调水,赶紧吹灭那条黄线上属于你自己的两根蜡烛,是你联系着爸爸、妈妈,爸爸、妈妈期待着当那条黄线变为绿线(维持黄河健康生命)时,亲自为你点燃属于你自己的生命之烛。"

从开封夹河滩往下,黄河还有 700 多公里的行程。徐码头,高村,雷口,孙口,泺口,利津。梦之洪水,高举着一波又一波金色沙峰,向着太阳升起的地方滚滚而去。

二十六　以水为师

　　著名防洪专家徐福龄曾经坦言:洪水是人类的老师,是洪水教会我们该怎样与它相处。

　　1949 年 6 月 16 日,华北、华东、中原三大解放区统一的治黄机构——黄河水利委员会成立,取代了成立于 1946 年的冀鲁豫黄河水利委员会。黄委会第一任主任王化云在 1949 年防汛会议上指出:回忆前两次防汛会议,我们面临蒋、黄两个凶恶的敌人,反对蒋、黄,是我们头等重要的任务。在第一年提出"确保临黄,固守金堤,不准决口"的方针;在第二年又提出"分期分段,重点防守、不准溃决"的方针;接受两年来防汛的经验,依据目前的状况,我们今年防汛的方针应该是"掌握重点,防守全线,强化护堤组织,建立灵通情报(包括水情及河势变化),做到及时的修补、防护与抢救"。我们的任务和过去两年来一样,仍然是"不准溃决"。

　　1949 年 9 月,31 岁的平原省河务局副局长袁隆在张秋镇的黄河大堤上度过了令他终生难忘的岁月。57 年后,谈起当时的情景,老人仍记忆犹新。是年 9 月,中共中央在北京召开首次政治协商会议,讨论中华人民共和国的成立。黄委会主任王化云后来总结:"当我们进行紧张防汛斗争的时候,正是中华人民共和国成立的日子。这次防汛斗争的胜利,是广大治黄职工和沿河人民,向新中国献上的第一份礼物。"

那时,经过调整,平原省河务局刚刚成立。袁隆和局长张方带领几十名干部到新乡机关临时驻地,还没安住家,泾、洛、渭河和三花(三门峡—花园口)间的降雨电报就雪片一样飞来了。

9月14日,花园口出现12300立方米每秒洪峰。10000立方米每秒以上的流量持续49小时,5000立方米每秒以上的流量持续半月之久。这是一次严重的秋汛,也是黄河归故(1946年)后的首次大洪水,当时堤防残破不堪,隐患重重。中共平原省委决定:大水期间沿黄地委、专署都可由黄委会主任王化云直接调度指挥,并抽派厅局长多人分赴范县、寿张、梁山等地,带领群众守堤。于是,袁隆就和多名厅局长一起,冒着滂沱大雨,上了一辆大卡车。到黄河北岸,从范县开始,每经一村,下去一人,组织群众,砍树打桩,割掉高粱、玉米做护岸。袁隆在张秋镇两孔闸旁的黄河大堤上,用树枝和秫秸秆搭了个庵子作为抢险指挥部。当时北岸寿张枣包楼民埝相继决口,洪水倒灌金堤河,眼前一片汪洋,几与堤平,堤土一坨坨塌陷,令人胆战心惊。如果黄河从这里决口,将直抵天津,震动北京,对新中国成立造成严重政治影响。为了确保黄河大堤不决口,下游40万军民上堤日夜防守。紧要关头,发动群众,一天一夜加修子埝600公里,老百姓送土,推车的、抬筐的、布兜的、洗脸盆端的,各种办法都用上了。晚上马灯一眼望不到头,像一条长长的火龙。十几天后,大堤被水泡透,背河200米内泥水不断往外淌,形势十分危急。离指挥部200米出现一漏洞,发现后人们争相跳进水中组成人墙,有扛梯子、拿被子堵的,有搬石头扛草捆的,有人连新媳妇的被子都塞了进去。在堤上四十个日夜,没有人穿过鞋袜,喝的是黄河水,吃的是群众送上来的干馍。厅局级干部一人一块漆布,工人一人一条麻袋,白天遮雨,晚上御寒,就这样坚持到胜利。

山东河务局另外一位治黄特等功臣叫戴令德,回忆当年抗洪抢险,一切依然历历在目:那年我19岁,与同事刘玉俊负责在济阳堤段守坝查水。9月16日夜,风雨交加,我在沟杨险工查水。凌晨1点钟,值完前夜班,我沿大堤往舒家村的临时住处走,喊刘玉俊起来接班。当走到舒家村口平工段时,听到有哗哗的流水声。我循声跑去,发现背河已开始淌浑水。我到临河一看,黄水打着湍急的漩涡,我断定这就是洞口。我高喊:出漏洞了,赶快来人啊。当时我什么也没带,情急之中解下身上的油布团了团塞进洞口,可不等松手就被吸走了。我又脱下新夹袄和夹裤,那是家里刚刚捎来的,团了团又塞上,还是不管用。眼看着洞口越来越大,我一急,就跳进河里用身子堵住洞口,只有头露出水面,我两只胳膊使劲夹着身子一动也不敢动,这样坚持了七八分钟,工程员王庆吉和刘玉俊听到喊声就带着人来了。他们用一个麦秸包将洞口堵上,又在洞口处修了月堤,背河做了反滤围井。就这样,经过几百人三个钟头的抢护,终于将洞口堵住。当大家把我从水中拽上来时,我冻得直哆嗦,站都站不住了。我就是觉得黄河开了口子不得了,会毁掉千百万人的生命财产,比较起来,我个人这一条命算啥?

戴令德还是一位勇敢的捉獾能手。就在堵漏后的第三天,巡堤查水的群众在吴党庙黄河大堤发现一处獾洞,翻挖一天未果。戴令德自告奋勇,前去捕捉。一只四十多斤重的大獾从洞中出来,他伸手抓住獾的脖子,不想獾回头咬掉了他左手无名指的指甲;大家正在扑打,第二只獾跑出,他用脚猛踢,獾又咬伤他的腿,他忍痛制服了两只獾,保证了堤身安全。

已故著名黄河防洪专家徐福龄老人也是1949年大洪水的亲历者。抗洪抢险的五十多天里,他一直在一线奔波。老人回忆,当洪峰接近开封时,时任黄委会技正的他和河防处长马静庭以及技术员、上海交大毕业生朱恺乘坐一辆美式无棚大卡车,奉命连夜从开封出发,沿南岸大堤冒雨跟踪洪峰。到兰考,洪水距堤顶仅一尺多高,风一吹,扑嚓扑嚓响,十分危险。三人急忙下车,徐福龄根据多年经验,指导群众用秫秸做成"埽由",即将秫秸捆成把,两端用绳子系在堤顶木桩上,使之沿堤漂浮水面,以挡风浪。这是个土办法,可很有效。就这样走一路交代一路。一路上,群众都在问:"上面决口了没有?"当时堤身坍塌严重,有的堤段坍坡竟日计百里。他们就指导防守人员临时打桩填柳或秸料,做成一级或二级护岸。在郓城,一处漏洞背河出水严重,抢堵不住,徐福龄让找来门板抹上胶泥,扣在临河洞口,马上赶浇前戗,才把漏洞堵住。一天两夜,他们才从开封赶到梁山段。当时,梁山大陆庄民埝决口,溃水倒灌东平湖,他们带上干粮,乘船先到口门处对入湖流量做了估测,约为 3000 立方米每秒。然后进入湖区整整查勘了三天,发现老运河西堤大部已被冲垮,约有 700 个村庄受淹,房屋多被泡塌。当地群众讲,这次洪水入湖,是 1855 年铜瓦厢改道以来所罕见。徐福龄观测河水渐落后,湖水渐由庞口一带回归黄河。他想,黄河下游河道上宽下窄,泄洪能力上大下小,为了减轻窄河段的防洪负担,可以把东平湖作为一处天然的滞洪区。马静庭听了十分赞成。由于北岸寿张枣包楼一带民埝也决了口,三人又由枣包楼口门向下,顺着溃水的主流线,沿北金堤继续勘察河势工情,估测枣包楼的分洪流量约为 1000 立方米每秒。他们观测到北金堤与临黄堤之间均被水淹,回水到达范县境,下边又从张庄泄入黄河。由于以上两处决口分洪的影响,洪峰到达山东泺口时,削减为 7400 立方米每秒。根据对东平湖和北金堤的实地调查,三人提出了查勘报告,为 1950 年确定北金堤和东平湖为滞洪区提供了科学依据。

　　回忆起 1949 年大水,山东河务局的三位亲历者各自都有一段难忘的故事。

　　姚秀文:1949 年我 20 岁,在蒲台办事处工务股当技佐。全程参加了麻湾抢险。人民治黄初期,技术上主要靠老河工。薛九龄是埽工专家,那时已近 60 岁,是工务股副股长。他在晚清时 14 岁干黄河,当过河防营长。工程队长李洪德当时 50 岁左右,他们都是老河工,没有文化,但实践经验丰富,是当时的技术权威。麻湾北坝头情况极其险恶,县委书记、县长和垦利分局局长田浮萍都在现场,下命令死抢。开始用柳石枕,抢不住;改用埽工,从上往下放。但水深溜急,不断跑埽。120 米的坝冲走了 80 米,薛九龄主张冲到 10 米左右再抢,那样溜势缓了,相对好抢。但县长和田浮萍都很着急,害怕再往后退,万一抢不住怎么办。田说:"抢吧!成功了我给你们记功,失败了算是花钱买经验。"这句话让在场的河工们非常感动,于是,打桩、拴绳、出埽,昼夜不停,一下子埽就抓住了河堤,然后抛石、放柳枕,很快就抢住了。薛九龄很负责任,打桩后拴绳,要求松紧合适,受力均匀,质量上把关很严,他用拐杖一捣就知道绳的松紧。他说:"我经历了三个朝代:清朝、民国和共产党,内心真服的是共产党。抢了这么多漏洞,县里与办事处(指河务部门)分工明确,要人有人,要料有料,人心齐,群众听指挥,积极性高,人民治黄真正是对人民负责。"

　　司继颜:1949 年我在蒲台治黄办事处当收料员,住在麻湾街三高校内。照明用的两个汽灯通过商人从敌占区买来,不会用,找戏班管照明的人来点。那时的河工很勇敢,麻湾抢险时坝前水深流急,河工李增学身上拴上绳子,潜入水中,一是试水深,再是抓红泥(看坝前河底是沙土还是黏土,以便确定抢险方法),但漩涡太急,没抓住;然后河工王焕功下去,抓住了,很快开始进占。搂厢护岸埽由于水大溜急,土胎蛰陷,绳索崩断,随时都有跑埽的危险。紧要关头,老工程队长李洪德奋不顾身,站在即将沉入水中的埽面上指挥抢险,在最后一根麻绳断裂的一刹那,被工人李希忠一把抓上岸,真是惊心动魄,当时的《渤海日报》抓住这个新闻进行了重点报道。

抢险期间,渤海军区文工团到北坝头抢险工地现场慰问,事先在县上化好了装,到工地后却下起了大雨。人们都忙着抢险,演出也就耽搁了。于是,文工团员也参加到抢险队伍中,冒雨扛送物料,结果一个个弄成了大花脸。县长说,这是一次很好的精神慰问。

老河工于佐堂“以淤代石”的事迹也是那年抗洪的亮点。于佐堂一生参加过 86 次抢险,先后三次荣立一等功,是“治黄特等功臣”,全河第一位全国劳模,受到过毛主席的接见。1949 年利津王家庄险工七八段埽工同时出险,连续加料 30 多坯竟不见效,随后,大溜下延至 48 号磨盘埽。此时洪水一涨再涨,一小时内 48 号埽身尽没水中,堤身塌去 6 米多长,急需大批石料。连日接连不断的抢险,已是“弹尽粮绝”,仅有的石料也是杯水车薪,从外地调运已来不及,再说全河多处险工都在告急。眼看埽头就要溃决,在此紧要关头,于佐堂急中生智,大喝一声:“快,用麻袋装红淤泥,往下抛!”抢险队员用一万多条麻袋装入 3000 多立方米红淤泥抛至埽前,险情顿时被遏制住。这一办法很快在全河推广开来,不仅解了燃眉之急,而且为抢险开辟了新的料源。济南河务局原局长孟庆云上世纪 50 年代初曾做过于佐堂三年助手,他介绍,1949 年于已五十开外,几十天在工地抢险,困时只是靠着物料垛打个盹儿,落下了严重的眼疾。于平时每天都到坝上转,对所辖工程的历史和现状烂熟于心,如数家珍,技术上丝毫不保守,也没有旧时的恶习,当劳模后还入了党。

1949 年的抢险,许多干部身先士卒,哪里有危险有困难,他们就出现在哪里;沿黄群众不计报酬,要人有人,要物有物,万众一心保家园。为了抢险需要,很多群众忍痛割了未成熟的高粱、苇子,拆了院墙,扒了门楼,甚至把建房的砖、老太太的捶布石运往工地做物料。因急用来不及计数,群众没有一人提报酬。阴雨连绵,车辆难行,几百万公斤的物品都靠人们扛着踏着泥泞送往工地。从十来岁的娃娃,到七十多岁的老人,未经动员都自愿出工。黄河工人舍生忘死,发挥了骨干作用。惠济县谷家抢险,因连续水中作业,一工程班十人有八人生病,没有一人休息;工人郭洪英扛柳捆,一次50多公斤,连扛36趟;利津王庄抢险,工人李汝春因过度疲劳滑到河里,浮上岸来继续抢险;梁山修防段班长邵根旭,被激流卷进临河漏洞,又从背河洞口冲出,幸免于难……

在1949年洪水涨落过程中,沿堤共出现穿堤漏洞434处,发生渗水、蛰陷、脱坡的堤段150多公里。平原、河南、山东三省党政军民组成了40万抗洪抢险大军,奋战40个昼夜,终于保住了堤防安全,五次洪峰均告安澜入海。这是新中国成立前后的一场特殊特大防汛,虽然仍带有明显的战争动员的痕迹,但徐福龄等治河专家已经清醒意识到要给洪水以出路,这就是后来的黄河滞洪区建设的理论基础和实操经验。1949年8月,王化云在以黄委会名义呈送华北人民政府主席董必武《治理黄河的初步意见》中说:大西北行将解放,整个黄河将为人民所掌握。我们治理黄河的目的,应该是变害河为利河;治理黄河的方针,应该是防灾与兴利并重,上中下游统筹,干支流兼顾。九年以后,一场更大的洪峰到来了。

1958年7月,一场百年不遇的黄河特大洪水,让黄委会主任王化云陷入万分纠结的两难处境。

是年刚入汛,黄河流域就普降大雨。7月14日开始,山陕区间和三花(三门峡—花园口)干支流区间又连续猛烈降雨,暴雨中心五天累计雨量100毫米,总覆盖面积8.6万平方公里,水文预报17日午前花园口站可能出现 13000 立方米每秒的洪峰。

据河南河务局干部慕光远 1996 年撰文回忆:15 日下午,河南河务局的职工们正在户外工间活动,喇叭里突然传来有紧急水情的通知,要求大家坚守岗位,做好战斗准备! 16 日 16 时 30 分,慕光远受命随解放军某部某营从郑州乘专列到黄河北岸老田庵站,再到武陟县共产主义引黄闸执行防守任务。区区 40 公里,却费尽周折,几乎被阻隔在半路。专列到达黄河南岸火车站即被红灯拦住,被告知大桥靠北端的两孔桥基被洪水冲垮,上部桥梁出现摆动,机车已无法通过。当时,黄河上除济南泺口铁路桥、陕西风陵渡铁路桥和兰州铁桥外,再无他桥可以跨越。共产主义引黄闸才竣工两个月,既未经验收,也未经洪水考验,此闸又正处确保堤段。眼看着洪水一个劲地猛涨,慕光远一行心急如焚,恨不能插翅飞过黄河。后来他们决定轻装搭乘运石抢险的平板车强过黄河铁桥。同时决定:如果强渡不成,就速返回郑州改乘飞机到新乡,然后由新乡乘车南下去往目的地。好在他们抢渡成功,尽管是"快速在东摇西晃的桥梁上行进,脚底像没根似的……"总算在洪峰到来之前到达目的地。仅仅两小时后,两孔铁桥断入黄涛,黄河南北铁路交通彻底中断……

17 日凌晨四五点钟,一阵急促的电话铃声把因汛情搅扰得彻夜蒙眬的王化云惊醒,水文处副处长张林枫报告:夜间雨情、水情发生重大变化,三花间和伊、洛、沁河普降大暴雨,基本都在 100 毫米以上。王化云感到事态严峻,当即召集副主任江衍坤、赵明甫及秘书长陈东明、工务处长田浮萍、水文处副处长张林枫开紧急会议,水情科科长陈赞庭汇报了水情。根据降雨推算,花园口站洪峰流量可能超过 20000 立方米每秒。

根据防洪预案,当秦厂站发生 20000 立方米每秒以上洪水时,可以相机利用北金堤滞洪区分洪。但滞洪区内有 100 万人口,200 多万亩耕地,分洪时群众需要大量转移,运用一次要损失 4 亿元人民币。但如不分洪,千里堤防一旦失事,将给国家政治、经济、社会建设造成不可估量的损失。河官将成为千古罪人。

王化云陷入深深的矛盾之中。作为一任河官,他当然可以选择分洪,那样万无一失,他会轻松许多,也不用承担任何风险,理由冠冕堂皇:新中国成立后的最大洪水,灾情险情严重,分洪完全符合预案;可是面对滞洪区内的百万百姓,他很难下定分洪的决心。责任和压力沉重得让他透不过气来。他知道,这次洪水和 1933 年洪水极其相似,而那一次,黄河 54 处决口,灾民 360 万人,至今想来仍然心有余悸。

分洪还是不分洪? 还要依据接下来的水情预报。17 日整个白天,王化云寸步不离防汛值班电话,时刻关注雨情、水情动态,反复研究商讨可能出现的种种情况和问题。他仔细盘点了黄河的家底:经过多年培修加固,堤防抗洪能力已有了很大提高;经过多年防洪抢险锻炼,又处于"大跃进"年代,黄河职工和群防队伍的政治热情高,技术素质好,能打硬仗,如果后续洪水不大,汛情不再发展,全力防守,有可能让洪水顺利入海。

9 时,八里胡同洪峰流量 8700 立方米每秒;13 时 30 分,伊洛河黑石关洪峰流量 9450 立方米每秒;而且,沁河水位也在一个劲地上涨……水文预报,18 日 2 时花园口站将出现 22000 立方米每秒洪峰流量,相应水位 94.40 米……

他当即以黄河防总的名义,向河南、山东黄河防指发出通知:要求做好分洪准备,以防万一。同时加强防守,争取不分洪。并派出赵明甫、汪雨亭、陈东明等分别到山东菏泽、东平湖和河南兰考东坝头、长垣县石头庄溢洪堰协助两省指挥防守。

17 日夜是个不眠之夜,王化云和田浮萍、张林枫及黄河防总办公室的工作人员都在等待雨情和水情变化的最新消息。傍晚,相继传来伊、洛、沁河和三门峡以下干流区间雨势减弱的消息,但花园口站洪水开始上涨,○时水位达到 94.42 米,洪水是否继续上涨,亟待上游水文站网进一步报告。据当时的水情科科长陈赞庭回忆:那时的测验设施比较落后,把大木船放在河中,人在岸上拉着,测流人在船上作业。测一次流要七八个小时,而且很危险,花园口有一位叫刘茂荣的测工,曾被激浪打翻到船下,钻出来后继续测验,非常勇敢。终于,18 日晨花园口水位开始回落。花园口以上降雨大部已转为小雨或阵雨,和洪水预报基本吻合。王化云当机立断,提出了不分洪、充分利用河道排泄洪水的意见。他电话征求了黄河防汛总指挥、河南省委第一书记吴芝圃和山东省省长赵健民的同意后,亲拟电文,向国务院、中央防总、水利部和河南、山东省委报告:在分析了雨情水情后,他指出:"本次洪水为 1933 年以来最大的一次洪水,情况是严重的,但特点是峰高而瘦,再加黄河原来底水低,汶河水不大,整个下游可能出现中间高、两头低的形势。据此,我们认为河南、山东党政军民坚决防守,昼夜巡查,注意弱点,防止破坏,勇敢谨慎,苦战一周,不使用分洪区滞洪,就完全能战胜洪水。希望两省黄河防汛指挥部根据上述情况和精神,结合各地具体情况部署防守,加强指挥,不达完全胜利不收兵。上述意见如有不妥之处,请中央和省委指示。"(王化云《我的治河实践》)中央防汛总指挥部接到报告后,当即发出指示电,并报告国务院。

7 月 18 日,正在上海开会的国务院总理周恩来接到黄河发生特大洪水的报告后,立即停止会议,乘专机飞临黄河,他首先从空中观察了洪水情况,然后飞抵郑州,听取了王化云关于水情和防守部署的汇报,详细询问了洪峰到达下游的沿程水位和大堤险工的情况,毅然批准了不分洪的建议。

此刻,尽管特大洪水依然滔滔不绝,王化云高悬了几天的心却踏实了不少,总理来了,他觉得有了依靠。

周恩来对黄河防洪做出简短安排后,又登上列车,前往郑州黄河铁路大桥视察,了解大桥的建桥历史和洪水冲毁情况。郑州铁路局负责人内疚地说:"我们没有保住大堤,应该向总理作检讨。"周恩来连忙安慰:"这不是你们的责任,百年不遇的特大洪水嘛,要紧的是积极想办法抢修。"他实地查看了大桥冲毁情况,然后走进大桥局一处大院,冒雨向等候在院子里的职工讲话,号召大家"尽快修复黄河大桥"。

不分洪不等于不严峻。17日上午黄河水情发布后,沿黄党政军民紧急动员,全力以赴,把确保安全让洪水顺利入海作为压倒一切的中心任务。周恩来总理亲临一线指挥抗洪,极大地鼓舞了人们胜利的信心,200万抗洪大军日夜坚守在大堤上,各级领导干部身先士卒,分赴兰考东坝头、武陟县庙宫、长垣县石头庄等重要险工、险段包干负责,坐镇指挥。沿河大批基层干部深入各乡、社防守责任段,和群众一起巡堤查水、抗洪抢险,并迅速组织滩区群众迁移救护。河南省军区副司令员苏鳌亲率1100名官兵,严防死守花园口大堤。

但由于河道泄洪能力有限,千里堤线,处处吃紧。东坝头以上大堤部分靠水,东坝头以下洪水迫岸盈堤,一般水深3至5米。广大军民斗志昂扬,提出"人在堤在,水涨堤高"的口号,发现险情英勇抢护。河南堤防共计出现渗漏、蛰陷、脱坡、裂缝等险情130多处,险工出险12处、71坝次,均经紧急抢护,化险为夷。

19日,洪峰进入山东境内,沿黄军民110万人上堤防守。白天一片人海,夜间一片灯海,济南堤线临时架设近百公里的电灯照明线。20日下午,山东省委第一书记舒同、书记处书记白如冰和副省长刘民生、李澄之等到泺口视察水情,并到盖家沟险工与正在加高大堤的民工一起挖土、抬土、加固大堤。

山东河段较窄，洪峰水位表现高，险工坝头有的洪水漫顶，有的出水只有几厘米，又遭五级大风，波浪越堤而过，十分危急。紧急时刻，东平湖湖堤和东阿以下临黄堤全力以赴普遍加修子埝，一夜之间，全河加修 1 米高、3 米宽的子埝 600 余公里。

济南市河务局原局长孟庆云认为，1958 年的黄河抗洪抢险是人民治黄最形象、最典型的诠释和集中体现。那时治黄机构的业务干部每年有三分之一的时间都在沿黄乡下。白天下地帮群众干活，晚上开办夜校教群众读书认字，讲解防汛知识。河务部门与地方政府关系密切，修防段长多为县委委员，分段长多为区委委员。汛前，县长都会主动联系修防段，了解备汛中需要配合的工作。电话汇报都不放心，必须到现场查看，做到有备无患。从老人到孩子，从前线到后方，人人眼里有洪水，心中有防汛。7 月 22 日下午 1 时，齐河县许坊大堤突然出现漏洞，被两名少先队员焦兰英、焦秋香发现了，立即大呼抢险，县指挥部迅速组织千余人奋力抢堵，终于化险为夷。"人在堤在，誓与大堤共存亡"的不仅是口号，也是每个人内心的坚守。沿黄主要交通干线，运送物料的大小车辆排成长龙，县里的广播局、物资局、邮电局全力出动，24 小时让各防汛屋通上广播和电话；石料紧缺，山东一家工厂用推土机推掉院墙，急行 60 公里送料到工地；工厂的发电机拉到工地供应照明；一切服务于抗洪大局。

当洪水演进到山东境内时，有一个人却把心提到了嗓子眼，他就是时年 32 岁的黄委会水文处水情科科长陈赞庭。他和同事们根据干支流来水情况，推算出并预报了花园口 22000 立方米每秒的洪峰；并且根据天气预报，发出了后续来水不大的预告，为是否分洪提供了重要的决策参考。并根据洪峰尖瘦的特点，对洪水演进过程的流量，从花园口一直推算到利津。此时，已经几天几夜没休息的他，看到山东堤线吃紧，心中感到特别忐忑。那时，水位站半小时报一次水位。洪峰还未到艾山，接到了艾山水位突然下降的报告，陈赞庭几乎惊出一身冷汗，他冲到走廊里，大声喊着把这一情况报告给正在厕所里的水情处副处长张林枫，张林枫提着裤子跑了出来。他们对着刺刺啦啦的电话猛喊，希望对方解释原因，但任他们喊破嗓子，也没得到满意的回答。那一刻，他们都觉得山东决堤了，天塌了。好在一个多小时后，水位开始回升，原来是生产堤决口所致。

在最紧张的日子里，全国各地给予了黄河抗洪以巨大的援助。人民解放军出动陆、海、空、炮兵、通信、工兵等部队，并调动飞机、橡皮舟等救生工具，投入防洪抢险和滩区民众救护。短短几天，各地运来麻袋、蒲包、草袋达 200 多万条。辽宁、江苏、广州、上海、天津、青岛等市赶运大批关键抢险物资。在全国人民的支援下，豫鲁两省党政军民团结奋战，将这场特大洪水顺利护送入海，损失控制到了最低，突现了黄河防洪体制的巨大威力。

但回首历史烟云，水文专家陈赞庭老人仍然感到后怕：幸亏后续洪水没有持续下去，多亏老天帮忙啊！

人对洪水的险胜之役。

二十七　与河共舞

1982年是一个多事之秋,国内接连发生飞机失事、轮船沉没、火车出轨事件。未雨绸缪,被称为"心腹之患"的黄河安全也成为焦点,让人放心不下。

这一年原本是黄河的枯水枯沙年。花园口汛期来水来沙量分别较多年平均值少9%和53%。人们刚想暗自庆幸,7月29日到8月2日,三花干支流区间4万多平方公里突然暴雨连连,局部地区降大暴雨。5日累计雨量:伊河陆浑站782毫米,洛河赵堡站645毫米,沁河山路平站452毫米,其中伊河陆浑日最大降雨量544毫米。各支流与干流汇合后,8月2日,花园口站出现15300立方米每秒的洪峰流量。

这是新中国成立后仅次于1958年的又一场大洪水。虽然流量比1958年少六七千立方米每秒,但由于河床连年淤高,郑州花园口至台前孙口河段洪水位普遍比1958年高1米左右。开封柳园口高2.09米,长垣马寨至范县邢庙河段高1.5~2.02米。黄河滩区位山以上,除原阳、中牟、开封三处高滩村庄未进水外,其余全部受淹。滩面水深普遍1米,深的达4~6米。共淹滩区村庄1300多个,受灾人口93.27万人、耕地217.44万亩,被淹农田基本绝收。

当洪峰预报发出后,河南、山东即组织 30 万军民上堤防守。为有效削峰滞洪,豫鲁两省滩区群众,舍弃了丰收在望的庄稼,按要求破除了生产堤。洪水漫滩后,濮阳习城公社一小队会计兰封初,两天撑船救出滩区被淹群众 200 多人,8 月 4 日船行至深水处,因精疲力竭落水牺牲。安阳水泥厂工人马二印,回家探亲遇上黄河涨水,看到搬迁群众中一小孩落水,他跳入水中抢救,把孩子推向了岸边,自己却被洪水吞没。新乡地委组织 3 万人,10 小时在沁河大堤修筑子埝 21 公里,避免了洪水漫溢;陆浑水库下游坝坡出险后,在公路冲毁的情况下,洛阳军分区副司令员颜幼臣带领部队徒步 60 公里,及时赶到现场抢险;驻济南炮兵某部接到抗洪抢险的命令后,午夜 1 时出发,赶到东明县抢险。黄河相关部门许多已离退休的老干部、老工人重返河防,参加抢险。

当时中共十二大即将召开,为确保黄河万无一失,国务院副总理万里在北京召集水电部部长钱正英和河南省省长戴苏里、山东省省长苏毅然,共同研究了应对洪水的措施,然后以中央防总的名义建议,运用东平湖老湖区分洪、控制济南泺口流量不超过 8000 立方米每秒。

这是一个确保黄河大堤不决口的底线决策,当时就有很大争议。在特殊的政治背景和氛围中,为确保济南市、津浦铁路、胜利油田和人民生命财产安全,山东省委、省政府根据中央防总的建议,决定当孙口站流量超过 8000 立方米每秒时,即开启林辛和十里堡两闸向东平湖老区分洪。

8 月 3 日,山东省副省长、省防汛指挥部指挥李振带领有关部门负责人亲临东平湖现场指挥分洪,同在现场的还有黄委会副主任刘连铭带领的黄委会工作组以及山东河务局副局长张汝淮。

据刘连铭回忆,黄委会工作组和山东河务局人员住在位山工程局(东平湖管理局前身)招待室,天天等着孙口报峰,但水流速度很慢,洪峰迟迟下不来,长垣、东明滩区大,生产堤按规定破除后,大部分滩区进水,洪水演进情况变得十分复杂,急得他每天往30公里外的孙口跑,查看洪水过程和漫滩情况。

许多当事人至今清楚地记得,接到准备分洪的通知后,坐镇济南指挥山东全线抗洪的山东河务局局长田浮萍和李振副省长之间因为分洪的时机问题发生了激烈的电话争吵,双方争执不下,气氛十分紧张。

田浮萍,这位在黄河抢险中身经百战、对黄河充满深情的"老黄河",对于洪水不敢有丝毫的疏忽大意。几天前,他还与业务部门一起分析汶河和黄河水情,研究有关分洪事宜。然而分洪命令一旦下达,他还是感到十分震惊。山东河段的工程设防标准是10000立方米每秒,为什么到8000个流量就要分洪呢?再说,最近24年黄河完成了三次全线加固培高,堤防抗洪能力剧增;还有,经过1949年、1958年两次大洪水考验,抗洪经验更丰富,国力也今非昔比,只要沉着应对,他认为人力完全可以送洪水顺利入海。

他觉得河务部门必须发声,但分洪命令如山倒,完全没有商榷的余地。东平湖区域立即出现了两套班子:一套负责抗洪分洪,一套负责湖区居民搬迁,湖区各个路口准出不准进。湖区的2.9万名居民不得不舍弃即将成熟的十几万亩庄稼和世代居住的家园,两天之内全部搬到了堤外。

张树俊时任东平湖闸管所所长,是分洪命令的直接执行者。8月6日22时,孙口流量达到8440立方米每秒,菏泽军分区副司令员程枫到林辛闸宣读了分洪命令,张树俊跑步上前接受命令,并宣誓保证完成,然后他命令闸管员启闸分洪;7日11时又开启了十里堡闸,两闸同时最大进湖流量2400立方米每秒。历时三昼夜,分洪总量 4 亿立方米。泺口以下洪水没有漫滩,洪峰平稳入海。济南以下沿黄地县厉兵秣马准备迎战大洪水,滩区农民抢收了尚未成熟的庄稼,结果预报的特大洪水并没有到来。分洪后闸后主溜道 2 公里范围内泥沙淤积 1~2 米厚,最厚处达到 3 米,致使湖内 7500 亩良田严重沙化,长期不能耕种,给当地百姓生产生活造成极大困难。闸管所附近戴庙乡七八个村庄沙化最严重,造成民怨沸腾,后来随着政策补偿措施到位,情势才逐渐缓解。

这是一个转折的时期。黄河正在悄悄地发生变化。早在 1972 年,济南泺口至利津河段就开始断流,利津至入海口全年断流 19 天,从此拉开黄河断流的序幕。

1979 年,利津站断流 8 天,胜利油田注水井被迫停产,原油和天然气产量大幅度减少,水利部电告河南、山东停止引黄灌溉;是年,复任黄委会主任的王化云发表文章《加速黄河治理为实现四个现代化作贡献》,总结治黄总方针为:拦、用、排结合,除害兴利,综合利用水土资源,为实现四个现代化作贡献。

从除害兴利到综合利用,治黄理念逐步完成向工具主义的过渡。

1996 年 8 月,黄河在断流 130 多天后,中游地区突然出现 3 次强降雨过程,8 月 5 日花园口站出现最大流量 7600 立方米每秒的洪峰,但这场论量级只相当于 2~3 年一遇的中常洪水的异常表现却让专家们大跌眼镜。因为长期以来河道过水量减少,河道淤积严重。与时隔 38 年的 1958 年洪水相比,花园口水文站测得前者流量为 22300 立方米每秒,相应水位为海拔 93.82 米;后者流量为 6680 立方米每秒,相应水位为海拔 93.16 米。显然,38 年之后,黄河下游河道过洪能力减少了 2/3 还多。

首先是洪水位高。河南的全部河段和山东 52% 的河段,都超过有记载以来的最高水位。其中,花园口水位 94.73 米,比 1958 年 22300 立方米每秒的洪水位高 0.91 米,比 1982 年 15300 立方米每秒的洪水位高 0.74 米,为该站有实测记录以来的最高水位。其次是洪峰传播慢,峰型变化大。花园口以下,正常的洪水传播速度一般为每小时 5 公里,而 "96·8" 洪水期间,洪峰从花园口到河南下界河段 290 多公里竟用了 232 小时,是历次同流量平均传播时间的 3.9 倍,山东军民摩拳擦掌反复操练,眼巴眼望等着迎战大洪峰,只是 "过尽千帆皆不是",但见 "斜晖脉脉水悠悠"。最后是漫滩范围广,险情灾情重。下游滩区几乎全部进水,140 多年从未进水的原阳高滩也上了水。临黄大堤偎水长度 951 公里,下游河道 127 处工程的 1346 道坝漫顶,抢险 5500 多坝次;堤防出险 100 余处,其中较大险情 14 处;滩区直接受灾人口 107 万(一说 118.8 万),其中临时转移撤退到堤外的 59 万多人。按当年价格计算,直接经济损失 64.6 亿元人民币。

王渭泾时任河南河务局局长,他回忆说,那年汛前,国务院副总理姜春云多次批示,要求全力以赴,确保黄河安澜。并委托水利部长钮茂生到黄河检查备汛工作。8 月 1 日,王渭泾与黄委会主任綦连安等人陪同河南省省长马忠臣现场查看,然后召开座谈会,进一步明确了防汛责任制,并就具体问题提出了具体要求。8 月 4 日,王渭泾陪马忠臣到原阳看水势,下午水起涨,许多老百姓到双井控导工程看水,马忠臣问:"你们看这么大的水会漫坝吗?" 群众答:"漫不了,从来没漫过。" 结果第二天水与坝平,连坝都漫了。来水后中央派出两个工作组,一个驻河南,一个驻山东,河南省委正准备召开六届二次全会,来水后决定推迟会期,全力投入防洪抢险。省委书记和省长分别到南北两岸督察抢险,另外还成立了五个工作组,均由省领导带队,进驻一线现场指挥。

　　兰考河务局90多名抢险队员开赴蔡集控导工程的时候,他们连换洗的衣服都没带。到那里后,他们才意识到面临的是一场恶战。洪水猛涨,主溜直冲控导工程,坝头不停坍塌,他们先抛散石,后用柳石搂厢抢护。很快,控导工程周围全部被淹,90名抢险队员被困孤岛,仅靠电台与外界联系。在兰考指挥抢险的河南省副省长张洪华立即决定派部队增援。晚9时,茫茫黑夜中,150名解放军战士臂挽着臂蹚进了浑浊的激流中。"部队来支援咱们了!"这消息像一支兴奋剂,把连续奋战了两天一夜的抢险队员们从疲惫中唤起。然而,黑暗中那一望无际的洪水还在上涨,由战士们腰间到胸口,由胸口到脖颈,眼看就要没顶,而蔡集控导还遥遥难见,如强行向前,一旦队伍冲散,后果不堪设想。他们用步话机向指挥部报告情况,征得同意,意欲返回,可是,陡涨的洪水阻断了他们的归途。150名战士一圈圈紧紧靠在一起,等待救援,洪水中无处可逃的蛇鼠虫蚁,竟把战士们的身躯当作了暂避之地,争相向单薄的汗衫裤筒内钻……冰凉的洪水中,战士们相互拥在一起,度过了六个小时,直到次日凌晨指挥部派来冲锋舟。而坝上的90名抢险队员还在不停地搬石捆料,拼命抢险,顶着烈日和蚊虫叮咬,晒破了皮肤,磨烂了手掌,依靠周围群众的支持,在坝上度过了6个日夜,直到洪水退去。

　　范县河务局74岁高龄的退休老职工王德来听说来了大水,从百里之外赶来,为弄清背河情况,毅然迈进齐腰的水塘;濮阳南上延工程出险,56名抢险队员中有10名年轻女性,最大的35岁,最小的22岁,有7人已做了母亲,关键时刻,她们不让须眉,烈日暴雨中锻造出的女工班精神传扬黄河两岸;洪水到来之前,原阳河务局职工朱兆普正在办理退休手续,在迎送洪水的十多个日夜里,他吃住在防办,累得肾病复发,老伴埋怨他,他说:"干了一辈子黄河,你还不知道,大水来时,别人可以往家跑,咱黄河职工得往前冲啊!"禅房控导工程班职工曹守义家在附近滩区,来水前他在树上搭了个窝棚,对妻子说:"大水来了,你们娘俩能跑就跑,不能跑就爬到树上等人来救,我是没时间照顾你们……"

河南原阳黄河滩区是 1855 年铜瓦厢决口时涸出来的,总面积 300 多平方公里,是著名的黄河高滩区,"96·8"之前的 140 多年,洪水未曾上过滩。"96·8"洪水时,老滩 203 个自然村进水。该县马庄村村民高书文说:"我在这里住了一辈子,1996 年以前哪想到洪水会进村。那时黄河水都在河槽里流,滩高着呢!听老辈人讲,河槽最深时,人站在滩里,连行驶在河里的船的桅杆顶都看不见。现在想想,河槽离滩面少说也有 6 米左右吧!前几年,河槽离滩面还有 1 米多高,下河得沿着 1 米多高的河沿往下下,1958 年和 1982 年的洪水都特别大,但我们一点都不怕。1958 年大水时,村里还组织船队去山东搞救护。'96·8'让我们第一次领教了黄河洪水的厉害。洪水漫滩时,村上人想到的第一件事就是护住庄稼地,当时村里几十人在庄稼地四周修围堤,谁知水越来越大,于是赶紧撤回去保村庄,上级通知撤离,大伙总以为保住村庄就没事了,可水越涨越高,一些房屋开始倒塌,我们这才慌了,赶紧逃命要紧……"

"96·8"洪水的"小流量、高水位、大漫滩、重灾情",集中暴露了黄河洪水管理面临的新挑战。

黄河是世界上含沙量最大的河流,由于水少沙多、水沙关系不平衡,长期以来,黄河下游河道一直处于强烈的淤积抬升状态,致使下游河道高出两岸地面,形成举世闻名的地上"悬河"。出人意料的是,由于人类活动对河流的干预日渐强烈,黄河水资源过度开发,尤其上世纪 80 年代中期以来,黄河上游超大型水电站相继投入运行,造成洪水坦化,小水大沙,下游漫滩概率偏小,河槽淤积抬高加快,造成了主河槽高于两岸滩地,滩地又高于黄河大堤背河地面的形势,形成"槽高、滩低、堤根洼"的新格局,这就是"二级悬河"。

"二级悬河"的出现,使黄河下游河道的横比降大于纵比降,一旦发生较大洪水,滩区过流量增大,极易发生"横河""滚河",甚至产生重大河势变化,大大增加黄河大堤冲决和溃决的可能性。

黄河"二级悬河"最早出现于上个世纪 70 年代。上个世纪 90 年代以来,由于气候干旱、来水减少,黄河输沙用水被人类大量挤占,加剧了黄河水沙的不平衡;同时,黄河下游滩区普遍修筑生产堤,影响了滩槽水沙交换,致使泥沙大部分淤积在生产堤内的主河槽里,使"二级悬河"更加发育。调查表明,上个世纪 50 年代,黄河下游河道中的泥沙 77% 淤在滩里,23% 淤在主河槽中,而目前,80% 的泥沙淤在主河槽中。

2002 年 7 月,黄河水利委员会进行了黄河首次调水调沙试验,发现局部河段在流量不足 2000 立方米每秒的情况下发生了漫滩,说明黄河下游主河槽在多年枯水径流作用下发生了严重淤积。由于滩区横比降远大于纵比降,漫滩水流通过串沟冲向大堤,形成顺堤行洪,直接威胁堤防安全。

根据黄河水少沙多特点,历来都是"大水出好河""大水带大沙"。然而从 1972 年到 1998 年,黄河几乎年年断流。当一条枯竭的黄河横陈在中华大地上时,人们一下子感到了空前的危机与失落。洪水是河流生命的一种透彻表达,是河流动力的高峰体现;洪水是有功的,除了冲沙减淤、荡涤和分解污染,还有不断补充地下水、改善地表水的可再生过程的功能;季节性洪涝是陆生动植物获得大量水源从而保证繁衍的规律性补给。洪水不是专门跟人类过不去的妖魔鬼怪,洪涝成灾的真正原因是洪涝发生的不确定性和人类对之预报不准确性以及长期与水争地。人类应该也必须给洪水以空间,那么洪水所带来的福祉就不仅仅是河流生命本身的繁盛。人类应该善待河流,以水为师,因洪受益,与河共舞。没有洪水的河流就只是一条排水沟,而且还有可能是一条污水渠,这对河流和人类来说又是另外一种灾难。何去何从？黄河无言,人需自省。

二十八　失乐园

如果有一天,宇宙探测器从地外任何一颗行星上发现了水的痕迹,人类就会坚信这里曾经出现过生命,甚至可能绽放过文明之花。

最早推测火星有水的是美国天文学家罗威尔。20世纪初,罗威尔推断有一条"火星运河"的存在。进而,他坚信火星上存在智能生物,并建有完善的灌溉系统。

1975年,位于佛罗里达州的美国肯尼迪太空中心。两艘肩负着神秘使命的宇宙飞船"海盗1号""海盗2号"从这里出发了。

时隔22年,1997年,美国又发射了"探索者号"。它们均以火星上的冲积平原为目标,但很遗憾,水的证据没有被发现。

直到进入21世纪,美国和欧洲的火星探测器才分别在火星表面以下捕获到了水的信息:这里曾经存在水,或者至今仍然拥有大量冻结的水体。

迄今为止,人类还没能从任何地外星球上发现哪怕是一条小小的溪流,但百年火星找水的结果仍然令人欣喜若狂。

水,毕竟是生命之源。它可以无中生有,也可以让繁华落尽。

黄河,这条流淌着中华5000年文明的万里巨川,当它千回百折,横穿三大高原一路奔腾而来时,你能想象:有一天它会衰竭,消失在大平原上吗?

令人难以置信的是,有一天你真的发现,从黄河入海口到开封柳园口,这800多公里的巨大水体硬是眼睁睁看着失踪了。

黄河支流同样危机四伏。湟水、洮河、延河、渭河、汾河、伊洛河、沁河、大汶河都曾出现断流。20世纪90年代,沁河平均每年断流228天,汾河断流55天;大汶河曾发生全年断流。

渭河,曾经造就富庶的八百里秦川,孕育了灿烂的关中文化,同时也为黄河输入了丰沛的水源,号称黄河第一大支流。然而,穿过旱涝保收的高产田、日新月异的城市群和日进斗金的工业走廊,从宝鸡到西安,从秦岭到黄龙山、子午岭,随处可见萎缩的河槽,干涸的河床。

一边是高歌猛进,一边是枯萎断流,天若有知,情何以堪!由于渭河多年长河段断流,下游河道严重淤积,堤防脆弱,人类不得不吞下自己栽种的苦果。在著名的2003年华西秋汛中,5年一遇的中小洪水竟酿成了50年一遇的大涝大灾。

上世纪60年代,有两首关于山西老晋的歌曲风靡全国,一首叫《汾河流水哗啦啦》(电影《汾水长流》插曲),一首叫《人说山西好风光》(电影《我们村里的年轻人》插曲)。两首歌共同见证了汾河的丰美和清纯。

"舜曲烟火起,汾河珠翠明。"(唐·张良璞《览史》)早在汉唐时代,美丽汾河就被文人墨客广为吟诵。元鼎四年秋,汉武帝巡视河东,在汾河舟中欢宴群臣,慷慨高歌,写下流传千古的《秋风辞》:秋风起兮白云飞,草木黄落兮雁南归。兰有秀兮菊有芳,怀佳人兮不能忘。泛楼船兮济汾河,横中流兮扬素波……

在黄河流域,汾河是仅次于渭河的一级支流。在黄河所有干支流都被过度开发的厄运中,汾河在劫难逃。自20世纪80年代起,汾

· 小浪底 ·

　　小浪底水利枢纽位于黄河最后一段峡谷出口处，控制着黄河90%的水量、近100%的沙量、92.3%的流域面积，被公认为国际水工界极具挑战性的工程。

　　1994年9月12日，小浪底水利枢纽主体工程开工，经国际招标，全球51个国家和地区的水电建设团队荟萃中原，黄河论剑。2001年12月26日，小浪底主体工程全部完工，开始实施防洪、防凌、减淤、供水、灌溉、发电以及调水调沙、生态调水运用。自小浪底工程正式运用以来，在水利部黄河水利委员会统一调度下，一举结束了黄河下游河道连年断流的局面，工程先后获中国水利优质工程大禹奖、中国建设工程鲁班奖、中国土木工程詹天佑奖、国际堆石坝里程碑工程奖、国家环境保护百佳工程等奖项。

图片由马贵安提供

河开始从源头断流,除汛期外河床基本干涸。进入 90 年代,汾河减水趋势愈演愈烈,直到 1999 年,硬是断流了 320 天。那条哗啦啦地流过千家穿过万户的灵动河流,成了一种奢侈的记忆。

汾河名存实亡,实在是三晋大地刻骨铭心的创痛。

小河没水大河干。在庞大的河流家族中,每一条支流都是干流的血脉,是维系大河正常流量的补给河流。在正常年份,黄河所有支流的径流量加起来占全河水量的 60% 以上。如果支流水都失联了,干流只好单挑,当然空怀壮志,难为无水之炊。

河流是一个庞大复合的生命体系,从一湾小溪、一条支流、一个峡谷、一片河滩,到星罗棋布的美丽湿地——所有的河流单元都有着独特的生命含义,各自发挥着不可替代的维护生命共同体的作用。

然而,在漫长的岁月中,我们究竟丧失了多少溪谷、支流和湿地呢?

无需回望遥远的历史,只是短短的几十年间,在我们的身边,就已经横陈着多少奄奄一息甚至干涸难复的河流与湖泊!

从玛曲曲果的潺潺流水,到扎陵湖、鄂陵湖的万顷波涛,黄河在横空出世的第一时间,就演绎出生命的波澜壮阔和多姿多彩。

这两个巨大的高原淡水湖泊,黄河源头众水汇聚之处,正是河源生态系统的中心。

1999 年 6 月,据黄委会玛多水文巡测队观测,扎陵湖与鄂陵湖之间有记录以来首次发现断流,两湖间的河道几乎是裸露的河床。

复流后的鄂陵湖出水口水流细小,只有贴近河边才能一睹芳容,过去那种奔腾东去的磅礴气势荡然无存。

黄河源头第一县玛多,素称千湖之县,原有湖泊 4077 个,在不到 20 年的时间里,先后有 3000 多个湖泊干涸,其余的湖面也普遍下降几米。河流还有几百条,但统统变成了季节河。

1850 年,黄河在内蒙古河套改道,留下在世界半荒漠地区极为罕见的乌梁素海,是黄河流域最大的生态多功能湖泊,也是黄河生态体系的重要组成部分,有约 600 万只鸟在那里栖息,而国家一、二级保护的珍稀鸟类有 30 种,其中的黑鹳、白尾海雕、大鸨、白琵鹭和遗鸥已经列为世界濒危鸟类。

作为我国北方候鸟重要的迁徙和繁殖地,这里也是深受国际关注的湿地系统生物多样性保护区。令人不安的是,它却正在成为世界上沼泽化速度最快的湖泊之一。每年,大约有 6 亿立方米的农田退水挟带着差不多 30 万吨化肥和其他营养盐进入乌梁素海,最终流进黄河。

学术界认为,如果不尽快采取措施,273 平方公里的乌梁素海,将在 30 年内退化为浅沼泽地。

黄河的近邻海河,几十年来开发利用了全部水量的 98%,换来 GDP 增长数十倍。这个唯一以海命名的河流为此付出了沉重代价。

这是一个"吃光喝尽"的典型案例。结果下游大部分时间断流,位于海河入海口的大都会将天津陷入常年缺水的困境。

在看上去日渐萎缩的自然面前,人类却差不多是全能的。为了拯救天津,千里之外的中华民族母亲河多次远程调水,以解津门燃眉之急。事实上黄河也常常是囊中羞涩,多年次断流或在断流的边缘徘徊。

综观历史上曾经水茂粮丰的华北平原,已经找不到一条完整、健康的常流河了。由于长期缺乏补水,加上过度向下开采,华北平原地下水位的年平均下降率已达到了 1.5 米。与此同时,根据卫星照片显示,数以百计的天然湖泊与河流正在随着地下水的枯竭而不断消失。

源远流长的母亲河怎么就转眼间变成了"干娘"？神州大地,一片哗然。

1998 年 1 月,针对黄河断流频繁和污染严重的双重危机,163 位中国科学院和工程院院士在一纸振聋发聩的呼吁书上郑重地签下了自己的名字,呼吁"行动起来,拯救黄河"!

在对自然和气象进行了仔细查证以后,科学家把疑问的目光转向了人类自身。到底是谁,动了母亲河的生命之水呢?

现在,就让我们盘点一下,我们用了多少黄河水。黄河流经的西北、华北和中东部平原多为干旱半干旱地区,其年平均降雨量远远不能满足经济社会发展甚至人畜吃水的需要。天上降水不够用,就要占用流过家门口的客水资源。根据历史资料和多年观测,黄河多年平均径流量为 580 亿立方米,这在全国河川径流总量中的比例是多少呢? 2%。而黄河流域的人口是 1.2 亿,差不多占全国总人口的 12%,耕地占全国总面积的 15%,有 50 多座大中城市、三个特大型能源基地坐落在黄河两岸。

按照水利专家的说法,这是一个资源性缺水流域。令人感动又令人忧虑的是,黄河的供水范围甚至远远超越了黄河流域。

即使在多年不遇的大旱之年,这条不堪重负的母亲河仍然承担着向天津、青岛、河北等地远程输水的使命。

缺水和开发是矛盾的,也是互动的。越缺水越要修水库,建引黄闸,上提灌站,扬黄脱贫,引黄致富;而水库、引黄闸、提灌站越多,河道里的水也就越少。

这些密密麻麻的管道、渠闸,像抽血管一样吮吸着母亲河最后的养命水。1949年,黄河取水量是80亿立方米,如今呢,法定可取水量就达到了300亿立方米。据统计,全流域对黄河水资源的开发利用率最高已经突破了70%,而国际上为河流设置的引水警戒线是40%。就是说,在黄河流域,维持河流生命的基本水量已被人类屡屡侵占。

黄河断流,使黄河下游河道进一步恶性发展,行洪能力大大降低。主槽内大量淤积的泥沙得不到冲刷,为决口改道埋下了隐患。

黄河断流,使地下水环境恶化。在黄河入海口,由于地表淡水补给和入海泥沙减少,地下淡水用水量增加,地下水位下降,海水倒灌,咸水入侵,湿地生态系统萎缩,海岸线后退。

黄河断流,使河口地区及近海生物多样性减少,生物种群和遗传多样性丧失。三角洲湿地水沙环境失衡,海洋和陆地生物链严重断裂,湿地保护区生物种群和海洋生物陷入灭顶之灾。

河流生命不保,人类社会同样遭受重创。工业停产,农业无收,生活用水告急,黄河下游1972—1996年因断流和供水不足造成工农业经济损失累计约268亿元。1997年黄河河口地区300多天无水入海,山东一省的损失就达135亿元。滨州地区,仅1992—1998年的7年间,由断流和污染造成工农业损失158亿元,其中农业损失4亿元,全区还投入抗旱资金35亿元。由于供水不足,山东东营、滨州、德州等城市不得不经常采取限时限量供水。

黄河断流使三角洲面临严重水资源危机,也打乱了人们的正常生活、生产秩序,经济社会以及文化的可持续发展成了无源之水、无本之木。

1960年代中期,关于黄河治理有一个著名的理论是"吃光喝尽"。他们设想在黄河水沙入海之前将其全部用完,这样也就没有了洪涝灾害。这样，"将来几十年后，有人来到黄河口，看见一条小沟，发出感慨，啊，这就是原来的黄河！"那条据说是中国忧患的河流终于被驯服得找不着了，这种无视河流生命的治理方案在当时竟被认为是浪漫主义的。但几十年过去，所谓浪漫主义的幻想变成了悲哀的现实。万里巨川成了时断时续的季节河，自古以来贯通东西奔流到海的历史长河退化得虎头蛇尾甚至有头无尾。中国文化和美学的支撑点倾斜了，断裂了。

东方之美沉没了，黄钟大吕喑哑了，诗歌和梦破碎了。

远古时期，黄河下游布满了各种不同类型的湿地。严格说，河流本身就是湿地的一种形态。

荥泽、圃田泽，菏泽，巨野泽，大陆泽——在黄河下游，这是一些多么浩瀚的湖泊！随着地质变迁、气候变化和岁月侵蚀，它们都已先后消失在大平原上，只留下这些美丽的名字，依稀缭绕着当年气吞云梦的风流。

据《嘉庆重修一统志》：古圃田泽，东西四十余里，南北二百里许，有二十四浦、八泽、九沟、二池、三固，实中原巨浸也。

今天，我们只能从历史文献中想象当年水乡泽国的风光了。

湿地是陆地与河流、大陆与海洋之间的过渡地带，是水陆相互作用形成的独特生态系统，保存着大量已知和未知的地球生命基因。

作为河流生命的另类形态，湿地滞留和存储着河道未能排泄和下渗的洪水，节制了河流向河滩和泛区以外越界蔓延，客观上筑起了人类安全的第一道防线。

河流是完整的。同流量、流速和洪水一样，湿地、滩地是河流完整性的重要元素。

黄河断流,湿地萎缩甚至消失,警示着人类对河流生命的索取已突破极限。

二十九　复乐园

事实上人类不仅与河争水,还与水争地。

在黄河下游 3544 平方公里的滩地上,分布有 2052 个村庄,开垦耕地 375 万亩,居住人口 181 万,接近爱沙尼亚、安道尔、摩纳哥和卢森堡等 4 个欧洲国家的人口总和。世世代代,人在漫洪的滩区与河流争夺空间,造成河道畸形发展;同时由于防洪安全系数下降,河道堤防内外居民的生存空间产生激烈碰撞。

与此同时,流域还是一个连续的整体。上游与下游、地表水和地下水、河床与滩地相互依存,组成了不可分割的河流生态系统。保持它们的连续性,是河流生命的又一权利。

在地球生命共同体和文明起源中,没有人可以否认河流的主导作用。作为陆地与海洋之间最长的生命纽带,河流吸纳着土壤中的剩余水量,昼夜不停地腾挪和搬运,维持着地球水分、盐分、泥沙、生态环境和能量交换的总体平衡。

河流所到之处,龙腾虎跃,莺飞草长,万木葱茏,城乡起,人文兴,天地万物充满和谐。

河流是连续的、完整的、清洁的,山欢水笑,鱼跃蛙鸣,这是自然本体赋予河流的生命尊严。河流滋养着人类,也滋养着河流生命共同体中的所有成员,人类不是至高无上的主宰,不具有决定共同体命运的绝对权力。

离开河流的庇护,湿地会干涸,文化会失血,生命会苍白,庄稼会饥渴,工业会枯萎,华北大平原及河口三角洲会失去最后的生态支撑。

河流生命本身也有一个不可突破的底线。河流创造了平原,哺育了文明,塑造了大地的形象和壮丽景观;河流为海洋生物提供着源源不断的营养物质。

柔美的溪流,湍急的洪水,神奇的峡谷,浩荡的巨川,作为历史文化的空间载体,艺术创作的巨大母题,具有超越时代的永恒价值。

"子在川上曰:逝者如斯夫,不舍昼夜。"(《论语·子罕》)有声有色、奔腾不息的河流焕发了所有大地景观的活力,激发了人类无穷无尽的想象力,产生了独特的河流美学。

上善若水,厚德载物。不能想象没有河流的文化,就像不能想象没有文化的河流。

河流景观的可持续性决定了人类文化的可持续性。

从《诗经·河广》到《黄河大合唱》,中国人沉浸在河流的意象中喊叫着河流的名字,一如为满怀乡愁的自己招魂。

奔流不息的万里长河,维系着生生不息的伟大民族。

河流哺育着人类社会的成长,是世界上许多大城市的地标性景观。上海与黄浦江,长江与重庆/武汉,黄河与兰州/郑州,延安与延河,广州与珠江,美国新奥尔良与密西西比河,法国巴黎与塞纳河,英国伦敦与泰晤士河,德国柏林与莱茵河:景观与城市已融为一体,要把它们分开是难以想象的。

作为一种生命系统,河流既奇妙又普通,既严密又敏感,既宏伟又脆弱。随着人类活动不断越界,河流却正在悄悄地离开我们的生活。从小溪到巨川,从支流到干流,从内陆到沿海,曾经洁净万物的本源惨遭污染,曾经汹涌的江河时见干涸。

针对黄河频频断流的严峻现实,1999 年 3 月,国家正式实施对黄河干流水量的统一调度。

一部拯救黄河生命的宏伟乐章从此奏响。

继 2002 年黄河全流域大旱以后,2003 年上半年,黄河来水遇到了有实测资料以来最少的紧急状态,上游唐乃亥断面、中游头道拐断面、潼关断面流量纷纷吃紧,各大水库蓄水位均已达最低点,龙羊峡水利枢纽逼近发电死水位。干流可供水量仅 117 亿立方米,供需缺口达到 50 亿立方米。

2003 年 6 月 17 日起,潼关断面流量大幅下降,三天后一度降至 39 立方米每秒。按照应急处置规定,潼关上游两岸引水口紧急关闭,直到潼关断面水位回升,流量恢复正常。

来水持续减少,用水却节节攀高,黄河不堪重负,水利部部长、时任黄河水利委员会主任李国英认为:河流是有生命的。现在黄河水量相对减少,以经济增长为目标的用水要求却日益迫切,全流域灌溉面积逐渐扩大。除了消耗掉已分配的可用水量,还挤占了河流生命最低保障线的输沙用水和降解用水,随之出现大断流和高污染,主河槽恶性淤积,河道急剧萎缩,河口生态体系几近崩溃等严重后果。触目惊心的现状表明了一个我们并不情愿承认的事实:中华儿女似乎已经喝干了母亲河的乳汁,现在还要喝她的血。

危机和挑战,催生了黄河水量调度的一场技术革命。

2002 年,作为"数字黄河"的一期工程,黄河水量调度管理系统率先开工建设,投入使用。

从此,饱经忧患的母亲河多了一双双警戒的耳目,多了一道生命的防线。

黄河水量调度范围涉及 11 个省区和多个地理单元,牵涉众多部门的利益调整和经济运行。人畜吃水,灌溉发电……僧多粥少,水情变幻莫测,黄河水量调度时刻面临两难的选择。由于水量调度具有极强的时效性,调水线路极其漫长,黄河每一次从断流的边缘化险为夷,绝地逢生,都承担着极大的决策风险。

作为地球水文循环的巨大通道,河流以它无与伦比的活力汇纳百川,拾遗补阙,保障了大地整体的水分平衡,滋养着奇妙无比的生物种群。然而,相对于人类永恒的增长需求和强大的攫取能力而言,河流的水量远远不够,以流量为基本内容的河流生命显得极其脆弱。

危机接踵而至,大河全线告急。2003 年 6 月 29 日,内蒙古头道拐断面流量突然降至 45 立方米每秒,至 7 月 1 日 15 时,最低降到了 15 立方米每秒,断流只在须臾之间!黄委会水调部门立即采取果断措施,全部关闭民利渠、团结渠等关键引水口,河道生态用水紧张局势得以缓解。

对于黄河生命来说,这是险象环生的一年。截至 7 月上旬,即上一个用水高峰段,黄河干流省际和重要水文控制断面共发生突发水事件 196 起,其流量接近、达到或小于预警流量。国家紧急启动《黄河水量调度突发事件应急处置规定》,黄委会调度部门频频发出水调指令,强调河流生命用水优先、电调服从水调,强化科学配水,精细调度,并千里出击,守点护线,现场督察,快速处理了发生在石嘴山、头道拐、河口镇、潼关、泺口等断面的多起水量调度突发事件,及时化解了断流危机。

这是位于黄河入海口的最后一个水文站。2003 年 5 月 14 日 20

时,远程监测系统从这里发出警报,警示入海流量将跌破预警限度。千里之外的总调度中心立即启动远程控制系统,几秒钟之内关闭了利津水文站上游的引黄涵闸,泱泱大河顿起波澜,一路欢歌,归槽入海。

这是一块神奇的大陆边缘,黄河和海洋融为一体,孕育万物,造化无穷,进行着周而复始的生命循环。

是的,生命是伟大的,生命的世界是绚丽多彩的。

然而,在这里,所有生命的兴衰都维系于黄河的健康生命。

二十多年来黄河连续不断流,为黄河三角洲注入了无限生机,盐碱荒地变成湿地,鸟儿返回了久违的家园,消失多年的鱼虾在这里重新繁衍。

源源不断的黄河水,成为整个生态体系复苏的共同源泉。

趵突泉,最早见于古代文献的济南名泉,位居济南"七十二名泉"之首,号称"天下第一泉"。趵突泉有文字记载的历史,可上溯至我国的商代,迄今长达三千多年。

趵突泉是古泺水之源。在悠久的历史岁月里,它先后被称为泺、泺水、娥英水、槛泉、爆流泉、三股水等,自北宋熙宁年间始称今名。由于气势壮观,被古人赞誉为"趵突腾空",列为"济南八景"之一。

由于持续干旱和黄河断流的影响,1976 年 3 月 30 日趵突泉首次出现停喷。此后,趵突泉每年都喷喷停停,从 1999 年开始,济南市遭遇连续 3 年的罕见旱情,趵突泉于当年 3 月 2 日沉沉睡去,这一睡就是 926 天。汩汩泉流变成了一潭平静的死水。

2003 年 9 月 6 日清晨,在再次沉寂了数百天之后,趵突泉重获新生,这个因泉而名的城市重新找回了失落的魂魄,告别了泉城无泉的尴尬。

泉,因河而苏醒;河,因泉的复活而拥有了丰富多彩的生命。

然而,黄河不断流的基础依然脆弱,黄河并没有完全走出断流的阴影。

水利部原部长汪恕诚曾经提出用"资源水利"代替"工程水利"概念,批评说把黄河水用光了,"母亲河"就成"干娘"了。水利部部长、黄河水利委员会原主任李国英说,要纠正一个错误观念,就是不能把一条河流的开发利用程度等同于治河的成就。河流对于经济和社会系统的承载力是有限的,并非水资源开发利用率越高,治河成就就越大。河流的开发利用必须有一定的限度,突破了这个限度,生态系统就会发生紊乱甚至崩溃,经济社会的健康发展也无从谈起。所以必须坚持以水资源的可持续利用支持经济社会的可持续发展,把"维持河流健康生命"作为治河的战略目标。

这是对一条河流的庄严承诺,也是对所有河流的伦理宣言。

人类第一次把河流生命的权利,写在了新世纪的文明宪章上。

让我们的目光越过黄河,听听世界上其他河流的声音。

在首届黄河国际论坛上,来自澳大利亚的当·布勒科莫先生对墨累-达令河的现状极其忧虑。他说,人类过度的引用水给墨累-达令河系统造成了严重影响。目前生产生活用水量已占流域河流可用水量的80%,致使墨累-达令河入海水量仅为天然径流量的27%。如果不加控制,未来水生态环境和水体盐分管理将非常困难。

在世界水资源管理领域,一种新的理念正在变成现实。那就是:为河流松绑,给河流以空间,与洪水共存,与河流生态系统共享水资源。荷兰德尔伏特水利学研究所冯·贝克说:"河流的所有功能,包括它在生态系统中所扮演的角色,作为一种自然景观因素,以及作为文化传统的载体都必须予以考虑。"

　　而在发展中国家,也越来越多地认识到河流的内在价值。早在 2000 年,巴基斯坦政府就制定了"21 世纪国家行动框架",旨在节水保流,保护印度河生物多样性和自然资源的可持续性。

　　那么,需要多少水量,河流才能维持一种健康而不失尊严的生命状态呢?

　　1950 年,美国和加拿大政府在《尼亚加拉河用水协议》中对河流生命流量做出了保护性规定:为了保护好尼亚加拉河的自然景观,必须保证河流具有足够的流量。为了保证尼亚加拉瀑布的流量,对上游的水力发电工程的流量做了以下要求:每年的 4 月 1 日到 9 月 15 日期间,美国东部时间上午 8 点到晚上 10 点的电站下泄流量不得小于 10 万立方英尺每秒;每年的 9 月 16 日到 10 月 31 日期间,美国东部时间上午 8 点到晚上 8 点的电站下泄流量不得小于 10 万立方英尺每秒;其他时间的电站最小下泄流量不得小于 5 万立方英尺每秒。为了瀑布的防凌和冲冰的需要,电站最小下泄流量可能要增加。

　　这里的最小下泄流量,就是尼亚加拉瀑布的最后底线。突破这个底线,瀑布的生命或者衰退,或者终结。

　　人类不应该成为河流的终结者。

　　人类只是河流的儿女。河流以它所能够提供的一切来支持一代又一代人类群体的成长。其中包含淡水、能源,更包含景观、文化和生态系统。

　　达尔文对物种起源的研究证明,物种的存在是为了它们本身的目的,它们不是专为任何其他物种的利益而存在的。达尔文断言:"自然选择不可能是专为另一个物种的利益而在一个物种里产生任何改变。"

　　河流并非专门为了人类而存在。人类应该与整个生态系统共享河流资源,而不是据为己有。

因为河流既不是被人类征服的妖魔,也不仅仅是人类用来为自己谋福利的工具。

作为自然本体,河流系统具有终极价值,拥有完整性、连续性和保持流量的基本权利。

这是河流不可剥夺的生命权利。

三十　生命之约

在文明早期，人类还处于孩童阶段，河流是温柔的保姆，也是凶猛的神灵。到了大洪水时代，一位真正的治水英雄出现了，他叫大禹。

大禹以生命中的宝贵时光疏川导滞，让大河安澜，让洪水归槽入海，于是九州初定，百姓归心。

据中国第一部地理文献《尚书·禹贡》记载："（禹）导河积石，至于龙门，南至于华阴，东至于砥柱，又东至于孟津。东过洛汭，至于大伾，北过降水，至于大陆，又北播为九河，同为逆河，入于海。"

这是中国人最早的治河遗产。大禹并没有宣称向河流开战，而是因势利导，"高高下下""合通四海"，于是在九州大地留下一道遥远的风景线，如诗如梦，后人再也难以企及。

大禹的事业却在继续。春秋时代，黄河下游已出现互不连贯的堤坝。到了秦始皇时代，一条全线贯通的黄河堤防出现了。

1855年，黄河从河南兰考铜瓦厢改道以后，人们沿着新河道重新修堤防泛，不断加高培厚。

然而因为黄河流经世界上最大的黄土高原，它所带来的泥沙是源源不断的。

滔滔不绝的泥沙顺河而下,既填海造陆,也淤塞河床,导致洪水漫溢。

在世界水利史上,这是一个看不见句号的漫长工程。几千年以来,人们就这样聚土筑堤,河流却不断决口改道;再聚土筑堤,再决口改道。直到今天,黄河已连续七十多年伏秋大汛不决口,人类仍然没有获得完全的安全感,对于洪泛危险每年都是"宁可信其有,不可信其无"。到了"七下八上"汛期,河务部门以及黄河下游两岸军民的口号是多少年一贯制的"防大汛、抗大洪、抢大险"。

作为世界上独一无二的地上悬河,黄河防汛还远远没有达到高枕无忧的地步。

水少沙多,水沙异源,水沙关系不协调,这是黄河难治的症结所在。

20世纪后半期,随着经济社会发展,河流输沙用水被不断挤占,黄河下游河床萎缩,悬河之上又见悬河。

郑州花园口以下河道过流能力全面衰退,开封以下河段向"二级悬河"急剧演变,局部河段1800立方米每秒洪水就溢出河槽,危及滩区居民生产生活。

黄河堤防左岸起于河南孟州中曹坡,右岸起于孟津堤,至山东省东营市垦利区黄河口镇,堤防全长2291千米,号称水上长城,然而却没有避免历史上黄河"三年两决口,百年一改道"的命运。今天,黄河在现行河道已经流淌了一百多年,其中七十多年没有发生决口改道。当然,人们并没有放下戒备,人与河在这里对峙着,互相试探着对方的底线。

黄河宁,天下平。从大禹治水到贾让三策,从明代潘季驯"束水攻沙"到民国李仪祉一代人引进近代科技,从上世纪50年代"上拦下排"治河方略到21世纪"维持黄河健康生命"治河体系——为了这条巨龙有一个安全的流路,中国人经历了太多的探索与艰辛!

1998年,国家正式授权黄河水利委员会对黄河水量实施统一管理和调度,对沿黄各省区实施断面流量控制,保证黄河环境流量不低于规定指标。

站在一个新的起点上,黄河水利委员会以河流代言人为己任,首次将"维持黄河健康生命"作为河流管理终极目标,开始了举世瞩目的"世纪拯救行动"。时任黄河水利委员会主任李国英这样表述他的治河理念:"河流需要洪水,就像人需要呼吸。如果没有让河道不萎缩的生命水量,河流迟早要被治死。人类治河治了几千年,终极目标是什么? 绝对不是把河治死,而是维护河流的健康生命,实现人与自然的长期和谐。因而,所有的治河行动都应遵循这一终极目标。"

围绕新的治河理念,一种新的方法诞生了。

"数字黄河",借助现代化的数据采集、传输手段,构建黄河数字化虚拟平台,为各种治黄方案提供科学的技术支持和准确评价。

"模型黄河"包括黄土高原模型、水库模型、河道模型及河口模型,通过对原型黄河现象进行反演、模拟和试验,使各种抽象指标具象化和量化。

"原型黄河"基本的测验项目有降水、蒸发、水位、水温、水质、冰情、流量、泥沙、河床(含河口)和库区冲淤变化等,是"数字黄河"和"模型黄河"的物理基础,也是黄河数据库的源头。

"三条黄河"相辅相成,互补联动,成为流域水资源统一管理的有力手段。

节制区域用水权限,提高河流供水能力,流域管理与区域管理结合,干流调度与支流调度并举,精细调度每一立方米水,尽管连续出现极端气候,流域严重干旱,多次发生断流危机,黄河却屡屡化险为夷,年年畅流入海。创伤累累的河流生态及河流生物环境逐步修复,河流对经济社会可持续发展的保障能力明显提高。

2002 年,黄河标准化堤防建设项目正式启动,将这个千年工程推向 21 世纪,以切实提升洪水管理体系的安全保证率,使下游两岸堤防不仅成为应对悬河的"水上长城",而且形成一道新的生态景观线和文化旅游带,成为黄淮海大平原上绵延千里的亲水平台。

黄河要为庞大的生态系统和经济社会提供支撑,自身必须是一条健康的河流,有足够的水资源总量、适宜的洪水造床能力、强大的水流挟沙能力、水流自净能力以及河道生态自我修复能力。

是的,人类没有理由断送河流的生命!

这是我们赖以生存的河流,这是河流赐予我们的辽阔土地。正是由于这种永不停息的伟大循环,才诞生了世界上最大的河流冲积扇。

早在上世纪初,国内外水利先贤们就关注着这条特立独行的东方大河。进入 21 世纪,"黄河国际论坛"的连续举办,荟萃了全世界河流管理者、水利科学家的心血和智慧,贡献出许多新理念、新方法和先进的管理模型。这些创新成果不仅对黄河,也对维持全球河流健康生命影响深远。在第三届黄河国际论坛上,美国地质调查局罗伯特·密德(Robert.H.Meade)说:"我们非常赞赏'维持河流健康生命'的新理念,将把'维持河流健康生命'的理念引入密西西比河的治理与管理,努力维持密西西比河的健康生命。"而联合国教科文组织副总干事纳吉则从另外的角度表达了自己的观点,他说:维持河流健康生命是流域管理理论上的创新,有利于实现人与自然的和谐相处。

除黄河国际论坛外,中国保护黄河基金会的成立,是河流保护运动的又一个里程碑,将进一步唤醒全社会亲水爱河的伦理良知,广泛动员全社会的力量,投入到黄河流域生态保护与高质量发展的大潮之中。

大禹时代的河是狂放的。

汉唐时代的河是豪迈的。

明清时代的河是悲情的。

现代黄河,一个生命的温床,文化与情感,历史与今天,在这里沉积着、波动着、交融着走向未来。

这是生命和血液中的河流,文明在这里激活,民族在这里成长,全世界华夏儿女在这里寻梦家园。

人类精心呵护着一条伟大河流的健康,黄河也顽强地表达着一个生命共同体的心声。

这是河流和土地中的生命,问候着,触摸着,相亲相爱,相濡以沫。

在这个变迁的世界里,人与黄河,共同谱写着坚韧而忠贞的生命传奇!

附录一   4000 年黄河治理理念的演变

一、尧舜时代

1.共工

雍防百川,堕高埋庳(yīn bì)。(《国语·周语》)

共工,上古时期一个部落的姓氏,也是传说中最早的河官。共工治水的要诀,前四字是防汛,就是水来土挡,夯坝筑堤;后四字就是把高的地方削低,把低的地方填起,有利于耕作与灌溉。

2.鲧

鲧障洪水。(《国语·鲁语上》)

鲧是尧时代御前会议推举的河官,因治水无功被后来即位的舜流放。障者堵也,理念只一个"堵"字,然而水雍必决,堵不胜堵,于是鲧成了 4000 多年来治水失败最早的案例。

3.禹

高高下下,疏川导滞……合通四海。(《国语·郑语下》)

禹又称大禹,为鲧之子,子承父业。大禹通过实地考察,总结治河经验教训,提出"疏川导滞"的治河理念,导河、导淮,引洪入海,成为后世效仿的典范。

二、春秋战国时代

无曲防。(《孟子·告子下》)毋曲堤。(《管子·大匡》)毋雍
泉。(《春秋穀梁传·僖公九年》)

这是公元前 651 年齐桓公会诸侯于葵丘,要求各诸侯国治河时
应遵守的盟约,也就是说,在治河、筑堤、引水时,必须考虑到邻国的
安全利益,不得损人利己。

春秋战国时代,最多时有大小一百多个诸侯国。各诸侯国只考
虑自身利益,"壅防百川,各以自利",常常是以邻为壑。"无曲防"
"毋曲堤""毋雍泉"便是针对这种弊端的一个约束性协定。

三、秦代

决通川防,夷去险阻。(《史记·秦始皇本纪》)

秦统一六国,为黄河下游洪水统一管理创造了有利条件,人们
可以不以上下游、左右岸的区域视角,而以全河段视角来考虑黄河
行洪。

"决通川防,夷去险阻"与大禹的"疏川导滞"一脉相承,它是针
对春秋战国时代各自为政的堤防形势而言的,意思是要把列国各自
修筑的堤防连贯起来,破除行洪障碍,让洪水顺畅入海。

四、汉代

1.贾让三策

（1）上策：人工改道，弃旧图新；（2）中策：分杀水怒，引洪放淤；（3）下策：修修补补，加厚堤防。

贾让的"治河三策"主要在理论层面上，对后世治河理念影响很大。

2.王景治河

筑堤理渠，绝水立门，河、汴分流。（《后汉书·显宗孝明帝纪》）

十里立一水门，令更相洄注。（《后汉书·循吏列传》）

王景在"贾让三策"的基础上，理论联系实际，提出了自己的治河新理念，并成功实践。

五、魏晋时代

地有金堤之坚，水有非常之备。钩连相注，多置水口，从河入海，远迩径通，泻其潦鸿，泄此陂泽。（《魏书·崔辩传》）

从汉魏至隋的 360 多年间，有 30 多个大小王朝更替。这一时期，治河之策莫过于北魏孝明帝熙平元年崔楷的《治河疏》，不仅显得很周密，还极具可操作性："量其逶迤，穿凿涓浍，分立堤堨，所在疏通，预决其路，令无停蹩。"河道地形测量、水文测验、堤防水工建筑等，如何操作，说得明明白白。

六、隋唐时代

"近河及大水有堤防之处，刺史、县令以时检校。若须修理，每秋收讫，量功多少，差人夫修理。若暴水泛滥，损坏堤防，交为人患者，先即修营，不拘时限。"（唐《营缮令》）

树堤自固，人得以安。（《新唐书·萧瑀传》）

隋开运河,完成了我国南北河运大动脉,也显示出治河面对的新形势。这时,黄河下游的治理,必须与南北大运河统筹考虑。进入唐代,黄河水患相对较少,唐《营缮令》以立法的形式对黄河防汛、抢险、修缮有了比较明确的规定。

七、宋代

宽立堤防,约拦水势。引黄放淤,疏浚河道。

北宋建都开封,地处黄河下游腹地。宋王朝对治河非常重视,设置了权限较大的都水监,制定了黄河堤防岁修的法规。宰相王安石制定《农田利害条约》,提倡引黄放淤,扩大耕地面积,成为利用黄河泥沙第一人。在他的倡导下,黄河下游两岸竞相引浑水淤地,改良土壤,使大片荒漠变为良田。他还是机械法疏浚河道泥沙的积极倡导者和实践者。

任伯雨,宋徽宗时代名臣,他提出:"盖河流混浊,泥沙相半,流行既久,迤逦淤淀,则久而必决者,势不能变也。或北而东,或东而北,亦安可以人力制裁! 为今之策,正宜因其所向,宽立堤防,约拦水势,使不至大段漫流。若恐北流淤淀塘泊,亦只宜因塘堤之岸,增设堤防,乃为长策。"(《宋史·河渠志》)

八、元代

疏塞并举,先疏后塞,先易后难。

贾鲁,元代著名河防大臣、水利学家。根据欧阳玄《至正河防记》,贾鲁治河"有疏、有浚、有塞",主要采取的措施为:其一,整治旧河道,疏浚减水河。其二,筑塞小口,培修堤防。其三,堵塞黄陵口门,挽河回归故道。

九、明代

筑堤束水,以水攻沙。

潘季驯,先后四次出任总理河道都御史,著有《河防一览》《两河管见》《宸断大工录》《留余堂集》等。他主张"筑堤束水,以水攻沙""蓄清刷浑,以保漕运"等治黄方略,成为其后直至清末治河的主导思想。

十、清代

筑堤束水,以水攻沙;分流杀势,合流攻沙;统行规划、源流并治。

靳辅,出任河道总督,主张治河必须有全局观念,"治河之道,必当审其全局,将河道运道为一体,彻首尾而合治之,而后可无弊也"。(《治河方略·河道敝坏已极疏》)采用"疏浚筑堤"并举的方法,堵塞决口、坚筑河堤、建闸分洪、修守险工、疏浚海口,使"黄河故道次第修复""漕运大通",水害大为减轻。

十一、民国时代

孙中山先生在《建国方略》中,对治理黄河有精辟论述:

"顾防水之灾,斯为全国至关重大之一事。黄河之水,实中国数千年愁苦所寄。水决堤溃,数百万生灵,数万万财货为之被弃净尽,旷古以来,中国政治家靡不引为深患者。"

民国时期,涌现出了李仪祉、张含英等一批水利专家。这批专家在西方学成回国后,把先进的治水理念和科学技术带入中国。

李仪祉对黄河的治理进行过精深的钻研,他把外国的水利技术同我国已有的治河经验结合起来,认为"修治河体或利航船,或生水力,须先知该河之水深、水面位置、水流坡度、流速及流量,此外尚须察其各季与历年变易之情势及范围"(《治河略论》)。在此基础上,他进而提出了上、中、下游全面治理的治河方略。这个治河方略的主要内容是"蓄洪以节其源,减洪以分其流,亦各配定其容量,使上有所蓄,下有所泄,过量之水有所分"(《黄河治本计划概要叙目》)。李仪祉主张在上、中游植树造林,减少泥沙的下泄量,同时在各支流"建拦洪水库,以调节水量"。下游河槽的整治则"固定中常水位河槽,依各段中常水位之流量,规定河槽断面,并依修正主河线,设施工程,以求河槽冲深,滩地淤高"(《黄河治本计划概要叙目》)。

张含英通过梳理泥沙之控制、水之利用、水之防范等方面,提出治河的基本原则:"治理黄河应防治其祸患,并开发其资源","治理黄河之方策与计划,应上中下三游统筹,干流与支流兼顾,以整个流域为对象"。关于泥沙控制,指出"治河而不注意泥沙之控制,则是不揣其本而齐其末"。对于水之利用,"应以农业开发为中心,水力、航运应配合农业"。洪水防范则"黄河下游为水患最多之区,亦河患特别严重之地,其治理目标,应列防洪为首要""必须有一适当之标准,而此项标准之拟定,亦为社会经济之问题"。(以上引自《黄河治理纲要》)

十二、冀鲁豫解放区时期

1946 年

国民政府黄河水利委员会由西安迁回开封,成立花园口堵口复堤工程局;中共解放区冀鲁豫边区政府同时组建治河委员会,并于5月改为黄河水利委员会,王化云任主任。

此后,中共黄委会与国民党黄委会就花园口堵口、黄河归故、下游复堤等问题举行多轮会谈,先后形成《开封协议》与《菏泽协议》,并在中共代表周恩来主持下达成《南京协议》与《上海协议备忘录》。国民政府行政院聘请外国专家塔德等组成治黄顾问团,先后查勘黄河下游、中游以及上游,之后编写出《治理黄河初步报告》以及《开发黄河流域基本工作概要》等。

这一年,冀鲁豫黄河水利委员会治黄方针为:"一手拿枪,一手拿锹""复堤自救,修守并重"。

年度主题词:复堤自救　修守并重

1947 年

蒋介石再次下令,要求限期完成花园口堵口;周恩来发表声明,指出花园口强行堵口目的在于水淹解放区以达到军事目的。

解放区代表董必武等在上海与国民政府水利委员会、中国农民银行总部以及联合国善后救济总署代表就解放区复堤救济事宜举行五次谈判,形成书面共识。

冀鲁豫边区黄河河防指挥部成立,黄委会主任王化云兼任河防司令并成立造船厂。

冀鲁豫边区黄河水利委员会在东阿县郭万庄召开治黄工作会议,提出"确保临黄,固守金堤,不准决口"的方针。

花园口堵口合龙成功,黄河结束八年南泛,回归 1855 年—1938 年豫鲁故道。冀鲁豫边区全面复堤,提出确保临黄不开口,用血汗粉碎蒋(介石)黄(河)进攻。

刘伯承、邓小平率领中国人民解放军冀鲁豫野战军 12.6 万人渡过黄河,挺进大别山。

解放区完成全年复堤工程。

冀鲁豫边区黄河水利委员会、山东省河务局分别召开安澜大会,首庆黄河回归故道后的防洪胜利。

年度主题词:反蒋治黄　用血汗粉碎蒋黄进攻

1948 年

民国黄委会河南修防处全部迁汴;解放区布置植树护堤。

东明高村险工河势发生急剧变化,黄河河防指挥部与解放军在国民党空军轮番轰炸下抢险修坝。

中共山东河务局接收国民政府留守济南的山东黄河修防处。

中共西柏坡会议筹建统一治黄机构。

年度主题词:确保临黄　固守金堤,不准决口

十三、中华人民共和国时期

1949 年

中共各解放区统一的治黄机构——黄河水利委员会成立,王化云向中央提交《治理黄河初步意见》,确认治河目标为:防灾与兴利

并重,上中下游统筹,干支流兼顾。同年花园口水文站出现最大12300立方米每秒洪峰流量。豫鲁两省40多万军民日夜上堤抢险,5次洪峰安澜入海。

中华人民共和国成立。

年度主题词:中华人民共和国　防灾与兴利并重,上中下游统筹,干支流兼顾

1950 年

治黄工作会议召开,提出:宽河固堤,废除民埝;战胜洪水,确保河防,不准决口,保卫生产;把黄河粘在这里,予以治理。

会议总结认为:治黄的最终任务是变害河为利河,达到这一目的关键是控制黄河的水量和含沙量。同年,开始中华人民共和国成立后第一次大修堤。

山东省人民政府颁布护堤禁令。

年度主题词:大修堤　战胜洪水,确保河防,不准决口,保卫生产　变害河为利河

1951 年

黄河水利委员会举行第一次委员会议。

山东利津王庄下首380米处黄河大堤凌汛决口。

黄河上游河套段开河淌凌,多处形成冰桥、冰坝,政府动用飞机、大炮炸开冰坝。

根据"分洪减盈、滞洪节流"的原则,黄委会拟定《防御陕县23000~29000立方米每秒洪水的初步意见》上报水利部。同年位于黄河北岸河南省长垣县的石头庄溢洪堰竣工。

黄委会西北黄河工程局、陕西水利局、西北军政委员会水利部、

清华大学等单位联合查勘黄河中游诸河,这是新中国成立后对黄河中游地区第一次大规模查勘。

年度主题词:分洪减盈、滞洪节流　联合查勘黄河中游诸河

1952 年

引黄灌溉济卫第一期、第二期工程相继竣工。

中央人民政府政务院就晋、陕两省黄河滩地纠纷问题提出"以黄河主流为界"的原则。

毛泽东到河南视察黄河。嘱托河南省委与黄委会领导"要把黄河的事情办好"。

王化云提出《关于黄河治理方略的意见》,其治理目标是"除害兴利";治黄总方略是"蓄水拦沙",工农业兼顾;实现方法是"节节蓄水,分段拦泥",综合开发。王化云著文《人民的新黄河》,称:"人们都知道黄河是中国的败家子,在全国的大河流中它是为患最严重的一条河流。"

黄河水利委员会河源查勘队查勘黄河源结束。这是黄河水利委员会第一次组织河源查勘,历时 4 个多月。查勘认为:从长江上游支流通天河引水入黄河是可能的。黄河的正源为约古宗列曲。

年度主题词:要把黄河的事情办好　蓄水拦沙,除害兴利　工农业兼顾

1953 年

毛泽东接见王化云,询问南水北调,认为从通天河引 100 亿立方米水太少,能引 1000 亿立方米水就好了。

王化云向中共中央农村工作部部长邓子恢呈送《关于黄河的基本情况与根治意见》及《关于黄河情况与目前防洪措施》,提出治河

目的是使黄河变清流,变害河为利河,总方针是蓄水拦沙,方法是从青海贵德到河南邙山兴建二三十座大水库,在支流上兴建五六百座中型水库,在小支流上修建二三万座小水库,可发电二三千万千瓦,灌溉土地 1.4 亿亩。

王化云著文《对根治黄河的基本认识》,称:"在历史上黄河不知吞没多少生命和财产,所谓野汉子是说它不但在本流域起破坏作用,而且还侵入了淮河,使淮河也常闹水灾。"

黄河水利委员会批准山东河务局在黄河入海口地区对黄河流路进行人工改道,改道地点在神仙沟与甜水沟之坐湾处。这是 1946 年以来第一次在河口采取的人工改道措施。

黄河武陟秦厂出现 11200 立方米每秒洪水,下游两省出动 12 万军民上堤抢险 6 个昼夜。

年度主题词:蓄水拦沙　根治黄河　人工改道

1954 年

中国政府聘请苏联专家组来华帮助制定黄河流域综合规划,确定第一期工程有三门峡和刘家峡水利枢纽。黄委会作出《关于 1954 年治黄任务的决定》,决定由修防转为治本。

黄河武陟秦厂发生 15000 立方米每秒洪峰,下游山东段启用东平湖分蓄洪水,解除了险情。

年度主题词:黄河流域综合规划　黄河治本

1955 年

利津五庄黄河凌汛决口。

黄委会召开治黄工作会议,确立"治标与治本相结合"的治黄方针。

中共中央政治局与第一届全国人大二次会议先后通过《黄河综合利用规划技术经济报告》。报告称:"我们要彻底征服黄河,改造黄河流域的自然条件,以便从根本上改变黄河流域的经济面貌,满足现在的社会主义建设和将来的共产主义建设时代对黄河资源的要求。""我们对于黄河所采取的方针就不是把水和泥沙送走,而是要对水和泥沙加以控制,加以利用。""从高原到山沟,从支流到干流,节节蓄水,分段拦泥,尽一切可能把河水用在工业、农业和运输业上,把黄土和雨水留在农田上。这就是控制黄河的水和泥沙,根治黄河水害、开发黄河水利的基本方法。"这是全国人大通过的第一部江河规划。

年度主题词:《黄河综合利用规划技术经济报告》 彻底征服黄河 节节蓄水,分段拦泥 把水用在工农业 把土、雨留在农田黄河清

1956 年

刘家峡水电站选定坝址;山东打鱼张引黄闸竣工,预期开发灌溉农田 324 万亩。黄河秦厂水文站出现 8300 立方米每秒洪峰。

黄河水利委员会完成新中国成立后第一次全河水文站网规划。

年度主题词:开发灌溉 黄河水文站网规划

1957 年

开封黑岗口引黄闸开工;三门峡水利枢纽工程开工;三盛公水利枢纽批准兴建;山东谢寨引黄灌区开工兴建;黄河秦厂水文站出现 11200 立方米每秒洪峰。

根据国务院副总理李富春的指示,国务院水土保持委员会在北京主持召开黄河中游水土保持座谈会,研究加强黄河中游水土保持

工作。

年度主题词:三门峡工程开工　黄河水土保持

1958 年

黄河流域各地纷纷兴建大型和超大型引水闸,计有:河南兰考三义寨人民跃进渠、河南郑州岗李东风渠、陕西咸阳渭惠渠、被称为"天上运河"的甘肃省引洮上山工程、山东马扎子引黄灌区渠首、山西晋南地区七一渠、河南共产主义渠首闸、青海引大(大通河)济湟工程、河南封丘红旗渠渠首闸、内蒙古引黄灌区总干渠、陕西宝鸡峡引渭灌溉工程等。

青铜峡、刘家峡、盐锅峡水利枢纽开工。

郑州花园口出现 22300 立方米每秒大洪水,豫鲁两省 200 万人上堤防守,洪水安澜入海;8 月 30 日,周恩来听取黄河三大规划报告,对水土保持提出:三年苦战,两年巩固发展,五年基本控制。

三门峡水利枢纽工程截流。

年度主题词:三门峡大坝截流　战胜洪水

1959 年

各地继续兴建引黄及拦河工程,计有:山东苏泗庄引黄灌区,山东惠民簸箕李、菏泽刘庄、滨县韩墩等大型引黄闸,内蒙古三盛公水利枢纽,山东位山水利枢纽,河南花园口水利枢纽等。

毛泽东主席在济南泺口视察黄河。

周恩来总理主持召开三门峡工程现场会议。

黄委会向周恩来等报送《关于今后三年内继续根治黄河问题的意见的报告》,要求做到全党动手,全民动员,三年大解决,五年基本解决,八年全部解决黄河问题。

黄河年平均入海水量为 480 亿立方米。

年度主题词:全党动手,全民动员　根治黄河

1960 年

山东王旺庄水利枢纽、泺口水利枢纽、内蒙古黄河南岸总干渠动工兴建,青铜峡截流成功,花园口、位山枢纽工程竣工,三门峡水利枢纽蓄水运用。

与历年来引黄工程相关,黄河花园口站发生河干,全年总共断流 24 天;与此同时,黄委会规定今后各省沿黄破堤建闸统由黄委会审批方可兴建。

年度主题词:三门峡工程蓄水　黄河断流

1961 年

邓小平、朱德先后视察三门峡工程。

周恩来总理、陈毅副总理陪同尼泊尔国王马亨德拉一行参观三门峡工程。

黄河三盛公水利枢纽主体工程竣工。

黄河盐锅峡水电站开始发电。

年度主题词:视察三门峡　盐锅峡水电站发电　三盛公水利枢纽主体工程竣工

1962 年

三门峡水库蓄水运用以来,库区泥沙严重淤积,并向渭河流域迅速发展,威胁关中平原安全。国务院因此决定将三门峡运用方式由“蓄水拦沙”改为“防洪排沙”(后改称“滞洪排沙”),汛期 12 孔闸门全部敞开泄流;鉴于 3 年来黄河下游大引大灌引起大面积盐碱化,

国务院在范县召开会议,决定暂停引黄灌溉。

冬,黄河下游第二次大修堤开始。

年度主题词:三门峡水库严重淤积　滞洪排沙　黄河下游第二次大修堤

1963 年

黄委会召开治黄工作会议,王化云作《治黄工作基本总结和今后方针任务》的报告,提出"在上中游拦泥蓄水,在下游防洪排沙",即"上拦下排"的治黄方略;因三门峡工程改变运用方式,河南花园口水利枢纽、山东位山水利枢纽爆破废除。

年度主题词:上拦下排

1964 年

周恩来总理在北京主持召开 100 多人参加的治黄会议,有张含英、汪胡帧、黄万里、张光斗、杜省吾等知名专家学者参加,以三门峡工程蓄水后倒灌关中、工程改建以及重新制定治黄方略为中心议题,形成各种治黄思想的大交流、大交锋。其中清华大学教授黄万里提出:黄河桃花峪以下是一个隆突形圆锥体三角洲,分流排沙是唯一可行的方法。即在桃花峪以下黄河大堤上打开 20 多个口门,分流排沙出槽,汛期口门齐开,排洪放淤,黄淮海平原可尽享其余沥。河南省科委副主任杜省吾持"黄河本无事,庸人自扰之"观点。王化云代表黄委会宣读《关于近期治黄意见》,进一步阐述"上拦下排"方针。周恩来说:"总的战略是要把黄河治理好,把水土结合起来解决,使水土资源在黄河上中下游都发挥作用,让黄河成为一条有利于生产的河。"这一指示在很多年内被视为治黄的重要指导思想。会议决定本着"敞开排沙"和"径流发电"的原则,对三门峡工程进行改建。会议批准了"两洞四管"改建方案。

年度主题词:国务院治黄会议 治黄方略大讨论 让黄河有利于生产 两洞四管

1965 年

三门峡工程"两洞四管"改建工程动工。

黄河治理规划编制工作因"四清"运动开始而中断。

始于1962年的下游堤防第二次大培修及控制伊河洪水的陆浑水库竣工;河南引沁济蟒总干渠动工。

年度主题词:三门峡工程改建 "四清"运动

1966 年

水电部批准山东省恢复引黄灌溉。

国务院批转《关于黄河下游防汛及保护油田的报告》。

黄委会"革命委员会筹委会"成立。

年度主题词:"文化大革命"

1967 年

山东、河南、山西、甘肃等省区系列引黄渠、引黄灌区、电灌站先后开工、竣工。

周恩来总理召集黄委会两派群众组织头头到北京开会,与中央签订了保证黄河防洪安全的"六点协议"。周恩来说,不论在任何情况下,对黄河防洪问题都要一致起来,这个问题不能马虎。

黄河龙门站出现21000立方米每秒洪水,是黄河北干流发生有实测记载以来最大洪水。

黄河下游恢复和扩展引黄灌溉面积达886万亩。

年度主题词:防洪安全"六点协议"　龙门大洪水

1968 年

三门峡"两洞四管"工程建成运用,提高了枢纽泄洪能力和水库排沙比。

年度主题词:抓革命、促生产　革命群众大联合　"两洞四管"工程建成运用

1969 年

黄委会驻郑单位职工赴淮阳搞"斗、批、改"。

水电部军管会决定将绥德、天水、西峰三站下放地方领导。

晋、陕、豫、鲁四省治黄会议在三门峡召开,会议决定三门峡工程改建原则,"在确保西安、确保下游的前提下,实现合理防洪,排沙放淤,径流发电。"对黄河近期治理意见:依靠群众,自力更生,小型为主,辅以必要的中型和大型骨干工程,积极控制与利用洪水,防洪、灌溉、发电、淤地综合利用。措施是拦、排、放相结合,逐步地兴利除害,力争在 10 年或更多一点时间内改变面貌。

河南原阳祥符朱引黄闸、山东利津王庄引黄灌区建成;60 年代黄河年平均入海流量 496 亿立方米。

年度主题词:排沙放淤　拦、排、放相结合　斗、批、改

1970 年

黄河天桥水电站动工。

山东齐河李家岸引黄灌区及晋陕峡谷天桥水电站动工。

河南赵口引黄闸建成。

年度主题词:水电站　引黄闸

1971 年

山东滨县小开河、东明县阎潭、齐河县潘庄引黄灌区,及甘肃省靖会、西岔电力提灌工程开工,山东田山电力引黄主体工程竣工。

国务院批准成立黄河治理领导小组。

年度主题词:黄河治理领导小组 引黄灌区

1972 年

国务院决定实施引黄济津。

山东济阳邢家渡引黄灌区开工兴建,郑州邙山提灌站竣工。

因黄河下游用水激增,济南泺口至利津河段断流 6 天,利津至入海口断流 19 天,从此拉开黄河断流序幕。

毛泽东视察黄河 20 周年,新华社发出专稿:《在毛主席的号召指引下,我国根治黄河水害开发黄河水利取得巨大成绩》。

国务院发出全面废除黄河河道内生产堤的指示。

年度主题词:引黄济津 黄河断流 废除生产堤

1973 年

水电部批准拍摄科教片《黄河在前进》。

黄河治理领导小组、水电部、农林部在陕西延安召开黄河水土保持会议。

花园口站继 4710 立方米每秒洪峰后,出现特大沙峰,最大含沙量 449 公斤每立方米,相应流量 299 立方米每秒,致使河道严重淤积,生产堤决口,70000 多人受灾;王化云提出恢复"宽河固堤"方针,要求"破堤筑台、一麦一水"。

年度主题词:《黄河在前进》 宽河固堤

1974 年

国务院批转黄河治理领导小组《关于黄河下游治理工作会议报告》,指出,从全局和长远考虑,黄河滩区应迅速废除生产堤,修筑避水台,实行"一水一麦",一季留足全年口粮的政策。

山西省大禹渡提灌站、甘肃省景泰川电灌一期工程竣工。

水电部批准黄河下游进行第三次大修堤,以防御 1958 年型大洪水。

年度主题词:批林批孔　黄河第三次大修堤

1975 年

鉴于淮河流域"75.8"特大洪水灾害的教训,水电部及豫鲁两省联名向国务院报送《关于防御黄河下游特大洪水意见的报告》,提出花园口站应以 46000 立方米每秒特大流量为防洪标准,采用"上拦下排,两岸分滞"的方针,并提出在黄河孟津段修建小浪底水利枢纽等工程措施。

年度主题词:防洪标准 46000　上拦下排、两岸分滞　治理整顿

1976 年

花园口站连续发生 9000 立方米每秒以上洪水,开封柳园口以下 550 多公里河段超过 1958 年洪水位,受灾人口近 100 万。

青海龙羊峡水电站、甘肃引大入秦灌溉工程开工。

黄河污染治理长远规划座谈会在郑州召开。

年度主题词:引大入秦 黄河污染治理　批邓、反击右倾翻案风

1977 年

黄河水利委员会在郑州建立通信总站。

黄河小北干流发生河道"揭河底"现象。

黄河发生高含沙水流。

年度主题词:高含沙　揭河底

1978 年

宁夏固海扬黄工程、甘肃靖远县兴堡川电灌工程开工兴建,山西尊村引黄电灌第一期工程竣工。

黄河水利委员会组织的西线南水北调查勘结束。

王化云主持治黄工作会议,提出"今后治黄总的指导思想是除害兴利,变害为利,综合利用黄河水利资源,为实现四个现代化作贡献"。

年度主题词:抓纲治国　除害兴利、变害为利、综合利用　实现四个现代化

1979 年

利津站断流 8 天,胜利油田注水井被迫停产,原油和天然气产量大幅度减少,水利部电告河南、山东停止引黄灌溉。

内蒙古托克托麻地壕扬黄站基本建成。

王化云发表文章《加速黄河治理为实现四个现代化作贡献》,总结治黄总方针:拦用排结合,除害兴利,综合利用水土资源,为实现四个现代化作贡献。

年度主题词:解放思想　拦、用、排结合　综合利用水土资源暂停引黄

1980 年

引黄灌溉工作会议召开;洛河故县水利枢纽工程截流。

王化云参加水利部第一次专门召开的引黄灌溉工作会议。

黄土高原水土流失综合治理科学讨论会召开,酝酿成立全国水土保持学会。

三门峡至黄河口无线电通信网基本建成,航空遥感技术用于治黄。

年度主题词:航空遥感　黄土高原水土保持

1981 年

青海唐乃亥水文站发生近 200 年一遇的大洪水。

黄河上游战胜 1981 年 9 月洪水过程,洪水位接近兰州黄河铁桥。

年度关键词:黄河上游大洪水

1982 年

宁夏开始整修黄河防洪大堤。

沁河杨庄改道工程防洪主体工程完成。

引黄济津工程分三路输水入津,这是黄河自 1980 年以来连续三年实施跨流域调水。

花园口站出现 15300 立方米每秒洪峰,下游两省 19 万军民上堤抢险并运用东平湖分洪 4 亿立方米,洪峰顺利入海。

王化云概括治黄指导思想为:除害兴利,综合利用,加强管理,提高经济效益,更好地为四化建设服务。

年度主题词:除害兴利、综合利用　经济效益　四化建设

1983 年

国务院批准南水北调东线第一期工程方案。

黄河中游安排水土保持治沟骨干工程。新建 183 座、加固 66 座大中型沟壑土坝,控制流域面积 2152.7 平方公里,总库容 3.3 亿立方米。

武陟黄河北围堤抢险;中共河南省委、黄河防总发出"保证安全,不准溃决"的指示。

年度主题词:保证安全,不准溃决

1984 年

山东郭口灌区引黄闸建成。

黄河防护林绿化工程动工。

中美联合设计小浪底工程。

年度主题词:黄河防护林 小浪底工程设计

1985 年

山东东营一号坝引黄工程动工。

自 1974 年以来的黄河下游第三次大修堤竣工。

济南泺口险工出险。

三门峡水利枢纽工程竣工初检工作结束。

年度主题词:黄河第三次大修堤竣工

1986 年

引黄济青工程正式开工。

治黄工作会议确定"七五"目标:继续贯彻水电部方针,调度协调水资源,服务各地各方;确保防洪安全,完善治黄规划,做好水资源利用和水保工作,为 90 年代治黄发展准备条件。

宁夏固海扬水工程竣工;龙羊峡水电站下闸蓄水;山西汾河水库电站并网发电。

"人民治黄"40 年,水电部向黄委会赠送铜匾:治理黄河,造福人民。王化云著文,概括推出"拦、用、调、排"治黄思想,即拦水拦沙、用洪用沙、调水调沙、排洪排沙。

郑州至三门峡区间黄河数字微波通信电路正式开通。

年度主题词:引黄济青　"人民治黄"40 年　拦、用、调、排

1987 年

国务院批准南水北调工程生效前,黄河可供水量分配方案,沿黄各省区允许耗用黄河水量总计 370 亿立方米,占黄河多年平均径流量的 63%。

著名防洪专家徐福龄提出在流量与含沙量相适应的情况下,大水带大沙,加上水土保持、河道整治以及淤临淤背等综合措施,黄河下游河道还可以持续百年。

年度主题词:黄河可供水量　大水带大沙

1988 年

黄河河口疏浚工程开工。

水利部在郑州召开治理黄河规划座谈会。

宁夏盐、环、定扬黄工程及河南赵口引黄灌区续建配套工程动工。

国家计委等部门要求严格控制龙羊峡、刘家峡两库发电放水。

年度主题词:河口疏浚　控制发电

1989 年

山西万家寨引黄总指挥部成立。

龙羊峡水利枢纽建成。

黄河三角洲被列为国家商品粮基地;河套灌区配套工程开工;宁夏引黄扩灌项目实施;济南引黄供水第一期工程通水;我国最长的跨流域调水工程引黄济青工程建成通水。

本年度黄河下游引黄水量达 154.4 亿立方米。

内蒙古包头黄河昭君坟河段出现罕见的水下沙坝,水文站被淹。

年度主题词:龙羊峡水利枢纽

1990 年

陕西东雷抽黄灌溉续建工程完工;甘肃景泰川电灌二期工程全线通水;陕西潼关县港口抽黄工程竣工。

黄河下游防洪工程被列为国家重大项目。

年度主题词:抽黄灌溉

1991 年

江泽民视察黄河,为黄委会及黄科院分别题词:"让黄河变害为利,为中华民族造福""依靠群众,应用科技,治理黄河,造福人民"。

《中华人民共和国水土保持法》颁布实施。

黄河大峡水电站开工。

小浪底水利枢纽前期工程开工。

济南引黄保泉二期工程、三门峡水电站扩机工程、内蒙古阿拉善孪井滩扬水灌溉工程陆续开工,故县水库下闸蓄水,李家峡水电站截流成功。

年度主题词:江泽民视察黄河 让黄河变害为利,为中华民族造福 《中华人民共和国水土保持法》

1992 年

黄河利津水文站观测全年断流 82 天,其中全日断流 72 天。1972 年—1992 年的 21 年间,利津站计有 15 年发生断流共 289 天。

黄河三角洲国家级自然保护区建立。

黄委会治黄工作会议确定治黄工作必须坚持治理与开发相结合。

年度主题词:黄河断流 自然保护区 治理与开发相结合

1993 年

盐环定扬黄工程通水;李家峡水电站主体工程、青铜峡扩机工程、万家寨引黄入晋工程开工。

内蒙古磴口县堤防冰塞决口。

年度主题词:万家寨引黄入晋工程 冰塞决口

1994 年

小浪底、万家寨水利枢纽主体工程先后开工。

甘肃积石山大河家黄河水电站截流成功。

黄河小浪底水利枢纽主体工程正式开工。

黄河小北干流严重阻水挑流工程清障工作通过国家验收。

年度主题词:小浪底水利枢纽主体工程正式开工

1995 年

大型跨省际、跨流域调水工程引黄入卫工程竣工验收,山东省沾化县引黄过徒工程、山东豆腐窝分洪(凌)闸改建工程竣工。

经国务院批准,宁夏扶贫扬黄灌溉工程正式立项。

自 1986 年龙羊峡水库蓄水以来,水位达到 328.17 米,接近历史最高水平。

黄河下游断流最长达 672 公里,利津站累积断流 122 天。

年度主题词:跨流域调水　黄河断流

1996 年

黄河小北干流河段出现严重凌灾。

黄河潼关河段射流清淤试验项目动工。

江泽民视察小浪底并题词:治理黄河水患,为中华民族造福。

黄河花园口出现流量为 7600 立方米每秒洪峰,其水位高于 1958 年 22300 立方米每秒流量洪峰水位 0.91 米。滩区淹没面积 343 万亩,直接经济损失 40 亿元。

年度主题词:黄河断流　"96·8"洪水

1997 年

国务院批准陕西引黄入晋工程南干线、连接河南省三门峡槐扒黄河提水工程开工,三门峡水电站 7 号机组投产发电,黄河下游挖河固堤试验工程启动。

小浪底水利枢纽截流成功。

黄河断流专家研讨会先后在山东东营和北京召开。

黄委会全河工作会议确定总体发展思路:"坚持以黄河治理与

开发为中心,确保黄河安澜,提高水资源调控管理水平和水土保持水平。"

黄河下游全年累计断流 226 天,黄河源头也出现断流,创下多年来多项历史的高峰纪录。东营市、胜利油田、中国天然气总公司、山东省政府纷纷致电国务院、国家防总、黄委会,要求调送"救命水"。

年度主题词:小浪底截流　三峡截流　香港回归祖国　黄河救命水　治理与开发为中心,确保黄河安澜

1998 年

《中华人民共和国防洪法》颁布施行。

青海玛多县黄河源水电站、八盘峡水电站扩机工程、黄河尼那水电站、呼和浩特市引黄供水工程、济南鹊山引黄调蓄水库工程先后开工。

万家寨水库下闸蓄水。

内蒙古西柳沟发生大洪水挟带泥沙形成沙坝堵塞黄河,中断包钢及包头市水源,造成经济损失 1 亿多元。

时任国务院副总理温家宝视察黄河防洪专项资金基建工程,责成有关部门要抓住缓解黄河断流、防御洪涝灾害、综合治理生态环境等重点问题,提出根治黄河的规划和政策,从长计议,全面考虑,科学规划,合理安排水利工程。

国家相继出台《黄河可供水量年度分配及干流水量调度方案》《黄河水量调度管理办法》,规定"黄河水量的统一调度管理工作由水利部黄河水利委员会负责"。

"黄河断流万里探源"记者采访活动及大型电视专题片《重读大黄河》拍摄先后启动。

引黄灌溉面积由 50 多年前的 1200 万亩增加到 1.1 亿亩,年耗

用水量达到 300 亿立方米左右。

年度主题词:黄河断流　《重读大黄河》

1999 年

温家宝检查黄河防汛工作,并在郑州主持召开黄河防汛工作会议。

钱正英主持的"中国可持续发展水资源战略研究"及黄委会"黄河的重大问题及其对策研究"项目启动,黄河水资源问题专家座谈会在京召开,提出"以水定产,量水而行";汪恕诚破解黄河"三大问题",提出"资源水利"概念,质疑"充分利用"观,批评说把黄河水用光了,"母亲河"就成"干娘"了,因此要保证黄河的生态流量和环境流量,提出要确定不影响生态环境的最小流量,在枯水年经济用水和生态用水发生矛盾时首先保证生态用水的新理念。

江泽民视察黄河,提出黄河的治理开发要兼顾防洪、水资源合理运用和生态环境建设三个方面,把治理开发与环境保护和资源的持续利用紧密结合起来,坚持兴利除害结合,开源节流并重,防洪抗旱并举。要加强流域水资源统一管理和保护,实行全河水量统一调度。

黄河水量调度管理局成立,利津站全年断流 42 天。

朱镕基考察延安,指出:要采取"退耕还林(草)、封山绿化、以粮代赈、个体承包"措施。

《黄河的重大问题及其对策》专家座谈会在北京召开。

小浪底水利枢纽下闸蓄水。

年度主题词:母亲河成"干娘"　资源水利　生态流量　以水定产、量水而行　退耕还林(草)　黄河水量统一调度

2000 年

黄河流域省界水体水环境监测站网投入运行。

国家计委调整黄河下游引黄渠首供水价格。

自 20 世纪 70 年代以来黄河第六次向天津送水。

黄委会年度工作会议报告提出:从国民经济和社会可持续发展的战略高度,及时调整思路,统筹兼顾,在加强防洪和生态环境建设的同时,把水资源的统一管理和可持续利用摆到突出位置,坚持经济效益、社会效益和生态效益相结合,实现传统治黄向现代治黄、可持续发展治黄转变。

黄河实现自 1991 年以来首次全年不断流,朱镕基、温家宝分别批示,表彰黄委会实施黄河、黑河、塔里木河三河调水奏响了绿色颂歌。

《工人日报》发表《21 世纪黄河生态伦理宣言》。

年度主题词:生态效益　绿色颂歌　黄河生态伦理

2001 年

黄河汛期大旱,吴堡、龙门、潼关河段先后出现历史最小流量,黄委会作出"防汛与防断流两手抓"的决策。

黄委会主任李国英提出建设"三条黄河"即:数字黄河、模型黄河和原型黄河,以达到水利部提出的"确保堤防不决口、河道不断流、水质不超标、河床不抬高"的治黄目标。

黄河首次实现全年和全河段水量统一调度,2001 年黄河全年不断流。

年度主题词:防汛与防断流两手抓　"三条黄河"　堤防不决口、河道不断流、污染不超标、河床不抬高

2002 年

我国第一个高含沙水质自动监测站在郑州花园口水文站正式投入运行。

黄河标准化堤防建设进入实施阶段。

历时 11 天的黄河首次调水调沙试验正式实施。

黄河水量调度管理系统总调度中心建成投入使用。

年度主题词:黄河标准化堤防　首次调水调沙试验　数字化水文站

2003 年

黄河兰州段发生严重油污染。

水利部研究通过《黄土高原地区淤地坝建设规划》。

李国英在全球水伙伴中国地区委员会治水高级圆桌会议上发言,呼吁必须建立"维持河流生命的基本水量"概念,提出要从维持河流生命的高度,千方百计确保黄河不断流。

以"21 世纪流域现代化管理模式与管理经验"为中心议题的首届黄河国际论坛在郑州召开,来自 32 个国家和地区的水利科学家、工程师、水务官员 300 多人参加了大会。李国英发表演讲指出:河流治理的终极目标,就是维持河流健康生命。黄委会应当做维持黄河健康生命的代言人。

黄委会官方网站发表《走向和解———一种新的河流伦理观》,并被收入《首届黄河国际论坛论文集》,该论文首次阐述了河流伦理体系的一般原则:1.作为赋予了人类物质和文化双重生命的自然本体,河流具有超越其工具性用途的独立价值;2.作为一个为众多生命和物种提供条件的完整的生态系统,河流本身也是一个具有内在尊严的生命共同体;3.河流不仅是流域经济社会发展的生命线,它本身的存在也应有一个人类不可以逾越的界限,即"维持河流生命的基本水量"。

年度主题词:黄河国际论坛　河流生命　河流伦理

2004 年

第三次调水调沙试验。

黄河小北干流放淤试验。

黄委会党组正式确立黄河治理的终极目标是维持黄河健康生命。这是一个历史性的根本转折,它意味着从黄河开始,中国这个拥有四千多年治水传统的古老国家,从治水模式到管理理念正在发生着一场革命。在这场革命中,人与河流的关系将发生根本的转变,河流生命将从枯萎与濒危走向复活。

年度主题词:维持黄河健康生命

2005 年

青海省黄河积石峡水电站开工。

黄河水利委员会批复《内蒙古自治区黄河水权转换总体规划报告》,这是我国大江大河首次批复的省级水权转换总体规划。

国家防总批复《黄河中下游近期洪水调度方案》。

山东东明黄河标准化堤防主体工程完工。至此,黄河一期标准化堤防主体工程全面完成。

时任浙江省委书记习近平到安吉天荒坪镇余村考察时,首次提出"绿水青山就是金山银山"的生态文明理念。

中心议题为"维持河流健康生命"的第二届黄河国际论坛在郑州举行,来自全球 61 个国家和地区的 800 多名专家学者参会。

由黄委会主办的首届河流伦理研讨会在郑州召开。

国家启动三江源生态保护和建设工程。

年度主题词:绿水青山就是金山银山 水权转换 维持河流健康生命 河流伦理研讨会

2006 年

黄河桃汛洪水冲刷降低潼关高程试验启动。

黄河第五次调水调沙正式开始,本次试验探索并实践了人工塑造异重流新的试验模式。

国务院审议通过了《黄河水量调度条例(草案)》。该《条例》于7 月 24 日颁布,8 月 1 日起施行。

黄河超级计算中心成立。

年度主题词:调水调沙 人工塑造异重流 黄河超级计算中心

2007 年

南水北调中线穿黄工程正式掘进,穿黄主体建筑物设计洪水标准为 300 年一遇,穿黄工程是南水北调中线建设的关键性、控制性工程,是中国穿越大江大河规模最大的输水隧洞。

第三届黄河国际论坛在山东东营召开。中心议题是"流域水资源可持续利用与河流三角洲生态系统良性维持"。

黄土高原水土流失数学模型研发工作正式启动。黄河水利委员会、黄河水利科学研究院是该项目的责任单位。

年度主题词:流域水资源可持续利用与河流三角洲生态系统良性维持

2008 年

水利部正式批复《黄河下游近期防洪非工程措施建设初步设计报告》,这是流域机构中非工程措施系统工程建设首次获得水利部批复,标志着黄委会"数字黄河"工程新一轮建设拉开了帷幕。

黄委会结合调水调沙实施黄河下游生态调度,持续向黄河三角洲湿地生态系统进行补水。

年度主题词:数字黄河　生态补水　防洪非工程措施

2009 年

以"生态文明与河流伦理"为中心议题的第四届黄河国际论坛在郑州举行。来自全球 5 大洲 61 个国家和地区的 1500 余位嘉宾和代表参会。会议期间召开 15 个政府间合作及国际组织相关分会议,同时成立了中国保护黄河基金会。

年度主题词:中国保护黄河基金会　生态文明与河流伦理

2010 年

黄委会水文局承担的"黄河干流旱限水位(水量)研究"项目通过国家防汛抗旱总指挥部办公室组织的验收审查。

水利部印发《关于明确黄河小北干流河道为无堤防河道的意见》。

黄委会获得 2010 年新加坡李光耀水源荣誉大奖,水利部部长陈雷批示:"这是黄委会多年致力于黄河治理与开发,加强流域水资源统一管理,维持黄河健康生命,促进黄河水资源可持续利用的结果,可喜可贺!"

黄科院成立 60 周年庆祝大会暨全球水伙伴(中国·黄河)对话

研讨会在郑州隆重召开。

中澳河流有关专家和学者相聚郑州,共同研讨河流健康与环境流量问题。

年度主题词:新加坡李光耀水源荣誉大奖　河流健康与环境流量

2011 年

中央水利工作会议召开,胡锦涛发表重要讲话指出,当前和今后一个时期,加快水利改革发展的总体要求是:以邓小平理论和"三个代表"重要思想为指导,深入贯彻落实科学发展观,把水利作为国家基础设施建设的优先领域,把农田水利建设作为农村基础建设的重要任务,把严格水资源管理作为加快转变经济发展方式的战略举措,注重科学治水、依法治水,突出加强薄弱环节建设,大力发展民生水利,不断深化水利改革,加快建设节水型社会,促进水利可持续发展,努力走出一条中国特色水利现代化道路。

国家科学技术奖励大会在京召开,"黄河调水调沙理论与实践"等 16 个科技创新项目获得 2010 年度国家科学技术进步奖一等奖。党和国家领导人在北京人民大会堂为获奖代表颁奖。

年度主题词:建设节水型社会,促进水利可持续发展　"黄河调水调沙理论与实践"

2012 年

黄委会主任、党组书记陈小江在黄委会全河工作会议上作了题为《站位全局　务实求进　努力谱写黄河治理开发与管理新篇章》的报告。

以"流域可持续发展及河流用水权保障"为中心议题的第五届

黄河国际论坛在郑州召开,来自世界 60 多个国家和地区及国际组织的 1000 余名代表参会。水利部部长陈雷出席开幕式并致辞,水利部副部长胡四一主持开幕式,副部长李国英出席开幕式。河南省常务副省长李克、黄委会主任、黄河国际论坛组委会主席陈小江,丹麦环境大臣奥肯,美国陆军工程师兵团副司令沃什,澳大利亚可持续发展、环境、水与人口社区部部长伯克,津巴布韦水资源开发与管理部部长恩科莫,世界水理事会主席福勋,世界自然基金会副总干事施维德等出席开幕式并致辞。论坛旨在通过广泛深入的交流和讨论,不断增强人类的绿色发展、和谐发展和可持续发展意识,进一步规范和约束人类不合理的活动,切实保障河流自身用水权,更好地发挥河流的自然功能和社会功能,让河流更好地造福全人类。

年度主题词:黄河治理开发与管理新篇章　流域可持续发展及河流用水权保障

2013 年

黄委会召开 2013 年全河工作会议,黄委会主任陈小江在会上作了《深入贯彻落实党的十八大精神　推动黄河治理开发与管理迈上新台阶》的工作报告。

中共中央总书记习近平在海南考察时指出,要处理好发展和保护的关系,着力在"增绿""护蓝"上下功夫,为子孙后代留下可持续发展的"绿色银行"。

习近平在哈萨克斯坦纳扎尔巴耶夫大学回答学生问题时说:"建设生态文明是关系人民福祉、关系民族未来的大计。我们既要绿水青山,也要金山银山。宁要绿水青山,不要金山银山,而且绿水青山就是金山银山。"

年度主题词:贯彻落实党的十八大精神　绿色银行　生态文明

2014 年

习近平总书记视察黄河东坝头，了解黄河防汛和滩区群众生产生活情况。

中共中央总书记、国家主席、中央军委主席习近平在中央财经领导小组第五次会议上发表重要讲话，提出中央治水新思路："节水优先、空间均衡、系统治理、两手发力。"

黄委会召开2014年全河工作会议。黄委会主任陈小江出席会议并讲话，强调要以党的十八大和十八届三中全会精神为指导，牢牢把握水利部党组提出的"改革统领、科学发展、稳中求进、提质增效"的总要求，不断推进治黄体系与治理能力现代化，为维持黄河健康生命、推动流域经济社会可持续发展做出新的更大贡献。

年度主题词:习近平总书记视察黄河东坝头　节水优先、空间均衡、系统治理、两手发力　维持黄河健康生命　推进治黄体系与治理能力现代化

2015 年

黄河中游水土保持委员会第十二次会议在内蒙古自治区呼和浩特市召开，会议的主旨是深入贯彻落实党的十八届三中、四中全会和习近平总书记关于生态文明建设系列重要讲话精神，总结交流"十二五"特别是黄河中游水土保持委员会第十一次会议以来黄河上中游地区水土保持工作成效与经验，安排部署近期黄河上中游地区水土保持工作。

中央全面深化改革领导小组第十九次会议审议通过了《中国三江源国家公园体制试点方案》。

年度主题词:生态文明建设　《中国三江源国家公园体制试点

方案》

2016 年

黄委会召开 2016 年全河工作会议,黄委会主任岳中明提出以"五大发展"为引领,确保实现"十三五"良好开局,为维持黄河健康生命、保障黄河流域全面建成小康社会打下坚实基础。

伊洛河水生态试点调查监测评价项目正式启动。

黑河黄藏寺水利枢纽工程建设开工。

黄河防总在郑州召开 2016 年防汛抗旱动员大会。会议要求做好黄河防汛抗旱工作,减少洪涝干旱灾害损失。

小浪底水库首次开展水库汛限水位动态试验。

水利部部长陈雷出席纪念人民治黄 70 年座谈会,提出"让黄河安澜无恙、奔流不息,更好润泽沿黄大地,更好地惠及华夏儿女,更好地造福中华民族"。

在中国国家主席习近平和厄瓜多尔总统科雷亚的共同见证下,由黄河勘测规划设计有限公司设计的科卡科多-辛克雷水电站竣工发电。

年度主题词:人民治黄 70 年　首次水库汛限水位动态试验

2017 年

黄委会召开 2017 年工作会议,黄委会主任岳中明强调,要以新发展理念和中央新时期水利工作方针为指引,规范管理,加快发展,为维护黄河健康生命、促进流域人水和谐而不懈奋斗!

国务院总理李克强考察河南省封丘县李庄镇李庄村黄河滩区,指出:黄河无小事,要高度重视防汛工作,坚决克服侥幸麻痹心理,强化备汛,科学调度,确保 2017 年黄河安全度汛。

黄河流域(片)推进河长制工作座谈会在郑州召开。

山西省启动向桑干河—永定河跨流域引黄河水。

黄河小北干流合阳段出现"揭河底"现象。

在墨西哥城召开的国际灌溉和排水委员会执行大会上,宁夏引黄古灌溉区成功申报世界灌溉工程遗产并授牌。

中国共产党第十九次全国代表大会在北京召开。

年度主题词:十九大　李克强视察黄河滩区　河长制　维持黄河健康生命　促进流域人水和谐

2018年

黄委会召开2018年全河工作会议,黄委会主任岳中明提出:高举习近平新时代中国特色社会主义伟大旗帜,深入贯彻落实党的十九大精神,奋力夺取新时代治黄改革发展新胜利,为全面建成小康社会、实现中华民族伟大复兴中国梦做出新的更大贡献。

黄河水利委员会科学技术委员会和中国保护黄河基金会在郑州召开"传承与发展——王化云治河实践与治河方略"学术交流会。

农业农村部和河南省人民政府在小浪底水库举行黄河禁渔期制度启动仪式。

国务院副总理、国家防汛抗旱总指挥部总指挥胡春华视察黄河小浪底水利枢纽工程、花园口险工。

黄河防总举行2018年黄河洪水调度演习。

国家重点研发计划"黄河干支流骨干枢纽群泥沙动态调控关键技术"项目启动。

年度主题词:胡春华视察黄河　黄河休渔　洪水调度　泥沙动态调控

2019 年

8月21日下午,习近平在甘肃调研期间,考察兰州黄河治理兰铁泵站项目点以及堤坝加固防洪工程,了解当地开展黄河治理和生态保护情况。习近平叮嘱省市两级负责同志,甘肃是黄河流域重要的水源涵养区和补给区,要首先担负起黄河上游生态修复、水土保持和污染防治的重任,兰州要在保持黄河水体健康方面先发力、带好头。

在听取甘肃省委和省政府工作汇报时,习近平说:"我曾经讲过,'长江病了',而且病得还不轻。今天我要说,黄河一直以来也是体弱多病,水患频繁。"下一步,党中央将就黄河流域保护和高质量发展进行专题研究,推进黄河流域高质量发展,让黄河成为造福人民的幸福河。

9月18日,习近平主持召开黄河流域生态保护与高质量发展座谈会并发表重要讲话指出:"黄河宁,天下平。"从某种意义上讲,中华民族治理黄河的历史也是一部治国史。保护黄河是事关中华民族伟大复兴的千秋大计,黄河流域生态保护与高质量发展是重大国家战略。

习近平指出:新中国成立后,党和国家对治理开发黄河极为重视,把它作为国家的一件大事列入重要议事日程,黄河治理保护工作取得了举世瞩目的成就。同时,我们也要清醒看到,黄河一直体弱多病,黄河流域仍存在一些突出困难和问题。治理黄河,重在保护,要在治理。要坚持以水定城、以水定地、以水定人、以水定产,把水资源作为最大的刚性约束。要坚持山水林田湖草综合治理、系统治理、源头治理,加强协同配合。要坚持绿水青山就是金山银山的理念,坚持生态优先、绿色发展,因地制宜、分类施策,上下游、干支

流、左右岸统筹谋划,共同抓好大保护,协同推进大治理,着力加强
生态保护治理、保障黄河长治久安、促进全流域高质量发展、改善人
民群众生活、保护传承弘扬黄河文化。黄河文化是中华文明的重要
组成部分,是中华民族的根和魂。要深入挖掘黄河文化蕴含的时代
价值,讲好"黄河故事",延续历史文脉,坚定文化自信,为实现中华
民族伟大复兴的中国梦凝聚精神力量,让黄河成为造福人民的幸福
河。

9 月 19 日,水利部党组书记、部长鄂竟平主持召开部党组(扩
大)会议,传达学习习近平总书记考察黄河重要指示和在黄河流域
生态保护和高质量发展座谈会上的重要讲话精神,安排部署贯彻落
实。

年度主题词:习近平主持召开黄河流域生态保护与高质量发展
座谈会　让黄河成为造福人民的幸福河

2020 年

黄委会 2020 年全河工作会议召开。会议主题:积极践行"节水
优先、空间均衡、系统治理、两手发力"治水思路,坚定不移践行水利
改革发展总基调,凝心聚力建设幸福河,谱写新时代黄河治理保护
的绚丽篇章。

内蒙古乌梁素海 2020 年度春季生态补水顺利结束。这是黄委
会和内蒙古自治区连续 3 年有计划地向乌梁素海实施应急生态补
水,累计补水 14.09 亿立方米。

《人民日报》发表黄委会主任岳中明署名文章,强调习近平总书
记发出"让黄河成为造福人民的幸福河"的伟大号召,是贯穿新时代
黄河保护治理的主线。

黄河三角洲湿地水质和近海生态环境明显改善,20 世纪 90 年

代末以来黄河入海口首次发现黄河鲥鱼活体。

黄河潼关水文站出现 6300 立方米每秒洪峰,为 1998 年以来最大洪峰流量,也是小浪底水库建成运用以来该站最大洪水。

全国抗击新冠肺炎疫情表彰大会在北京人民大会堂隆重举行,习近平发表重要讲话。

年度主题词:抗击新冠病毒　鲥鱼重现黄河入海口

附录二　黄河流域历代王朝建都表

王朝	都城
黄帝	有熊(今河南郑州新郑)
颛顼	帝丘(今河南省濮阳市)
帝喾	帝丘(今河南濮阳) 亳(今河南省商丘市)
尧	平阳(今山西省临汾市)
舜	永济(今山西运城永济)
禹	阳翟(今河南省许昌市禹州市)
夏	阳城(今河南郑州登封) 阳翟(今河南禹州) 帝丘(今河南濮阳)
商	亳(今河南省郑州市) 殷(今河南省安阳市)
西周	镐京(今陕西西安) 成周(今河南洛阳) 犬丘(今陕西咸阳兴平) 南郑(今陕西渭南华县)
东周	洛邑(河南洛阳)
秦	雍(陕西凤翔市) 咸阳(今陕西省咸阳市)
西汉	长安(今陕西省西安市)

王朝	都城
东汉	洛阳(今河南省洛阳市)
魏(三国)	许都(今河南省许昌市) 洛阳(今河南省洛阳市)
西晋	洛阳(今河南省洛阳市)
北魏(北朝)	平城(今山西省大同市) 洛阳(今河南省洛阳市)
齐(北朝)	邺城(今河南省安阳市)
周(北朝)	长安(今陕西省西安市)
隋	大兴城(今陕西省西安市) 洛阳(今河南省洛阳市)
唐	长安(今陕西省西安市) 洛阳(今河南省洛阳市)
梁(五代)	东都(今河南省开封市) 西都(今河南省洛阳市)
唐(五代)	东都(今河南省洛阳市) 西都(今河南省滑县) 北都(今陕西省太原市) 邺都(今河北省大名县)
晋(五代)	东京(今河南省开封市) 邺都(今河北省大名县)
汉(五代)	东京(今河南省开封市) 太原(今山西省太原市)
周(五代)	东京(今河南省开封市)
北宋	东京(今河南省开封市)

附录三　黄河文明与世界文明对照表

时间	黄河文明核心区	其他区域文明以及东亚文明	世界文明
公元前6000—前2000年	传说中的炎帝、黄帝、颛顼、帝喾、尧、舜、禹时代,荥泽、圃田泽、孟渚泽、菏泽、雷夏泽、大陆泽等古大湖鼎盛期。继裴李岗文化之后,以彩陶为标志的仰韶文化遍布大河上下,出现环壕围绕的早期城邦,这是黄河文明起源的重要时代。《尚书·尧典》记载尧"克明俊德,以亲九族。九族既睦,平章百姓。百姓昭明,协和万邦。黎民于变时雍"。	长江下游良渚文化,长江中游石家河文化,东北地区红山文化发育壮大。	埃及尼罗河文明进入上、下埃及统一时代。巴比伦国王统一两河流域,颁布《汉谟拉比法典》。恒河-印度河古文明,发现有大型古城、灌溉农业以及驯养农业。
公元前2070年—前1600年	受世界范围内气候干冷期的影响,荥泽等古大湖面积萎缩,继而发生大洪水。大禹治水划九州,其子启继承禹的王位开始第一个王朝夏。《尚书·大禹谟》:"德惟善政,政在养民。"《五子之歌》讽太康被逐曰:"皇祖有训,民可近,不可下,民惟邦本,本固邦宁。"	受气候变化等因素影响,良渚文化、石家河文化、红山文化受挫不继。	在气候变化大环境下,尼罗河文明、两河文明、恒河-印度河文明受到致命影响。

续表

时间	黄河文明核心区	其他区域文明以及东亚文明	世界文明
公元前16世纪—前11世纪	鸣条之战后,成汤灭夏,建立商朝,是青铜器、甲骨文全盛时代,并发现有原始瓷业。	中原王朝周边出现众多方国,被称为"蛮、夷、戎、狄"。	古巴比伦出现农人历书。 古代埃及人已使用24个字母符号。 英国索尔兹伯里和威尔特地区建造史前巨石群。
公元前11世纪—前771年	牧野之战后,周武王兴周灭商,建立周朝,实行分封制,礼乐制度出现,属于《诗经》所描述的时代。 提出"敬德保民""以德配天""聿修厥德,永言配命,自求多福"。		古代印度进入后吠陀时期,建立种姓制度,婆罗门教经典《奥义书》形成。中东地区的帕加马人发明羊皮纸制成的书籍,称"羊皮书卷"。 古希腊史诗《伊利亚特》《奥德赛》形成,亦称《荷马史诗》。
公元前770年—前256年	周平王东迁洛邑,东周始。鲁国《春秋》记事始于本年,为世界上最早的编年史。黄河流域出现老子、孔子、墨子、孟子、列子、荀子、韩非子等诸子百家,形成"百家争鸣"的局面。其中道、儒、法、墨、名等学派影响甚巨。 "周定王五年,河徙自宿胥口"。被认为是有史记载的黄河第一次大改道。 铁农具的出现、牛耕的推广以及农作物的培植,使中国农耕文明成为当时世界上最先进的文明形态。 春秋五霸被战国七雄取代。 《论语·颜渊》提出:"百姓足,君孰与不足?百姓不足,君孰与足?" 《孟子·告子》提出"民为贵,社稷次之,君为轻""得民者得天下"。 《荀子·大略》提出"天之生民,非为君也;天之立君,以为民也"的民权思想。《荀子·王制》"上之于下,如保赤子"。		新巴比伦修建空中花园。 荷马史诗《伊利亚特》《奥德赛》成书。 古希腊经历梭伦改革、克里斯梯尼、伯利克里改革之后,建立起以"主权在民""权力制约""法律至上"为理念的古代民主政体。亚里士多德著《工具论》《物理学》《形而上学》《伦理学》《政治学》等经典。亚里士多德认为,雅典平民政治的本质特征是"平民群众必须具有最高权力;政事裁决于大多数人的意旨;大多数人的意志就是正义"。 罗马共和国时期制定《罗马法》。 这一时期,《旧约》圣经逐渐形成。 佛教创始人乔达摩·悉达多建立佛教。 孔雀王朝阿育王统一印度后,采纳佛教教义,还派遣布道僧到地中海世界传教。 公元前500年前后,在中国、西方和印度等区域出现一大批影响至今的文化巨人和学说,被称为人类精神的轴心时代。

续表

时间	黄河文明核心区	其他区域文明以及东亚文明	世界文明
公元前770年—前256年	《管子·牧民》提出:"仓廪实则知礼节,衣食足则知荣辱。""政之所兴,在顺民心;政之所废,在逆民心。"《管子·权修》:"府不积货,藏于民也。"《晏子春秋·内篇·问下》提出:"意莫高于爱民,行莫厚于乐民。"		
公元前221年—前207年	到战国末期,秦孝公任用商鞅变法,秦国迅速强盛起来。此后数十年间,秦统一中国,建立中央集权制度。		西方的希腊化时代。
公元前202年—公元8年	汉高祖刘邦建立汉朝。"河"自汉朝开始称为"黄河"。"七国之乱"后,汉武帝接受董仲舒"罢黜百家,独尊儒术"的建议,立"五经",建太学,此后,儒家思想成为历代统治者推崇的正统思想。张骞出使西域,汉将霍去病、卫青抗击匈奴,打通"丝绸之路"。司马迁著《史记》,是中国第一部纪传体通史。贾谊在《新书·大政上》中说:"闻之于政也,民无不为本也,国以为本,君以为本,吏以为本。故国以民为安危,君以民为威侮,吏以民为贵贱,此之谓民无不为本也。"董仲舒《天人三策》提出:"天之生民,非为王也;而天立王,以为民也。"	匈奴冒顿单于杀父自立,首次统一了北方草原,建立起庞大强盛的匈奴帝国。朝鲜古国高句丽、百济先后建国。	罗马爆发斯巴克大起义。屋大维被尊为"奥古斯都",开启罗马帝国时代,成为当时地跨欧、亚、非三大洲的大帝国。

时间	黄河文明核心区	其他区域文明以及东亚文明	世界文明
25 年—220 年	蔡伦改进造纸术,使纸质书籍成为传播文化的最有力工具;张衡发明地动仪和浑天仪,地动仪的发明,领先世界约1700年;佛教在此期间经白马寺传入中国。	匈奴、羌族、氐族等民族内迁,北匈奴西迁后鲜卑人占据漠北。	耶稣传教,被罗马总督钉死在十字架上。基督教超越其母体犹太教,得到广泛传播。《福音书》《使徒书信》《启示录》与犹太教的圣经结合起来,构成了基督教的《圣经》。罗马帝国鼎盛时期。
220 年—589 年	西晋八王之乱后,周边胡族纷纷入侵中原,晋皇室率领士族南迁,史称"衣冠南渡"。南北朝时期,江南广阔的土地得到开发,最终客观上促进了民族融合以及黄河文明跨流域传播。《三国志·吴书》:"民者,国之根也,诚宜重其食,爱其命。民安则君安,民乐则君乐。"	新罗始定国号为"新罗",国主正式称王。	451 年卡尔西登宗教大会,确立了"上帝为三个神性的人即圣父、圣子、圣灵的一体"。 希波的奥古斯丁著《忏悔录》《论三位一体》《上帝之城》等。 313 年,罗马帝国皇帝君士坦丁一世与莱西尼阿联合发表米兰敕令,基督教合法化。 330 年,君士坦丁迁都拜占庭,改名君士坦丁堡。基督教被定为罗马国教。 527 年,查士丁尼称帝;532 年,耶稣诞生之年,此时被倡议作为纪元之始;534 年颁布《查士丁尼法典》;537 年建成圣索菲亚大教堂。 被称为"黑暗时代"的欧洲中世纪开始,延续近千年。

续表

时间	黄河文明核心区	其他区域文明以及东亚文明	世界文明
581年—618年	隋炀帝即位后,典定科举制度。派遣朱宽等航海到达流求(台湾)。诏"开通济渠""开永济渠"等,串联水系,沟通黄河、淮河、长江、钱塘江,成为贯通南北的"大运河"。隋炀帝统治后期,西征吐谷浑、三征高句丽,并沿运河巡行南下,此后不久,隋朝灭亡。		格里哥利一世即教皇位,从此确立教皇权威。 印度戒日王即位,统一北印度大部。 穆罕默德开始传布《古兰经》,建立伊斯兰教。
618年—907年	李渊长安称帝,建立唐朝。唐太宗李世民开创了贞观之治,在打败东突厥后,被尊为"天可汗"。 松赞干布统一吐蕃,唐文成公主与其联姻。 唐高宗在位期间灭亡高句丽,建立了对于朝鲜半岛的统治。武则天废唐中宗自立为帝,唐玄宗李隆基缔造华开元盛世,李白、杜甫等大诗人开创中国诗歌盛世。唐代《金刚经》,为现存于世的中国早期印刷品中的唯一实物。中国造纸术经阿拉伯人传入西方,促进了欧洲文化的发展。 唐代形成南青北白两大制瓷体系,通过丝绸之路大量输出国外,远达欧洲、非洲。颍川郡阳翟长庄窑以及汝州鲁山先后研制出最早的唐花釉瓷,是为"唐钧",为宋代钧瓷开启了先河。 唐朝统治者奉行三教并行的政策,即尊道、礼佛、崇儒。	从派出第一个遣唐使开始,到645年,日本进行了大化革新。大唐鉴真和尚东渡抵达日本。 663年,百济-倭国与唐-新罗联军"白江口之战"后,新罗顺势统一朝鲜半岛。	630年,穆罕默德征服麦加,基本统一阿拉伯半岛。 倭玛亚王朝向西欧扩张,受到法兰克王国的阻击。在向东征服撒马尔罕、花剌子模、印度河流域后,掀起了百年翻译运动,阿拉伯文化达到鼎盛。 查理曼死后,其继承者们于843年签订《凡尔登条约》,加洛林帝国一分为三:西法兰克王国、中法兰克王国、东法兰克王国。法兰西、德意志、意大利三国雏形产生。 在日耳曼人的迁徙浪潮中,盎格鲁、撒克逊等部落从欧洲大陆进入不列颠,建立了一些小国,9世纪早期开始形成统一的英吉利王国。

时间	黄河文明核心区	其他区域文明以及东亚文明	世界文明
907年—959年	后梁灭亡之后,在中原地区相继出现了定都于开封和洛阳的后唐、后晋、后汉和后周的四个朝代以及后蜀、南唐、吴越、北汉等10个割据政权,合称五代十国。	耶律阿保机建立契丹国。耶律德光南下灭后晋,改国号大辽。高丽灭亡新罗,重新统一朝鲜半岛。段思平建立大理国。	马其顿王朝统治拜占庭帝国,开始从穆斯林手中收复失地。911年,诺曼底公国建立,并接受基督教。

时间	黄河文明核心区	其他区域文明以及东亚文明	世界文明
960年—1279年	陈桥兵变后,赵匡胤黄袍加身,建立宋朝,勒石于太庙,使嗣君即位,入而跪读,"其戒有三:一、保全柴氏子孙;二、不杀士大夫;三、不加农田之赋"。(王夫之《宋论》卷——《太祖三》)北宋程颐、程颢,南宋朱熹建立程朱理学,成为南宋以后长期居于统治地位的官方哲学。张载提出:"民,吾同胞;物,吾与也"(《正蒙·西铭》),并创立"横渠四句":为天地立心,为生民立命,为往圣继绝学,为万世开太平。由唐代发轫的"长短句",逐步发展为宋词,涌现了一大批名传于世的著名词家。宋朝时,市民社会以及自由贸易兴起,制瓷业逐步兴盛,出现五大名窑。宋仁宗时期,毕昇发明了活字印刷术,蜀地发行的世界上最早的纸币"交子"。欧洲以中国的印刷术为传播工具,大大推动了文艺复兴运动和宗教改革,促进了思想解放和社会进步。为了抵御辽、西夏和金的进攻,宋朝在军事上广泛使用火药。北宋时,指南针应用于航海。在欧洲,指南针的使用,促进了远洋航行,迎来了地理大发现的时代。	李继迁反宋自立,奠定西夏基础。元昊建立西夏。完颜阿骨打建立大金,积蓄力量后灭辽。靖康之变,金灭北宋,赵构即位,史称南宋。次年,东京留守杜充决黄河以阻金兵,黄河从此改道南下夺淮737年。成吉思汗铁木真建蒙古国,灭西辽,灭西夏,入侵高丽,灭金,灭阿拔斯王朝,灭大理,疆域达到极盛。丁部领称"大胜明皇帝",国号"大瞿越",越南创国。源赖朝建立镰仓幕府。	962年,东法兰克王国国王奥托一世加冕为罗马皇帝。后腓特烈一世改国名为神圣罗马帝国。奥托一世建立宫廷大会,后来成为议会。 1025年,波兰国家建立。 1054年,基督教东西教会分裂出希腊正教、罗马公教两大宗。 1086年,来自欧州大陆的诺曼底公爵威廉一世依靠武力征服英格兰全岛,并将被征服的所有封建贵族召集到苏格兰南部小镇索尔兹伯里,进行英国历史上第一次政治宣誓,这就是著名的索尔兹伯盟誓。 1096—1291年,十字军远征持续近二百年。 1215年6月,英国贵族武装代表与国王约翰通过谈判,形成一份双方共同签字的法律文件,即《自由大宪章》,第一次树立了"法在王上"的宪法原理,明确规定:在未征得贵族一致同意的情况下,国王不得随意开征税赋;不经过法律审判和依法裁决,国王不得逮捕、囚禁和处死任何臣民,不得任意剥夺他们的人身自由和私有财产;不经过贵族议会批准,国王不得任意扩充常备军。《大宪章》还规定了统一度量衡、贸易开放、城市自治等,为英国的繁荣崛起奠定了重要的政治经济基础。1297年,爱德华一世最终修订《大宪章》,成为支撑英美法系的基本原则。 随着蒙古人对西方的征服,指南针、印刷术、火药随之传入欧洲,促进了欧洲文明的演进。

时间	黄河文明核心区	其他区域文明以及东亚文明	世界文明
1271—1368年	元世祖忽必烈建立元朝。威尼斯商人马可·波罗游历中国，南宋流亡朝廷亡于崖山海战。散曲创作进入繁荣阶段，与元杂剧一起，合称为元曲，出现《窦娥冤》《拜月亭》《汉宫秋》《西厢记》《倩女离魂》等代表性作品。	日本后醍醐天皇推翻镰仓幕府。	1254年，神圣罗马帝国进入大空位时期。 1275年，马可·波罗开始在中国游历，归国后根据旅行经历写出《马可·波罗游记》 欧洲暴发"黑死病"，"流行病统一的欧洲"人口锐减。
1368—1644年	明太祖朱元璋建立明朝，提出"阜民之财，而息民之力"。（《明通鉴·德成功高皇帝》）明成祖朱棣在位期间多次派遣郑和下西洋，编成《永乐大典》，是"世界有史以来最大的百科全书"。张居正《张太岳集·论时政疏》"重惜民生，保固邦本"，认为"致理之要，惟在于安民"。"安民之道，在察其疾苦而已"。王阳明成为陆九渊心学的集大成者，这一学派被称为"陆王心学"。李贽、黄宗羲、顾炎武、王夫之等大思想家要求打破思想束缚。黄宗羲《明夷待访录·原臣》"我之出而仕也，为天下，非为君也；为万民，非为一姓也"。李时珍《本草纲目》。《三国演义》《水浒传》《西游记》与清朝出现的《红楼梦》并称为中国古典长篇小说四大名著。葡萄牙人开始在澳门居留。由于长期实行"海禁"和"闭关锁国"的政策，中国与世界的距离逐渐拉大。	1392年，李成桂自立为王，改高丽国号为朝鲜。1590年日本关白丰臣秀吉完成统一。	14—16世纪欧洲文艺复兴运动，打破了宗教神秘主义一统天下的局面，发现了人和人的伟大，提出人要获得解放，个性应该自由。要求重视现世生活，重视科学实验，为后来启蒙运动和工业革命奠定了基础，霍布斯、洛克等一大批思想家提出"自然权利""社会契约""人民主权"以及"三权分立"等理论，为现代政治学奠定了牢不可破的基础。培根提出"知识就是力量"，开创了探索人和现实世界的新风气。文艺复兴时期创造出大量充满人性魅力的艺术精品以及传世之作，解剖、透视等科学也第一次结合于艺术，为欧洲现代社会的产生奠定了思想文化基础。 1487—1488年迪亚士远航非洲南部沿海。 1492年哥伦布到达美洲。 1497—1498年达·伽马远航印度。 1517年马丁·路德张贴《九十五条论纲》发动宗教改革。 1519—1522年麦哲伦船队环球航行。 1543年哥白尼《天体运行论》出版。

时间	黄河文明核心区	其他区域文明以及东亚文明	世界文明
1616 年	努尔哈赤建立后金。		
1620 年			英国"五月花"号轮船到达北美洲新英格兰,其全体乘客互相之间签订《五月花号公约》,成为人类史上第一份由一个全体社会成员签署的社会契约,也奠定了美国《独立宣言》的基础。
1636 年	皇太极改国号为大清。		
1640 年			英国议会议员通过议会同国王查理一世进行抗争,起草了《大抗议书》,查理一世拒绝接受《大抗议书》,最终和议会决裂,英国资产阶级革命开始。
1684 年	设立台湾府。		
1689 年	中俄签订《尼布楚条约》。		英国资产阶级革命以和平的"光荣革命"方式结束。英国议会通过限制国王权力的《权利法案》。
1723 年	实行"摊丁入亩"。		
1727 年	实现"改土归流"。		
1727 年	清朝设置驻藏大臣。		
18 世纪 60 年代			英国工业革命开始。

时间	黄河文明核心区	其他区域文明以及东亚文明	世界文明
1776 年 7 月 4 日			独立战争开始,北美大陆会议发表《独立宣言》,美利坚合众国成立。《独立宣言》的重要思想内容是:人人生而平等,造物者赋予他们若干不可剥夺的权利,其中包括生命权、自由权和追求幸福的权利。为了保障这些权利,人类才在他们之间建立政府,而政府之正当权力,是经被治理者的同意而产生的。当任何形式的政府对这些目标具破坏作用时,人民便有权改变或废除它,以建立一个新的政府;其赖以奠基的原则,其组织权力的方式,务使人民认为唯有这样才最可能获得他们的安全和幸福。为了慎重起见,成立多年的政府,是不应当由于轻微和短暂的原因而予以变更的。过去的一切经验也都说明,任何苦难,只要是尚能忍受,人类都宁愿容忍,而无意了为本身的权益便废除他们久已习惯了的政府。但是,当追逐同一目标的一连串滥用职权和强取豪夺发生,证明政府企图把人民置于专制统治之下时,那么人民就有权利,也有义务推翻这个政府,并为他们未来的安全建立新的保障。
1785 年			英国瓦特改良蒸汽机。

时间	黄河文明核心区	其他区域文明以及东亚文明	世界文明
1789 年			受美国独立战争和《独立宣言》的巨大影响,法国大革命中制宪会议颁布《人权和公民权宣言》,向全世界宣告:人生来就是而且始终是自由的,在权利方面一律平等。社会差别只能建立在公益基础之上。一切政治结合均旨在维护人类自然的和不受时效约束的权利。这些权利是自由、财产、安全与反抗压迫。整个主权的本原根本上乃存在于国民(La Nation)。任何团体或任何个人皆不得行使国民所未明白授予的权力。自由是指能从事一切无害于他人的行为;因此,每一个人行使其自然权利,只以保证社会上其他成员能享有相同的权利为限制。此等限制只能以法律决定之。
1804 年			拿破仑称帝,法兰西第一帝国开始。
1839 年	林则徐提出"睁开眼睛看世界""师敌长技以制敌",主持虎门销烟,有意识、有目的地收集外文报刊、书籍进行翻译,以加深朝廷、国人对"西洋"的了解。		
1840 年——1842 年	第一次鸦片战争。		
1842 年	中英《南京条约》签订。		

续表

时间	黄河文明核心区	其他区域文明以及东亚文明	世界文明
1848 年 6 月			马克思、恩格斯发表《共产党宣言》，指出：大工业建立了由美洲的发现所准备好的世界市场。世界市场使商业、航海业和陆路交通得到了巨大的发展。这种发展又反过来促进了工业的扩展，同时，随着工业、商业、航海业和铁路的扩展，资产阶级也在同一程度上得到发展，增加自己的资本，把中世纪遗留下来的一切阶级都排挤到后面去。
1851 年	金田起义、太平天国运动。		
1853 年		日本"黑船事件"，美国人用军舰两度叩开日本国门。	
1856—1860 年	第二次鸦片战争。		达尔文发表《物种起源》，提出"物竞天择""适者生存""遗传变异"等影响深远的进化论思想体系。
19 世纪 60 年代到 90 年代	洋务运动，以"自强"为旗号，引进西方先进生产技术，创办新式军事工业，训练新式海陆军，建成北洋水师等近代海军；以"求富"为旗号，兴办轮船、铁路、电报、采矿、纺织等各种新式民用工业，推动了近代中国民族工业的发展；创办新式学校，选送留学生出国深造，培养翻译人才、军事人才和科技人才。1862年在北京设立京师同文馆，成为中国最早的官办新式学校。		

续表

时间	黄河文明核心区	其他区域文明以及东亚文明	世界文明
1861 年			俄国农奴制改革,农奴成为"自由人",为资本主义的发展提供了大量的自由劳动力。
1861—1865 年			美国南北战争,林肯签署《解放黑人奴隶宣言》,宣布:1863 年 1 月 1 日起,凡在当地人民尚在反抗合众国的任何一州之内,或一州的指明地区之内,为人占有而做黑奴的人们都应在那时及以后永远获得自由;合众国政府行政部门,包括海陆军当局,将承认并保障这些人的自由,当他们或他们之中的任何人为自己的自由而作任何努力时,不作任何压制他们的行为。
1867 年			马克思出版《资本论》第一卷,建构剩余价值理论体系。
1868 年		日本明治维新开始,建立三权分立的新式政府。经济上推动了财政统一,实现国家工业化,教育也进行了大规模改革。	
1886 年			美国工人举行争取 11 小时工作日的总罢工。
1894—1895 年	甲午中日战争。		

时间	黄河文明核心区	其他区域文明以及东亚文明	世界文明
1895 年	中日《马关条约》签订,中国割让辽东半岛(后因三国干涉还辽而未能得逞)、台湾岛及其附属各岛屿、澎湖列岛给日本,赔偿日本 2 亿两白银。增开沙市、重庆、苏州、杭州为商埠,并允许日本在中国的通商口岸投资办厂。		
1898 年	戊戌变法(百日维新)以失败告终,戊戌变法的主要内容有:改革政府机构,裁撤冗官,任用维新人士;鼓励私人兴办工矿企业;开办新式学堂吸引人才,翻译西方书籍,传播新思想;创办报刊,开放言论;训练新式陆军海军,同时规定,科举考试废除八股文,取消多余的衙门和无用的官职。		
1900 年	义和团运动。义和团事件又称义和拳、庚子事变、拳匪、拳乱、庚子拳乱等,以"扶清灭洋"为口号,八国联军从天津登陆,全面镇压义和团运动。慈禧携光绪皇帝逃亡西安,八国联军对北京实施管制。		普朗克引入量子理论。

续表

时间	黄河文明核心区	其他区域文明以及东亚文明	世界文明
1901 年	《辛丑条约》签订,主要内容有:中国对各国赔款4.5亿两白银,并以关税和盐税等作抵押;划定北京东交民巷为使馆界,允许各国驻兵保护,不准中国人在界内居住;拆毁天津大沽口到北京沿线设防的炮台,允许列强各国派驻兵驻扎北京到山海关铁路沿线要地;清廷保证严禁人民参加反帝运动,惩办"首祸诸臣";改总理各国事务衙门为外务部,班列六部之前;清廷对德、日道歉,等等。		
1903 年			俄国社会民主工党第二次代表大会召开,党纲规定推翻专制制度,建立民主共和国的最低纲领和实行社会主义革命、建立无产阶级专政的最高纲领。该党为苏联共产党的前身。
1905 年	中国同盟会成立,宗旨为"驱除鞑虏,恢复中华,创立民国,平均地权"。		爱因斯坦提出相对论,是关于时空和引力的理论,依其研究对象的不同可分为狭义相对论和广义相对论,和量子力学共同奠定了现代物理学的基础,提出"同时的相对性""四维时空""弯曲时空"等全新概念,从根本上改变了人类对宇宙和自然的"常识性"观念。
1911 年	湖北新军发动武昌首义,辛亥革命爆发。		

续表

时间	黄河文明核心区	其他区域文明以及东亚文明	世界文明
1912 年	1912 年元旦,中华民国成立,孙中山在南京就任临时大总统,颁布《临时约法》,首要内容有:中华民国人民一律平等,无种族、阶级、宗教之区别;人民之身体非依法律,不得逮捕、拘禁、审问、处罚;人民之家宅非依法律不得侵入或搜索;人民有保有财产及营业之自由;人民有言论、著作、刊行及集会结社之自由;人民有书信秘密之自由;人民有居住迁徙之自由;人民有信教之自由;人民有请愿于议会之权;人民有陈诉于行政官署之权;人民有诉讼于法院受其审判之权;人民对于官吏违法损害权利之行为,有陈诉于平政院之权。 2 月 12 日,隆裕皇后代清朝宣统皇帝溥仪颁布退位诏书,主要内容:今全国人民心理多倾向共和,南中各省既倡议于前,北方诸将亦主张于后,人心所向,天命可知。予亦何忍一姓之尊荣,拂兆民之好恶。用是外观大势,内审舆情,特率皇帝将统治权公之全国,立为共和立宪国体。	蒙古宣布独立。	

主要参考书目

顾迁.译.尚书[M].中华书局,2016.

谷瑞丽,赵发国.译.山海经[M].崇文书局,2016.

王秀梅.译注.诗经[M].中华书局,2015.

(战国)韩非.韩非子[M].山西古籍出版社,2003.

(战国)孟轲.孟子[M].北方文艺出版社,2014.

左丘明,著.陈桐生,译.国语[M].中华书局,2013.

(战国)左丘明.左传[M].上海古籍出版社,2016.

(战国)庄周,方勇.注.庄子[M].中华书局,2015.

(汉)司马迁.史记[M].中华书局,2011.

(汉)班固.汉书[M].中华书局,2012.

(汉)班固.白虎通义[M].中国书店出版社,2018.

(汉)刘向.淮南子[M].中州古籍出版社,2010.

(西晋)皇甫谧.帝王世纪[M].学识斋,1868.

(南朝宋)沈约,注.竹书纪年[M].中华书局,1970.

(南朝宋)范晔.后汉书[M].中华书局,2007.

(晋)陈寿.三国志[M].上海古籍出版社,2016.

(北魏)崔鸿.十六国春秋[M].商务印书馆,1937.

（唐）房玄龄，等.晋书［M］.岳麓书社,1997.

（唐）瞿昙悉达.开元占经［M］.中州古籍出版社,1994.

（唐）刘知几.史通［M］.中州古籍出版社,2012.

（唐）张守节,（清）张映斗.史记正义（复印本）［M］.四库馆,
1868.

（后晋）刘昫,等.旧唐书［M］.中华书局,1975.

（宋）欧阳修,宋祁.新唐书［M］.中华书局,2003.

（宋）罗泌.路史［M］.中华书局,1980.

（宋）高承.事物纪原［M］.中华书局,1989.

（宋）张君房.云笈七签［M］.中央编译出版社,2016.

（明）宋濂,等.元史［M］.中华书局,2016.

（明）潘季驯.河防一览［M］.水利水电出版社,2017.

（清）孔尚任.桃花扇［M］.中华书局,2016.

（清）张廷玉,等.明史［M］.中华书局,2015.

（清）赵尔巽.清史稿［M］.中华书局,1977.

（清）靳辅.治河方略［M］.中国水利工程学会,1937.

顾长声.传教士与近代中国［M］.上海人民出版社,1991.

（清）席裕福.皇朝政典类纂［M］.古书社,1868.

佚名.乾隆南巡记［M］.北京燕山出版社,1997.

（清）李天根.爝火录［M］.浙江古籍出版社,1986.

（清）魏源.魏源集［M］.中华书局,1976.

梁启超.少年中国说［M］.陕西师范大学出版社,2010.

穆彰阿,潘锡恩,等.嘉庆重修一统志［M］.商务印书馆,1934.

清实录编撰委员会.大清圣祖仁皇帝实录［M］.中华书局,2008.

鲁迅.鲁迅全集［M］.人民文学出版社,1982.

梁漱溟.中国文化要义［M］.上海人民出版社,2011.

万国鼎.氾胜之书辑释[M].农业出版社,1980.

朱碧莲,沈海波.译注.世说新语[M].中华书局,2014.

徐正英,常佩雨.译注.周礼[M].中华书局,2014.

管锡华,译注.尔雅[M].中华书局,2014.

唐圭璋.全宋词[M].中华书局,2011.

赵世纲.赵世纲考古文集[M].科学出版社,2012.

朱大可.华夏上古神系[M].东方出版社,2014.

胡焕庸.论中国人口之分布[M].华东师范大学出版社,1983.

王化云.我的治河实践[M].河南科学技术出版社,1989.

《黄河水利史述要》编写组.黄河水利史述要[M].黄河水利出版社,2003.

姚汉源.黄河水利史研究[M].黄河水利出版社,2003.

黄河水利委员会.1901-2000世纪黄河[M].黄河水利出版社,2001.

殷鹤仙.中国黄河[M].黄河水利出版社,2009.

(法)阿尔德伯特,著,蔡鸿滨,等,译.欧洲史[M].海南出版社,2000.

黄河水利委员会黄河志总编辑室.黄河大事记(增订本)[M].黄河水利出版社,2001.

(美)马克·凯什岚斯基,帕特里克·吉尔里,帕特里夏·奥布赖恩.西方史:延续不断的遗产(第五版)[M].中国人民大学出版社,2014.

王星光.中原科学技术史[M].科学出版社,2016.

苏秉琦.中国文明起源新探[M].生活·读书·新知三联书店,2000.

(德)卡尔·雅斯贝尔斯.大哲学家[M].社会科学文献出版社,

2005.

中国人民政治协商会议福建省南安县委员会.南岸文史资料第17 期[M].中国人民政治协商会议福建省南安县委员会,1995.

林则徐全集编辑委员会.林则徐全集[M].海峡文艺出版社,2002.

中国水利水电科学院水利史研究室.再续行水金鉴·黄河卷[M].湖北人民出版社,2004.

黄河水利委员会.黄河现行河道决口夺淮的流道考略[M].黄河水利委员会出版社,1985.

白鸿叶,李孝聪.皇舆全览图[M].国家图书馆出版社,2014.

一   巨龙造物

管锡华译注.尔雅[M].中华书局,2014.

徐正英、常佩雨,译注.周礼[M].中华书局,2014.

(汉)司马迁.史记[M].中华书局,2011.

唐圭璋.全宋词[M].中华书局,2011.

二   田野溯源

赵世纲.赵世纲考古文集[M].科学出版社,2012.

三   仰韶文化

万国鼎.氾胜之书辑释[M].农业出版社,1980.

(宋)罗泌.路史[M].中华书局,1980.

(汉)司马迁.史记[M].中华书局,2011.

(宋)高承.事物纪原[M].中华书局,1989.

(汉)班固.汉书[M].中华书局,2012.

（汉）刘向.淮南子[M].中州古籍出版社,2010.

（南朝宋）沈约,注.竹书纪年[M].中华书局,1970.

（唐）瞿昙悉达.开元占经[M].中州古籍出版社,1994.

朱大可.华夏上古神系[M].东方出版社,2014.

四　济水荥踪

顾迁.译.尚书[M].中华书局,2016.

（汉）司马迁.史记[M].中华书局,2011.

（汉）班固.汉书[M].中华书局,2012.

（宋）张君房.云笈七签[M].中央编译出版社,2016.

（汉）刘向.淮南子[M].中州古籍出版社,2010.

（西晋）皇甫谧.帝王世纪[M].学识斋,1868.

五　茫茫禹迹

（战国）韩非.韩非子[M].山西古籍出版社,2003.

谷瑞丽,赵发国.译.山海经[M].崇文书局,2016.

（汉）司马迁.史记[M].中华书局,2011.

（战国）孟轲.孟子[M].北方文艺出版社,2014.

（战国）左丘明.左传[M].上海古籍出版社,2016.

（汉）班固.汉书[M].中华书局,2012.

（后晋）刘昫,等.旧唐书[M].中华书局,1975.

（宋）欧阳修、宋祁.新唐书[M].中华书局,2003.

六　贾让"三策"

胡焕庸.论中国人口之分布[M].华东师范大学出版社,1983.

七　王景之治

（南朝宋）范晔.后汉书[M].中华书局,2007.

八　三国归晋

（晋）陈寿.三国志[M].上海古籍出版社,2016.
（唐）房玄龄,等.晋书[M].岳麓书社,1997.

九　乱世逍遥

（北魏）崔鸿.十六国春秋[M].商务印书馆,1937.
（德）卡尔·雅斯贝尔斯.大哲学家[M].社会科学文献出版社,
2005.
（战国）庄周,方勇,注.庄子[M].中华书局,2015.
梁漱溟.中国文化要义[M].上海人民出版社,2011.

十三　潘季驯河

（明）潘季驯.河防一览[M].水利水电出版社,2017.
（清）赵尔巽.清史稿[M].中华书局,1977.
清实录编撰委员会.大清圣祖仁皇帝实录[M].中华书局,2008.
（清）靳辅.治河方略[M].中国水利工程学会,1937.
顾长声.传教士与近代中国[M].上海人民出版社,1991.

十四　盛世河图

（清）席裕福.皇朝政典类纂[M].古书社,1868.
佚名.乾隆南巡记[M].北京燕山出版社,1997.

十五　衣冠南渡

（唐）刘知几.史通[M].中州古籍出版社,2012.

（清）赵尔巽.清史稿[M].中华书局,1977.

清·李天根.爝火录[M].浙江古籍出版社,1986.

中国人民政治协商会议福建省南安县委员会.南岸文史资料第17期[M].中国人民政治协商会议福建省南安县委员会,1995.

十六　孤鹜落霞

林则徐全集编辑委员会.林则徐全集[M].海峡文艺出版社,2002.

十七　古都沉浮

（唐）张守节,（清）张映斗.史记正义（复印本）[M].四库馆,1868.

左丘明著,陈桐生,译.国语[M].中华书局,2013.

（清）孔尚任.桃花扇[M].中华书局,2016.

十八　轩辕崛起

中国水利水电科学院水利史研究室.再续行水金鉴·黄河卷[M].湖北人民出版社,2004.

（清）魏源.魏源集[M].中华书局,1976.

鲁迅.鲁迅全集[M].人民文学出版社,1982.

（汉）班固.白虎通义[M].中国书店出版社,2018.

梁启超.少年中国说[M].陕西师范大学出版社,2010.

二十　终极防线

黄河水利委员会.黄河现行河道决口夺淮的流道考略[M].黄河水利委员会出版社,1985.

二十一　河源探秘

白鸿叶,李孝聪.皇舆全览图[M].国家图书馆出版社,2014.

二十五　调水调沙

(明)潘季驯.河防一览[M].水利水电出版社,2017.
王化云.我的治河实践[M].河南科学技术出版社,1989.

二十六　失乐园

穆彰阿,潘锡恩,等.嘉庆重修一统志[M].商务印书馆,1934.
王秀梅,译注.诗经[M].中华书局,2015.

后记

　　这本书已经很久了，在徒步黄河的途中，在仰望星空的夜晚，当我们为一本叫作《黄河黄土黄种人》杂志的选题而辗转反侧，当我们为一部叫《重读大黄河》的电视纪录片而奔波在黄土高原、内蒙古高原、青藏高原的沟沟坎坎、峁峁梁梁，这时候，也就是这时候，这本书就开始在我们两人之间传递着，直到今天。

　　今天我们把它献给熟悉而又陌生的读者朋友，多少还是有点忐忑。因为一本真正面向读者的好书，写好只是一个起点；读好，则是一个漫长的过程，有时候甚至可能伴随终生。而且本书也不是我们俩人在写，那些一起走黄河的生死患难铁哥儿们，那些在黄河的风口浪尖上测洪测沙甚至献出生命的水文人，他们都在写这本书；往远了说，那些神秘消失的裴李岗人、仰韶人、大地湾人、半坡村人和二里头、大师姑人，那些荥泽湖畔的渔夫、农夫和猎手，那些在1938年的黄泛洪水里苦苦挣扎的人……他们何尝不是这本书的前世？

　　然而我们又不是要把这本书写成考古，写成水文，写成流浪记或旅游指南，我们甚至在时间和空间的叙述上都说不上严丝合缝无懈可击，有大量的留白、大量的说不清道不明需要读者的友情参与，给出谜底。

对,这正是我们所乐见的新写作、新阅读。黄河是公共题材,也是公认最棘手的题材,我们的前人、我们的同时代人、我们的后来人,为这本书提供各种灵感激发、叙事激发甚至提供故事元素的线上线下的朋友,只要是"黄河粉",大家一起投入到《天下黄河》的产出、供给与分享,共同收获一种知识的享受和情感的互动岂不快哉!

尽管这本书可能是一种公共写作,但我们仍然要真心感谢我们的家人,我们的朋友,我们过去的师长、同事以及现在的工作伙伴,没有他们就没有这本书。我们尤其要感谢为这本书做出贡献的黄河国际论坛秘书长尚宏琦先生、黄河水利委员会研究员侯全亮先生、《黄河报》编审胡述范先生、著名纪录片导演王葆春先生、《中国水土保持》杂志社主编黄保林先生、作家李洱先生、评论家王鸿生先生以及我们可爱而辛劳的工作伙伴皇甫帅、吴帅旗、陈森豪与苏晓先生,希望所有朋友包括负责本书设计、印务与发行的朋友与我们共享阅读的快乐!

当然,所有感谢中首先要给予的是党华女士,她不仅是一位独具慧眼的责任编辑,而且也是一位优秀作家,没有她的鞭策与操盘,就没有这本书的真正现身;还要特别感谢陈森豪小伙伴,作为本书编前文字统筹以及"黄河文明与世界文明对照表"的责任制表,他真的很尽心;还应感谢所有参与编、审、校的专家,没有他们的专业努力,这本书很难以如此美好的面貌与读者见面。